国家社会科学基金教育学青年课题"家庭教育焦虑下的父母社会化作用机制"（课题批准号：CKA210283）的阶段性成果
陕西师范大学优秀学术著作出版资助

青少年父母情绪社会化行为研究

QINGSHAONIAN
FUMU QINGXU
SHEHUIHUA
XINGWEI YANJIU

王明珠◎著

陕西师范大学出版总社　西安

图书代号　ZZ24N1818

图书在版编目(CIP)数据

青少年父母情绪社会化行为研究 / 王明珠著.
西安：陕西师范大学出版总社有限公司,2024.9.
ISBN 978-7-5695-4650-7

Ⅰ.G782

中国国家版本馆CIP数据核字第2024TS0011号

青少年父母情绪社会化行为研究
王明珠　著

责任编辑	于盼盼
责任校对	邱水鱼
封面设计	鼎新设计
出版发行	陕西师范大学出版总社
	(西安市长安南路199号　邮编 710062)
网　　址	http://www.snupg.com
印　　刷	西安市建明工贸有限责任公司
开　　本	720 mm×1020 mm　1/16
印　　张	13.5
字　　数	236千
版　　次	2024年9月第1版
印　　次	2024年9月第1次印刷
书　　号	ISBN 978-7-5695-4650-7
定　　价	68.00元

读者购书、书店添货或发现印装质量问题,请与本社高等教育出版中心联系。
电话:(029)85303622(传真)　85307864

前　言

青春期常被比喻为疾风骤雨般的时期，随着支配情绪的神经系统的成熟，个体的情绪功能将发生重大变化。同时，进入青春期后，子女与父母发生冲突的频率越来越高，加之学业压力、人际压力的增多，青少年的情绪开始变得冲动、不稳定，且可能体验到更多的消极情绪。研究表明，青春期是心理健康问题的高发期。《中国国民心理健康发展报告（2021—2022）》显示，参加调查的3万余名青少年中有14.8%存在不同程度的抑郁风险，且青少年的抑郁、孤独等消极情绪症状有随着年级升高而增多的趋势。

要帮助青少年有效应对心理健康问题，提高其情绪能力是关键。而家庭是儿童社会化的首要场所，在儿童青少年的情绪发展中发挥着举足轻重的作用。可以说，儿童的情绪发展始于家庭中亲子之间的良好互动。《中华人民共和国家庭教育促进法》的颁布，也明确了家长在关注未成年人心理健康方面的责任。近年来，父母情绪社会化（情绪教养）成为西方心理学研究的一个热点，但我国的相关研究尚不够丰富。虽然国内一些研究者已经针对学前儿童和学龄儿童家庭进行了一些研究，但针对青少年父母情绪社会化的研究还比较缺乏。而且，由于东西方的文化差异以及情绪表达规则的不同，西方父母情绪社会化研究的相关结论是否适用于中国家庭，也有待实证研究的进一步检验。

基于上述原因，笔者围绕我国青少年父母情绪社会化行为的测量、特征、类型，以及父母情绪社会化行为对青少年情绪调节的作用机制和影响因素开展了研究。本书正是基于对这些问题的研究和思考而写成，主要包括4章内容。第1章主要阐述父母情绪社会化行为的概念与内涵，并对相关理论进行了介绍。第2章则对该领域的研究现状进行了系统介绍，使读者了解父母情绪社会化行为的测量工具、不同群体父母情绪社会化行为的特征、以个体为中心的父母情绪社会化行为研究、父母情绪社会化行为对子女情绪功能的作用以及父母情绪社会化行为的影响因素。第 3 章是实证研究,介绍了针对我国青少年父母情绪社会化行为的问卷编制,对青少年父母情绪社会化行为的特征和类型进行了描述,从直接效应、间接效应、交互效应等方面综合考察了父亲和母亲对青少年情绪调节的作用及机制,同时探讨了父母情绪社会化行为的影响因素。第 4 章是实践应用,主要介绍了父母情绪社会化的相关干预项目,并结合第 3 章的研究结果、立足于我国的现实情况,提出了改进家长情绪社会化行为的建议。

在本书的写作过程中,我的研究生徐丹丹、于梦洁、李沂蔚、强志薇、罗嘉利、林雅铭参与了其中的文献搜集与文字校对工作,对此表示由衷的感谢!

由于学识所限,本书难免有一些不足之处,敬请读者批评指正。最后,希望本书能为我国家长培养青少年情绪能力、促进青少年心理健康成长的教育实践提供依据和借鉴,也希望能为父母情绪社会化行为研究的本土化助力!

王明珠

2024 年 3 月 15 日

目 录

第1章 父母情绪社会化行为概述 …………………………………… 1
    1.1 父母情绪社会化行为的概念与内涵 ……………………… 2
    1.2 父母情绪社会化行为的理论基础 ………………………… 5
    1.3 文化与父母情绪社会化行为 ……………………………… 17

第2章 父母情绪社会化行为研究现状 ……………………………… 21
    2.1 父母情绪社会化行为的测量 ……………………………… 22
    2.2 父母情绪社会化行为的群体特征 ………………………… 31
    2.3 父母情绪社会化行为的类型 ……………………………… 47
    2.4 父母情绪社会化行为与子女情绪功能 …………………… 56
    2.5 父母情绪社会化行为的影响因素 ………………………… 74

第3章 中国文化下的青少年父母情绪社会化行为研究 …………… 85
    3.1 青少年父母情绪社会化行为问卷的编制 ………………… 86
    3.2 青少年父母情绪社会化行为的群体特征 ………………… 110
    3.3 青少年父母情绪社会化行为的类型 ……………………… 123
    3.4 父母情绪社会化行为对青少年情绪调节的作用及其机制 … 133
    3.5 母亲、父亲情绪社会化行为对青少年情绪调节的交互作用 … 154
    3.6 青少年父母情绪社会化行为的影响因素 ………………… 166

3.7　研究反思与展望 …………………………………………… 177

第4章　父母情绪社会化行为的干预及改进 ………………………… 179
　　4.1　父母情绪社会化干预项目 ………………………………… 179
　　4.2　改进父母情绪社会化行为的建议 ………………………… 193

附录 …………………………………………………………………… 203

第1章
父母情绪社会化行为概述

社会化是个体在与社会环境相互作用中逐渐获得其所处社会的各种行为规范、价值观念和知识技能,成为独立的社会成员并逐步适应社会的过程。[1] 情绪社会化是儿童社会化的重要内容之一。英国发展心理学家 Bowlby 就曾指出,儿童社会化最初的和首要的方面是儿童情绪的社会化。[2][3] 体验和知觉自己的情绪、根据情境线索或表情线索等觉察和理解他人的情绪、以所处文化可接受的方式适时地表达情绪、采用适当的策略调节或应对消极情绪等,都是情绪社会化的主要内容。

Bronfenbrenner 提出的社会生态学理论将个体的生活环境视为层层嵌套的系统,包括微系统、中间系统、外层系统和宏观系统,每个子系统都嵌套在更高层级的系统中,且系统间存在相互作用。[4] 家庭作为重要的微系统,是儿童社会化的起点,家庭的整体情感氛围、家长的教养风格与行为、父母双方的互动质量等都是个体情绪发展的重要影响因素。近年来,许多研究者开始关注父母情绪社会化(parental socialization of emotion)对儿童社会情绪能力发展的影响。父母情绪社会化是指父母通过所持的情绪理念或观念,以及日常亲子互动中表现出

---

[1] 林崇德. 发展心理学[M]. 北京:人民教育出版社,2009.
[2] BOWLBY J. Attachment and loss:vol. 1. attachment[M]. New York:Basic Books,1969.
[3] BOWLBY J. Attachment and loss:vol. 2. separation[M]. New York:Basic Books,1972.
[4] BRONFENBRENNER U. The ecology of human development:experiments by nature and design[M]. Cambridge:Harvard University Press,1979.

的情绪相关教养行为对儿童的社会情绪能力进行塑造和教育的过程。①②

Eisenberg等人将父母情绪社会化行为分为三个方面,包括父母对子女情绪的反应、亲子间的情绪谈话以及父母情绪表达。③ 其中,父母对子女情绪的应答被认为是父母作用于儿童情绪社会化过程的最直接形式,因为父母的这种回应指向子女的特定情绪问题,父母在回应子女情绪的过程中能够直接向子女传递符合文化期待的情绪表达规则,并教给子女适用于当前情境的情绪调节方法。相对而言,亲子间的情绪谈话和父母情绪表达并不总是依赖于儿童对某种情绪的表达而发生,这两类父母情绪社会化方式构成了整个家庭的情绪氛围,既能直接影响儿童的情绪发展,也可作为其他教养行为与儿童发展结果之间的中介变量。本书将重点围绕父母对子女情绪的反应这一更直接的父母情绪社会化行为展开论述,以期为家庭教育提供参考。

1.1 父母情绪社会化行为的概念与内涵

父母对子女情绪的反应是父母情绪社会化行为的组成部分之一。在日常生活中,儿童通过表情、行为和言语频繁地表达出积极或消极的情绪,而家长对子女情绪的反应则为儿童情绪社会化提供了丰富的机会。④ Eisenberg等人曾开展过一系列卓有成效的研究,他们将父母对儿童消极情绪的反应模式分为六种,包括问题关注反应(problem-focused responses),即父母帮助儿童解决使他感到苦恼的问题的行为,例如帮孩子想他/她在等待上场表演的过程中可以做的事情(如做一些热身活动以及不要盯着观众看);情绪关注反应(emotion-focused responses),即父母采取某些策略来安抚孩子的情绪,使孩子心情好些的行为,例如安慰孩子,尝试让他/她忘掉这件事;鼓励表达(expressive encourage-

---

① EISENBERG N,CUMBERLAND A,SPINRAD T L. Parental socialization of emotion[J]. Psychological inquiry,1998,9(4):241-273.
② 梁宗保,张光珍,陈会昌,等.父母元情绪理念,情绪表达与儿童社会能力的关系[J]. 心理学报,2012,44(2):199-210.
③ EISENBERG N,CUMBERLAND A,SPINRAD T L. Parental socialization of emotion[J]. Psychological inquiry,1998,9(4):241-273.
④ EISENBERG N,CUMBERLAND A,SPINRAD T L. Parental socialization of emotion[J]. Psychological inquiry,1998,9(4):241-273.

ment),即父母鼓励孩子表达负性情绪、接纳孩子消极情绪状态的行为,例如告诉孩子感到难过是正常的;最小化反应(minimization reactions),指父母轻视当前情境的重要性或不重视孩子的问题和情绪反应的行为,例如告诉孩子他/她小题大做了,不要像个小娃娃一样;惩罚反应(punitive reactions),指父母通过言语责备、身体惩罚或操控的方式来抑制孩子消极情绪表达的行为,例如告诉孩子如果他/她不能冷静下来,就必须马上离开这里并回家;苦恼反应(distressing reactions),指当孩子表达消极情感时父母体验到消极情绪唤醒的行为,例如因为孩子的反应而觉得不舒服或变得不高兴。其中,父母的问题关注反应、情绪关注反应、鼓励表达常被认为是支持性的反应,而惩罚反应、最小化反应和苦恼反应则一般被归为非支持性的反应。①②③④

Magai 和 O'Neal 也对父母在面对孩子三种消极情绪(愤怒、恐惧和悲伤)时的反应进行了一系列研究,将父母对儿童消极情绪的反应模式分为五种,包括奖励(reward),即父母提供安慰或同情,并帮助孩子解决问题,例如父母理解孩子为什么难过,知道是什么让孩子生气,帮助孩子一起处理引起他/她消极情绪的问题;惩罚(punish),即不鼓励孩子的情绪表达,例如不赞成孩子的愤怒或嘲笑孩子的恐惧;忽视(neglect),即忽视孩子的情绪表达,例如父母对孩子的消极情绪视而不见;否认(override),即父母通过分散孩子的注意力或命令的方式来压制孩子的情绪表达,例如当孩子害怕时,父母告诉孩子不要害怕;夸大(magnify),即父母以同样或更大的强度表达相同的情绪来回应孩子的消极情绪,例如对孩子发脾气、大吼大叫等。⑤ 其中,有学者将奖励和否认归结为支持性反应,

---

① FABES R A,EISENBERG N,BERNZWEIG J. The Coping with Children's Negative Emotions Scale:procedures and scoring[R]. Phoenix:Arizona State University,1990.
② FABES R A,POULIN R E,EISENBERG N,et al. The coping with children's negative emotions scale (CCNES):psychometric properties and relations with children's emotional competence[J]. Marriage & family review,2002,34(3-4):285-310.
③ KEHOE C E. Parents' meta-emotion philosophy,emotional intelligence and relationship to adolescent emotional intelligence[D]. Melbourne:Swinburne University of Technology,2006.
④ 李燕,贺婷婷,俞凯,等. 父母对孩子消极情绪的反应方式及其与幼儿社会技能关系的研究[J]. 心理科学,2010,33(2):452-455.
⑤ MAGAI C,O'NEAL C R. Emotions as a child(child version)[Z]. Unpublished manuscript,Brooklyn:Long Island University,1997.

将惩罚、忽视和夸大归结为非支持性行为。① 也有学者将奖励和夸大归结为支持性行为,将否认、惩罚和忽视归结为非支持性行为。② 还有学者将奖励归结为支持性行为,将否认、惩罚、忽视、夸大归结为非支持性行为。③

此外,在日常的亲子沟通和交流过程中,也涉及父母对子女情绪的回应。家长会在亲子互动过程中有意识地强调一些情绪,并选择性地忽略掉另一些情绪,为孩子解释情绪产生的原因以及可能造成的结果,促进孩子对情绪体验的理解并教导孩子学习调控情绪的方法。在父母与孩子讨论情绪事件的过程中,父母会对孩子的情绪表达做出语言或非语言的反应。其中,有的父母倾向于采取支持性的反应,例如接受和认同孩子的情绪,安抚孩子,转移孩子的注意力④,鼓励孩子的情绪表达⑤;而另一些父母则倾向于采取非支持性的反应,例如放大孩子的情绪,表现出自己的痛苦体验⑥,惩罚或者忽视孩子的情绪感受,拒绝、嘲笑孩子的情绪。

父母对子女消极情绪的反应方式会对子女的情绪发展产生重要影响。支持性的反应为孩子提供安慰,教会孩子什么是情绪以及如何管理压力等,有助

---

① O'NEAL C R, MAGAI C. Do parents respond in different ways when children feel different emotions? The emotional context of parenting[J]. Development and psychopathology, 2005, 17(2):467 – 487.

② GARSIDE R B, KLIMES – DOUGAN B. Socialization of discrete negative emotions: gender differences and links with psychological distress[J]. Sex roles, 2002, 47(3 – 4):115 – 128.

③ MCCORD B L, RAVAL V V. Asian Indian immigrant and White American maternal emotion socialization and child socio – emotional functioning[J]. Journal of child and family studies, 2016, 25(2):464 – 474.

④ ZEMAN J, CASSANO M, ADRIAN M C. Socialization influences on children's and adolescents' emotional self-regulation processes: a developmental psychopathology perspective [M]//BARRETT K C, FDX N A, MORGAN G A, et al. Handbook of self-regulatory processes in development. New York: Psychology Press, 2013:79 – 106.

⑤ O'NEAL C R, MAGAI C. Do parents respond in different ways when children feel different emotions? The emotional context of parenting[J]. Development and psychopathology, 2005, 17(2):467 – 487.

⑥ MILLER – SLOUGH R L, DUNSMORE J C. Parent and friend emotion socialization in adolescence: associations with psychological adjustment[J]. Adolescent research review, 2016, 1:287 – 305.

于缓解子女的消极情绪。① 而非支持性的情绪社会化反应已被证实与消极情绪和应对情绪失调以及焦虑、抑郁等内化问题有关。② 有研究表明，父母对子女消极情绪的反应与其持有的情绪理念有关。③ 当父母视孩子的消极情绪为建立亲子间亲密关系或教育子女如何处理情绪的机会时，他们通常会对子女的消极情绪采取支持性反应，例如父母会理解并确认孩子的情绪，帮助孩子对情绪感受进行正确的命名，与子女一起处理情绪问题，对其行为表现设置限制范围，并就处理这种消极情绪的情境的目标和策略进行讨论；当父母认为消极情绪会危害子女的身心健康时，他们通常会采取非支持性行为，例如父母会帮助孩子认识到消极情绪是应被忽略而不值得关注的，并尽快改变孩子的消极情绪状态。

1.2 父母情绪社会化行为的理论基础

Buck 于 20 世纪 80 年代最早系统地研究了父母情绪社会化行为与子女情绪社会化的关系，他指出父母使用非支持性的手段对子女的消极情绪进行回应，会导致子女倾向于储存和累积消极情绪。长此以往，这种模式会使得子女难以形成健康的情绪调节方式，最终引发更强烈的消极情绪的表达。④ 此后，该研究主题受到越来越多研究者的关注，如 Eisenberg、Denham、Morris 和 Gottman 等人，他们针对父母情绪社会化形成了自己独特的理论框架。当前关于父母消极情绪回应的研究所依据的理论模型主要有以下四种：Eisenberg 等人的情绪社会化探索模型、Denham 的情绪社会化模型、DeOliveira 的情绪社会化的互动过程理论模型以及 Morris 等人的儿童情绪调节与适应的三重家庭影响因素模型。

---

① CONSEDINE N S, MAGAI C, KRIVOSHEKOVA Y S, et al. Fear, anxiety, worry, and breast cancer screening behavior: a critical review [J]. Cancer epidemiology biomarkers & prevention, 2004, 13(4): 501-510.

② JOHNSON A M, HAWES D J, EISENBERG N, et al. Emotion socialization and child conduct problems: a comprehensive review and meta-analysis [J]. Clinical psychology review, 2017, 54, 65-80.

③ 冉娜娜,阳泽.父母对子女消极情绪的反应方式研究述评[J].幼儿教育,2016(30): 40-44.

④ BUCK R. The communication of emotion [M]. New York: Guilford Press, 1984.

1.2.1 Eisenberg 等人的情绪社会化探索模型

Eisenberg、Spinrad 和 Cumberland 梳理了大量文献资料,构建出情绪社会化探索模型(a heuristic model of the socialization of emotion),对情绪社会化的一般过程、发展结果和影响因素进行了整合。[①] 该模型提出后引发了广泛的讨论,Eisenberg 等人很快吸取其他研究者提出的建议,丰富和完善了这一模型。

该模型指出,父母的情绪社会化行为受到儿童特征(如性别、年龄、气质)、父母特征(特别是情绪教养理念)、文化或亚文化特征(如有关父母育儿实践在儿童发展过程中所扮演的角色或情绪表达的文化规范、性别刻板印象等)以及情境因素(如儿童行为不适当的程度、当前情境对儿童或其父母的重要程度)的影响。这些行为能直接作用于众多儿童发展结果变量,包括儿童在给定情境中的情绪体验,无意识的情绪表达,对情绪或情绪相关行为的管理,调控能力的习得,对情绪及其调节过程的理解,对情绪以及作为情绪表达者的自我的情感性立场(如对情绪以及自己表达情绪的感觉如何),当前和长期的亲子关系质量,关于自我、关系和世界的图式等。父母的情绪社会化行为也可以通过影响儿童在给定情境中的唤醒水平,进而影响其发展结果。例如,父母对子女情绪表达的惩罚反应可能引起儿童的焦虑、恐惧或愤怒情绪,而支持性反应则不会提高甚至可能降低儿童的唤醒水平。这里的基本假设是,儿童的社会情绪能力在一定程度上以个体调节情绪以及调控与情绪唤醒有关的行为的能力为基础。从相互作用模型出发,儿童的发展结果也可能反过来影响父母此后的教养行为。

此外,父母情绪社会化行为所产生的一系列结果还将影响儿童的社会行为与社会胜任力,事实上,个体当前的社会胜任力水平也会反作用于儿童的情绪社会化结果。例如,与社会胜任力较差的儿童相比,具备良好社交能力并且知道自己通常能有效应对压力性社交情境的儿童在社会化环境中的唤醒水平可能相对较低,他们能体验到更多的正性情绪,也能够更好地或者有更强的动机去获取新信息、掌握调节能力。

在父母情绪社会化行为对儿童唤醒水平的影响过程以及这些行为与儿童发展结果的相互作用过程中,还存在着众多调节变量,例如父母教养风格、亲子

[①] EISENBERG N,CUMBERLAND A,SPINRAD T L. Parental socialization of emotion. Psychological inquiry,1998,9(4):241-273.

关系质量、儿童或父母情绪的类型与强度、儿童的气质或人格等。图1-1清楚地呈现了这一模型。

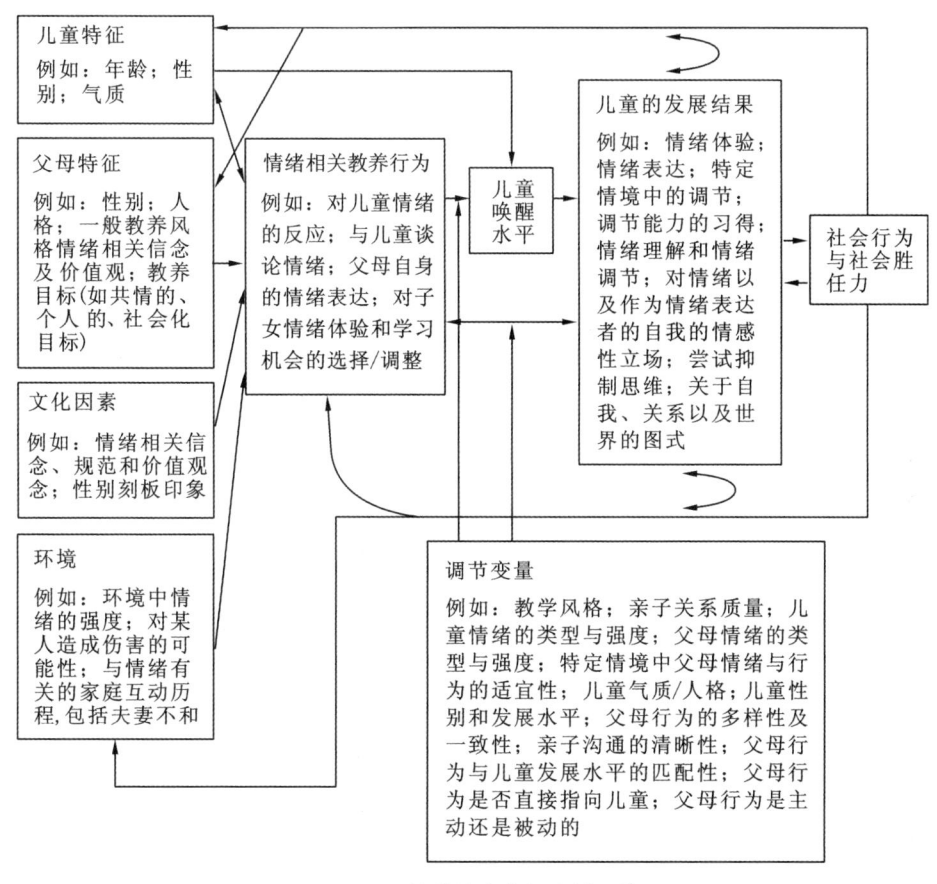

图1-1 情绪社会化探索模型[1]

1.2.2 Denham的情绪社会化模型

Halberstadt首次提出父母影响子女情绪表达、情绪理解、情绪管理以及社会功能的三条路径,即示范、父母对子女情绪的回应以及训练。[2] 在此基础上,

---

[1] EISENBERG N,SPINRAD T L,CUMBERLAND A. The socialization of emotion:reply to commentaries[J]. Psychological inquiry,1998,9(4):317-333.

[2] HALBERSTADT A G. Socialization of expressiveness:family influences in particular and a model in general[M]//FELDMAN R S,RIMÉ S. Fundamentals of emotional expressiveness. UK:Cambridge University Press,1991:106-162.

Denham 提出了关于情绪能力社会学习的机制,即父母示范(modeling emotions)、回应(reactions to emotions)、教导(coaching about emotions)与子女情绪表达能力、理解能力及情绪调节的关系,形成了情绪社会化模型,如图 1-2 所示。①②

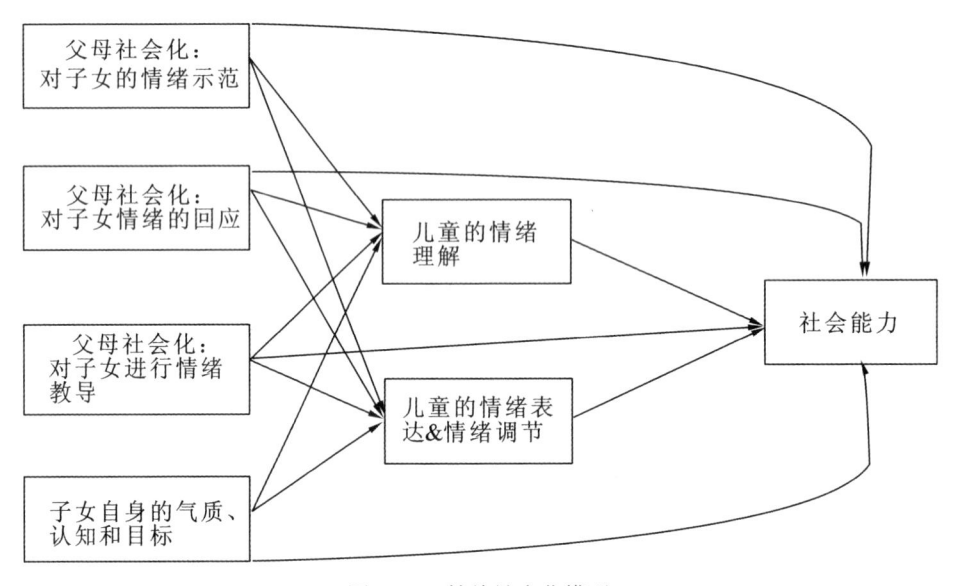

图 1-2 情绪社会化模型

首先,父母的情绪示范与子女的情绪表达能力、理解能力及情绪调节有关。子女通过观察父母长期存在的情绪,并将这些观察到的情绪融入自己的表达行为中,这种模仿学习通常是由情绪传染引发的。通过情绪示范,父母教会子女在哪些情况下哪些情绪是可以被接受的。父母的情绪示范有助于子女知晓不同事件的情绪意义、可能伴随不同情绪出现的行为以及他人的可能反应。通过示范各种情绪,适度表达的父母给子女提供了关于快乐、悲伤、愤怒本质的信息——它们的表达方式、可能引发这些情境的情境以及更加个人化的情绪诱因。能够在具有挑战性的情境中保持相对积极情感的父母也能使他们的子女更容易接触到情绪的世界。当子女经历过清晰但不强烈的父母情绪后,他们也

---

① DENHAM S A. Emotional development in young children[M]. New York:Guilford Press,1998.

② DENHAM S A,BURTON R. Social and emotional prevention and intervention programming for preschoolers[M]. New York:Kluwer Academic/Plenum,2003.

可能拥有更多经验去参与他人的情绪共情。此外,母亲对情绪的适度表达还有助于学龄前儿童的情绪调节。反过来说,父母对情绪的不当表达会让年幼的子女更难正确地处理情绪问题,尤其是给暴露于父母消极情绪下的幼儿造成困难。虽然暴露在经过良好调节的负面情绪中与儿童的情绪理解呈正相关,但父母频繁而强烈的负面情绪可能会使子女感到不安,并阻碍其自我反思,导致子女对情绪了解甚少。受到这种影响的子女会感到迷茫和痛苦,变得不那么亲社会。与那些情绪表达适度父母的子女相比,这些子女在社交中往往不那么受欢迎。但同时,情绪表达相当有限的父母很少向子女传递关于情绪的信息。因此,父母的情绪示范与子女的情绪能力有关。

其次,父母对子女情绪表现的回应也与子女的情绪表达能力、理解能力和情绪调节有关。父母对子女情绪的回应包括在行为和情感层面对特定情绪的鼓励或抑制。采取不当回应方式的父母可能会因为子女表现出情绪而惩罚他们,或者忽视子女的情绪。在引发情绪的情境中,那些经历过父母消极回应的子女更容易对情绪的导火索和父母的反应感到不安。相反,父母积极的情绪回应,如宽容或安慰,则传递给子女一个截然不同的信息,即情绪是可控的,甚至是有用的。父母对子女的情绪回应能够直接预测子女的社会能力,如同伴关系和共情参与能力。例如,当母亲对子女的负面情绪表现出宽容的回应模式,孩子就会表现出更少的自我中心的痛苦,而对他人的痛苦表现出更多同情。

最后,教导是促进子女情绪社会化最直接的方式。父母的言语和非言语表达可能会影响子女的情绪认知。最简单的教导方式包括口头解释情绪及情绪与观察到的事物之间的联系。情绪教导还可能包括引导孩子关注明显的情绪线索,帮助孩子理解和管理自己的情绪。如果父母愿意并有能力与孩子讨论情绪,且这种讨论是在一个充满爱、理解和接纳的环境中进行的,将有助于孩子学会体验、识别、调节自己的情绪,发展出更强的情绪能力。相反,认为子女应当摒除情绪的父母可能会因为孩子表达或询问情绪而主动惩罚孩子。因此,关于情绪的讨论是指导孩子管理情绪的重要环节。讨论情绪为孩子提供了反思自身情绪的机会,以及解释和评价自身情绪的空间。与父母进行情绪交流有助于孩子形成关于情绪表达及原因的连贯知识体系。Denham 和 Burton 指出,母亲的情绪语言和学龄前幼儿的情绪知识之间的这种联系往往独立于儿童的语言能力。此外,当父母讨论和解释自己及他人的情绪时,他们的子女也更有能力与同伴共情。① 这些发现也适用于低收入、少数民族的母亲及其子女。

1.2.3 DeOliveira 等人的情绪社会化的互动过程理论模型

DeOliveira 及其同事在总结 Gergely 和 Watson 以及 Gianino 和 Tronick 提出的两种婴儿情绪社会化过程理论的基础上,形成了情绪社会化的互动过程理论模型。② 其中,Gianino 和 Tronick 的理论模型强调母亲和婴儿参与亲子二元相互调节的发展过程,婴儿能够在适应环境变化的过程中变得善于调节自己的情绪。③ Gergely 和 Watson 则在此基础上做出补充,阐述了婴儿对情绪进行初步分化以及对其性格形成内隐理解的人际互动起源,认为只有具备了这些能力,婴儿才能充分地参与母婴二元相互调节的过程。④ 情绪社会化的互动过程理论模型对上述两个理论进行了整合,提出了母亲影响婴儿情绪调节发展的路径机制,如图1-3所示。

一方面,母亲自身对情绪的表征及其情绪调节风格会影响她看待婴儿情绪的视角(情感镜像),这会影响婴儿情绪表征的发展,从而最终影响婴儿的情绪调节模式。母亲的情感镜像可通过注意力保持、温暖敏感性、社会应答性这三个指标来衡量。其中,注意力保持是指婴儿在进行视觉活动或身体活动、抑或同时进行这两种活动时,母亲对婴儿提出的与活动有关的要求、问题以及评价;温暖敏感性是关于母亲对婴儿情绪线索的敏感程度的一种综合评价,包括母亲对婴儿情绪进行回应的及时性和适当性、对婴儿兴趣的接纳、进行身体爱抚的次数、积极情感以及语调等因素;社会应答性是指母亲对婴儿微笑和发声的模

---

① DENHAM S A, RENWICK - DEBARDI S, HEWES S. Emotional communication between mothers and preschoolers: relations with emotional competence [J]. Merrill - palmer quarterly, 1994, 40(4): 488-508.

② DEOLIVEIRA C A, BAILEY H N, MORAN G, et al. Emotion socialization as a framework for understanding the development of disorganized attachment [J]. Social development, 2004, 13(3): 437-467.

③ GIANINO A, TRONICK E Z. The mutual regulation model: The infant's self and interactive regulation and coping and defensive capacities [M]// FIELD T M, MCCABE P M, SCHNEIDERMAN N. Stress and coping across development. New Jersey: Lawrence Erlbaum Associates, 1988: 47-68.

④ GERGELY G, WATSON J S. Early socio - emotional development: contingency perception and the social - biofeedback model [M]// ROCHAT P. Early social cognition: understanding others in the first months of life. New Jersey: Lawrence Erlbaum associates, 1999: 101-136.

仿反应,以及对婴儿消极情绪的调节。已有研究表明,在 2～3 个月大的婴儿中,情感镜像水平较低的母亲的孩子表现出了较少的亲社会行为以及对情绪分享的期望。相反,情感镜像水平较高的母亲的孩子会更多地对母亲微笑、耳语与凝视,他们更容易与母亲发生共情互动,也更愿意分享自己的情绪状态。[1]

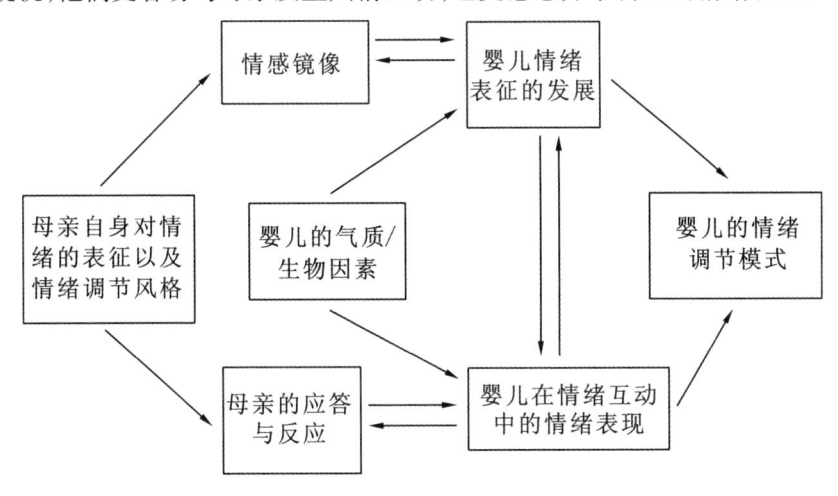

图 1-3 情绪社会化的互动过程理论模型[2]

另一方面,母亲的情绪调节风格会影响她们对婴儿消极情绪的反应以及母婴互动质量。例如,相较于压抑情绪,自我同情不仅能够改善母亲的情绪状态,还能使母亲对婴儿的痛苦做出更恰当的评价与反应,进而提高母婴互动质量。[3] 针对 6～8 个月婴儿母亲的研究发现,有情绪调节困难的母亲在面对孩子的痛苦时,可能会对孩子产生更多的负面情绪,这会预测一年后孩子在社会情绪发展方面的消极结果。[4] 若母亲与婴儿在面对痛苦时都能以积极的态度去应对,

---

[1] LEGERSTEE M, VARGHESE J. The role of maternal affect mirroring on social expectancies in three-month-old infants[J]. Child development, 2001, 72(5): 1301-1313.

[2] DEOLIVEIRA C A, BAILEY H N, MORAN G, et al. Emotion socialization as a framework for understanding the development of disorganized attachment[J]. Social development, 2004, 13(3): 437-467.

[3] STONE R. Maternal emotion regulation and mother-infant interactions[D]. Exeter: University of Exeter (United Kingdom), 2020.

[4] BEHRENDT H F, SCHARKE W, HERPERTZ-DAHLMANN B, et al. Like mother, like child? Maternal determinants of children's early social-emotional development[J]. Infant mental health journal, 2019, 40(2): 234-247.

那么婴儿更能成功地调节消极情绪。①

婴儿自身的气质等因素会影响他们的情绪风格和策略,进一步对父母的情绪社会化实践产生一定的互惠和强化作用。母亲的心理健康也与母婴互动和子女社会情绪发展有关。② 此外,在情境适宜的情况下,婴儿的生理功能可能影响自身的情绪调节以及母婴情绪的协同调节。例如,高水平的呼吸性窦性心律失常的婴儿会表现出更大的情绪波动,更强有力地驱动母亲进行情绪协同调节。③

总而言之,这两条发展路径自婴儿出生一年内持续交织,有助于婴儿形成自身特定的情绪调节风格,且这种风格能够适用于特定性质的母婴关系中。母婴之间的互动,特别是具有高质量的情绪调节和表征的母婴互动,有助于母婴情绪社会化的发展。该理论模型主要为母婴情感互动的研究提供了理论依据,但其对有关学龄前儿童及青少年与母亲之间的情感互动研究的理论适宜性还有待商榷,且该理论模型不适用于关于父亲与子女情绪社会化的研究。

1.2.4 Morris 等人的儿童情绪调节与适应的三重家庭影响因素模型

Morris 在其博士学位论文中以 160 名学龄前到二年级的儿童及其老师和母亲为被试,研究了家庭环境因素在儿童情绪调节发展中的作用。④ 该研究采用儿童木偶访谈法来获取儿童对家庭情感氛围的报告,父母则需要填写儿童行为问卷中的气质分量表。通过研究,Morris 证明了父母及儿童特征在儿童情绪调节发展和儿童适应中的独特作用,并得到了初步的关于家庭环境对儿童情绪调节与问题行为影响的理论框架。在此基础上,Morris 等人在后期进一步完善了先前的理论框架,于 2007 年提出了儿童情绪调节与适应的三重家庭影响因素

---

① ABNEY D H, DASILVA E B, BERTENTHAL B I. Associations between infant – mother physiological synchrony and 4 – and 6 – month – old infants' emotion regulation[J]. Developmental psychobiology,2021,63(6):e22161.

② STONE R. Maternal emotion regulation and mother – infant interactions[D]. Exeter:University of Exeter(United Kingdom),2020.

③ SOMERS J A,LUECKEN L J,MCNEISH D,et al. Second – by – second infant and mother emotion regulation and coregulation processes[J]. Development and psychopathology,2022,34(5):1887 – 1900.

④ MORRIS A S. The role of the family context in the development of children's emotion regulation[D]. Pennsylvania:Temple University,2000.

模型[1],如图1-4所示。在该理论模型中,情绪社会化包括三条路径:观察/模仿(observation/modeling)、父母养育实践(parenting practices)和家庭情感氛围(emotional climate of family)。

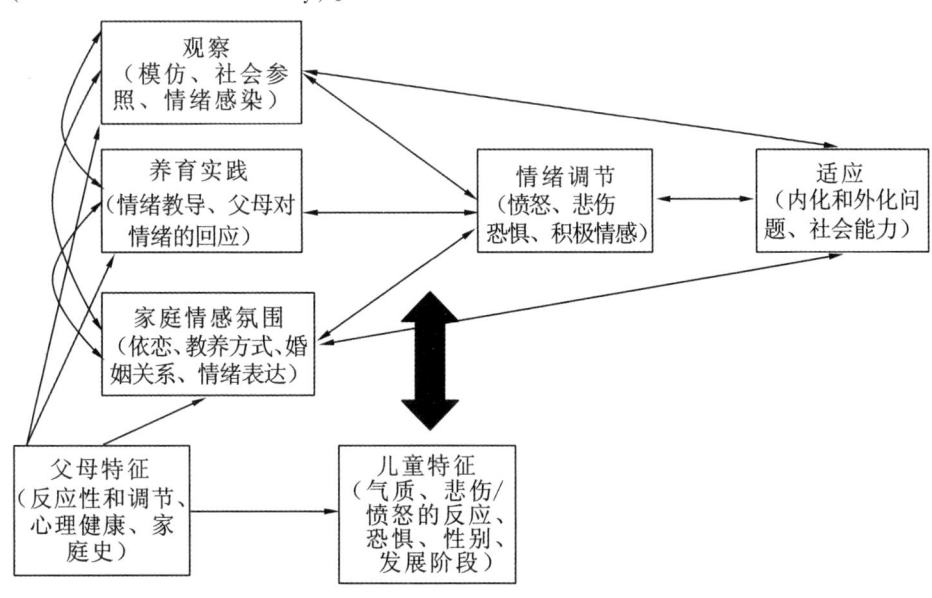

图1-4 儿童情绪调节与适应的三重家庭影响因素模型

首先,儿童通过观察父母的情绪表现和互动来学习情绪和情绪调节。该模型表明,父母自身的情绪状况和互动潜移默化地教会了子女哪些情绪在家庭中是被接受和期望的,以及如何调节这些情绪体验。观察父母的面部表情是子女感知父母情绪表现最直接的途径之一。最新的实证研究表明,父母的情绪与儿童对情绪表达的神经反应间存在显著关系。通过观察父母的面部表情,子女能够解读出父母当时的情绪状态。情绪状态较好的父母,其子女的情绪感知更为敏锐,且感知强烈情绪的潜伏期较短;而情绪状态较差父母的子女感知中性情绪时的潜伏期较短。[2] 通过观察父母在不同情况下的情绪表达,儿童能够模仿和学习情绪调节的方法。因而,在遇到类似情况时,他们知道会引发哪些情绪,

---

[1] MORRIS A S,SILK J S,STEINBERG L,et al. The role of the family context in the development of emotion regulation[J]. Social development,2007,16(2):361-388.

[2] XIA R,HEISE M J,BOWMAN L C. Parental emotionality is related to preschool children's neural responses to emotional faces[J]. Social cognitive and affective neuroscience,2024,19(1):1-11.

以及应该以何种方式适当地回应这些情绪。可见,儿童情绪社会化的方式之一是模仿父母情绪调节的策略。有研究认为,教导父母情绪调节的策略可能是减少子女情绪失调的第一步[1],并且父母的情绪障碍会通过父母情绪社会化对子女情绪调节策略产生影响[2]。儿童情绪社会化的另一种方式是通过社会参照来学习情绪和情绪调节。社会参照是指向他人寻求信息的过程,以了解他们对环境事件或刺激的反应、思考或感受。当孩子处于压力情境时,参考与父母情绪相关的信息可以让孩子获取关于父母情绪的内在描述,确定情绪的意义,并做出相应的情绪调节行为。对于青春期早期的青少年来说,同伴在塑造其情绪调节能力方面的作用明显增强,并与父母的情绪社会化产生了联合效应。[3] 同时,儿童还可以通过情绪感染来学习情绪和情绪调节。情绪感染发生在婴儿早期及以后,是指家庭中情绪的总量,特别是消极情绪,可能会导致子女产生消极情绪。当一个人的面部、声音或情绪手势在另一个人身上产生类似的反应时,就会发生情绪感染。

其次,儿童感知到的父母养育实践与其情绪调节的社会化有关。其中,情绪教导作为一种父母养育实践,被认为是子女情绪社会化的途径之一。根据父母的元情绪理念,可将父母分为情绪教导型和情绪摒除型两类。情绪教导型父母能够觉察到子女的情绪,把子女的情感看作是亲密互动或教育的机会,并可能在日常生活中帮助子女对自己的情绪命名。这类父母能够接纳子女的情绪并帮助子女解决问题。与之相反,情绪摒除型父母可能会对子女情绪的表达感到不舒服,他们倾向于不赞成或忽视情绪的表达。一项纵向研究指出,母亲的情绪教导理念对其鼓励表达行为有积极影响,情绪摒除理念对情绪关注反应有消极影响;而父亲的情绪教导理念能正向预测其问题关注反应和情绪关注反

---

[1] XU X, SPINRAD T L, COOKSTON J T, et al. The relations of parental emotion dysregulation and emotion socialization to young adults' emotion dysregulation[J]. Journal of child and family studies, 2020, 299(3): 725-737.

[2] SEDDON J A, ABDEL-BAKI R, FEIGE S, et al. The cascade effect of parent dysfunction: an emotion socialization transmission framework[J]. Frontiers in psychology, 2020, 11: 579519.

[3] WANG J, WANG M, DU X, et al. Parent and friend emotion socialization in early adolescence: their unique and interactive contributions to emotion regulation ability[J]. Journal of youth and adolescence, 2024, 53(1): 53-66.

应,负向预测苦恼反应,情绪摒除理念正向预测苦恼、惩罚和最小化反应。① 此外,父母对子女消极和积极情绪的特定回应也会影响他们的情绪调节。有研究表明,父母以支持性的方式处理子女消极情绪对儿童的社会适应和情绪适应有积极作用,而以非支持性和破坏性的方式处理儿童消极情绪对子女的社会适应和情绪适应有消极作用。② 与之结论一致的研究指出,父母对子女消极情绪的支持性回应属于保护性因素,如情绪关注反应、问题关注反应和鼓励表达,这些回应方式与子女较高的幸福感、较少的内化问题以及更好的亲子关系有关;而父母的非支持性回应属于风险性因素,如惩罚反应与苦恼反应,这些回应方式与子女较低的幸福感、较多的内化问题以及较差的亲子关系有关。③ 纵向研究表明,在儿童早期,当子女的消极情绪被唤醒并引起行为反应时,母亲对子女消极情绪的支持性反应能够为他们提供有效的应对工具,从而帮助他们控制行为。与之相反,母亲对子女消极情绪的非支持反应则与子女较差的生理调节能力以及儿童中期情绪调节能力的下降有关。④

再次,儿童感知到的家庭情感氛围与其整体情绪发展和情绪调节有关。当儿童所处的情感氛围是消极的、强制的或不可预测的,他们会因为频繁的、意想不到的情绪表现而出现高度的情绪反应或情绪控制。相反,当儿童生活在一个有回应的、和谐的环境中,他们在情绪上可以获得安全感,能够自由地表达情绪,因为他们确信自己的情感需求会得到满足。家庭的情感氛围反映了家庭内部的各种过程和动态,其中有四个重要组成部分可能影响儿童情绪调节的发展:环境的整体可预测性和情绪稳定性、父母期望与对子女的成熟要求、积极情

---

① 梁宗保,严嘉新,张光珍. 父母元情绪理念与儿童社会适应:父母情绪反应的中介作用[J]. 心理科学,2020,43(3):608-614.

② YEO G H, CHEAH C S L, SIM T N. A tale of two countries: Singaporean and Chinese parents' emotion socialization during childhood and the relation to adolescents' emotion regulation [J]. International journal of psychology, 2020, 55(2):163-172.

③ DING R, WU N, TANG S, et al. Relations between parental response to children's negative emotions and suicidal ideation in Chinese adolescents: internalizing problems, emotion regulation, and perceived relationship quality with parents as mediators [J]. Journal of affective disorders, 2022, 301:205-216.

④ PERRY N B, DOLLAR J M, CALKINS S D, et al. Maternal socialization of child emotion and adolescent adjustment: indirect effects through emotion regulation [J]. Developmental psychology, 2020, 56(3):541-552.

绪在家庭中的表达程度以及消极情绪在家庭中的表达程度。这些组成部分通常通过亲子依恋、父母教养方式、家庭情绪表达、婚姻关系来进行检验。亲子依恋可以反映父母和孩子之间情感氛围，早期依恋塑造了儿童的大脑发育，是儿童情绪调节的基础。[1] 父母适当的情绪表达是安全的亲子关系的特征，父母依恋在儿童及青少年的情绪发展过程中发挥着重要作用。已有实证研究表明，父母的依恋风格和情绪调节能够显著预测青少年的问题行为[2]，安全的依恋有助于子女形成良好的情绪调节模式[3]。教养方式反映了父母对孩子的态度和行为，这些态度和行为有助于营造家庭的情感氛围。父母教养方式是指父母在子女成长过程中所采用的教养策略。常见的父母教养方式类型包括权威型、专制型以及放任型，这些教养方式在如何对待孩子的需求、规则制定和情感表达上存在差异。[4] 越来越多的研究证明，父母的教养方式能够预测子女的情绪调节能力，专制型教养方式负向预测了儿童及青少年的情绪调节能力与自我控制，而权威型教养方式正向预测了子女的情绪调节能力与自我控制。[5] 家庭情绪表达是指家庭成员情绪的自我表达，能够营造家庭整体的情感氛围。大量研究证明，父母较多的积极情绪表达和较少的消极情绪表达有助于儿童及青少年情绪表达能力、移情、情绪调节以及亲社会行为的发展。父母婚姻关系是家庭情感氛围中重要的组成要素，并且父母的婚姻关系质量对养育子女的态度和行为具有溢出效应，不良的婚姻关系与不温暖的教养方式密切相关。然而，也有研究指出，婚姻冲突对青少年情绪调节的直接作用不显著，这可能是因为其他家庭

---

[1] ROGERS C R, CHEN X, KWON S J, et al. The role of early attachment and parental presence in adolescent behavioral and neurobiological regulation[J]. Developmental cognitive neuroscience, 2022, 53:101046.

[2] YAGHOUBIPOOR M, SEYED BAGHERI S H, KHOSHAB H. The mediating role of difficulties in emotion regulation on attachment styles of adolescents with conduct disorders[J]. International journal of adolescent medicine and health, 2019, 33(5):20180260.

[3] OBELDOBEL C A, KERNS K A. Attachment security is associated with the experience of specific positive emotions in middle childhood[J]. Attachment & human development, 2020, 22(5):555−567.

[4] BAUMRIND D. Current patterns of parental authority[J]. Developmental psychology, 1971, 4:1−103.

[5] LI D, LI W, ZHU X. Parenting style and children emotion management skills among Chinese children aged 3−6: the chain mediation effect of self-control and peer interactions[J]. Frontiers in psychology, 2023, 14:1231920.

关系对青少年子女情绪调节的作用更为明显。①父母对婚姻的满意程度被证明可能会预测子女的情绪状态,报告婚姻满意度越高的父母,其子女也报告了更多的积极情绪,而当父母对他们的婚姻不满意时,其子女表现出更多的负面情绪。②

最后,仅仅把情绪社会化看作是父母对子女的影响是不够的,父母特征和儿童特征也会影响情绪社会化过程。父母的许多特征影响子女的情绪社会化,包括父母自身的依恋风格和家庭经历、元情绪理念、压力、社会支持水平以及父母的心理健康。此外,父母对情绪的信念也被证实会影响子女的情绪调节。儿童特征包括气质、情绪反应、性别以及儿童所处的发展阶段等,这些特征与家庭因素存在交互作用,对儿童的情绪社会化过程起着重要作用。如图1-4所示,该模型强调了儿童特征在家庭因素与子女情绪调节之间的调节作用。

1.3 文化与父母情绪社会化行为

文化与父母情绪社会化行为之间存在着紧密而微妙的联系。文化,作为一个社会中群体共享的价值观、信仰和行为模式,能够将不同个体凝聚在一起,决定了个体如何主观地感知世界。③情绪作为个体内部的主观因素之一,也会受到文化的影响。不同的社会受到特定文化的影响会有不同的情绪表达规则。儿童要学会特定文化背景下的情绪表达规则,才能更好地适应社会生活。因此,文化深刻地影响着父母在日常亲子互动中表现出的与情绪相关的教养行为,在不同的文化背景下,父母可能采取不同的策略来教导孩子如何理解、表达和调节情绪。④例如,在某些文化中,父母可能强调情绪的稳定性和控制力,而

---

① COLTON K. Early exposure to marital conflict and adolescent emotion regulation[M]. New York: Rochester Institute of Technology, 2021.
② LI Y, TANG X, YANG H, et al. Parental marriage and the non-cognitive abilities of infants and toddlers: survey findings from China family panel studies[J]. Economics & human biology, 2023, 50: 101272.
③ HARKNESS S, SUPER C M. Parental ethnotheories in action[M].//SIGEL I E, MCGILLI-CUDDY-DELISI A V, GOODNOW J J. Parental belief systems: the psychological consequences for children. Mahwah: Lawrence Erlbaum Associates, 1992: 373-392.
④ TROMMSDORFF G, COLE P M. Emotion, self-regulation, and social behavior in cultural contexts[M]. New York: Guilford Press, 2011, 131-163.

在其他文化中,则可能更加注重情绪的自由表达和分享。当儿童接触到父母传递的各种情绪规范时,他们会学习特定文化背景下的情绪表达和情绪控制规则,形成良好的情绪调节能力。这种情绪社会化的过程不仅塑造了孩子的情绪能力,也会影响他们在社交能力等方面的发展。因此,理解文化与父母情绪社会化的关系,有助于更全面地认识孩子的情绪发展和社会适应。

目前的研究大致将社会文化分为两种类型:一种是以欧美国家为代表的个人主义文化,或称为独立的文化模式。在西方社会,由于工业化高度发达,其表现出来的文化特征是优先考虑个人的独立性和自主性。另一种是以亚洲国家为代表的集体主义文化,或称为相互依存的文化模式。在东方社会,人们更重视强调相互依存的价值观。例如,Trommsdorf 和 Friedlmeier 的研究发现,日本母亲对女儿消极情绪的敏感性会随着情境的改变而发生变化,而德国母亲的敏感性不受情境的影响,更侧重独立性和自主性。[1] 这说明父母的情绪社会化行为会受到特定文化背景的影响。

在欧美国家的个人主义文化中,独立的价值观是主流,个体被看作是独立、自主的。而情绪作为一种内在的个人特征,对个体的社会行为具有指导作用。[2] 因此,在个人主义文化中,自由开放的自我表达更受到提倡,人们更倾向于"以自我为中心"的情绪表达和交流。他们会通过情绪表达自身的内在状态,如果这种状态未被表达出来,则很难被群体中的他人所理解。[3] 这在西方国家父母的育儿指导风格中得到充分体现。受个人主义文化影响下的父母往往能够觉察并接纳子女的消极情绪,进而鼓励孩子体验和表达消极情绪,在此过程中为孩子提供情绪调节的策略,帮助孩子进行自我调节。而对儿童消极情绪的忽视、批评和惩罚在西方个人主义文化中被视为是阻碍儿童情绪能力发展的处理

---

[1] TROMMSDORFF G,FRIEDLMEIER W. Preschool girls' distress and mothers' sensitivity in Japan and Germany[J]. European journal of developmental psychology,2010,7(3):350-370.

[2] KIM U E,TRIANDIS H C,KÂĞITÇIBAŞI Ç E,et al. Individualism and collectivism:theory,method,and applications[M]. New York:Sage Publications,1994.

[3] MARKUS H R,KITAYAMA S. The cultural construction of self and emotion:implications for social behavior[M]//KITAYAMA S,MARKUS H R. Emotion and culture:empirical studies of mutual influence. Washington:American Psychological Association,1994:89-130.

方式。①

亚洲国家的集体主义文化更注重相互依存的文化模式,个体被看作社会关系中的一环,强调文化群体的凝聚力。② 因此在集体主义文化中,个体往往更倾向于遵循"以他人为中心"的情绪表达规则,更多地控制甚至抑制自己消极情绪的表达,这被看作是维持人际和谐、践行中庸价值观的一种适当方式③,而"以自我为中心"的情绪表达被视为破坏人际关系的潜在因素④。这些观点在 Wei 等人的研究中得到了验证。他们在一项跨文化比较研究中发现,东方文化背景下的个人倾向于抑制情绪以维持人际和谐,而西方文化背景下的个体恰恰相反。⑤ 有研究者将中国台湾和美国父母对积极和消极情绪的抑制与幸福感进行了比较研究。受集体主义文化影响的父母往往会忽视、批评或惩罚子女的消极情绪,不鼓励孩子表达消极情绪,而是培养儿童控制情绪表达的能力。但这种反应方式不一定对儿童的情绪发展产生消极影响,可能会让儿童能够适应所在文化背景下的社会,从而促进儿童的情绪社会化。已有的研究也证明了情绪抑制可能对中国人的情绪体验和情绪适应起到积极作用。⑥

一些跨文化的实证研究证明了不同文化背景会对父母情绪社会化行为产生不同的影响。Cho 等人考察了尼泊尔、德国和韩国三个国家母亲情绪社会化

---

① GOTTMAN J M,KATZ L F,HOOVEN C. Meta-emotion:how families communicate emotionally[M]. London:Routledge,2013.

② MARKUS H,KITAYAMA S. Culture and the self:implications for cognition,emotion,and motivation[J]. Psychological review,1991,98:224-253.

③ WEI M,SU J C,CARRERA S,et al. Suppression and interpersonal harmony:a cross-cultural comparison between Chinese and European Americans[J]. Journal of counseling psychology,2013,60(4):625-633.

④ WANG Q. Emotion situation knowledge in American and Chinese preschool children and adults[J]. Cognition & emotion,2003,17(5):725-746.

⑤ WEI M,SU J C,CARRERA S,et al. Suppression and interpersonal harmony:a cross-cultural comparison between Chinese and European Americans[J]. Journal of counseling psychology,2013,60(4):625-633.

⑥ MATSUMOTO D,YOO S H,FONTAINE J. Mapping expressive differences around the world:the relationship between emotional display rules and individualism versus collectivism[J]. Journal of cross-cultural psychology,2008,39(1):55-74.

行为的差异及其对儿童情绪调节能力的作用。① 研究结果表明,在这三种文化中,母亲对子女的积极情绪(如喜悦、骄傲)和消极情绪(如悲伤、害羞)的反应模式不同。与韩国和尼泊尔的母亲相比,德国母亲在面对孩子的积极或消极情绪时,更经常使用鼓励表达,并且较少表现出苦恼或惩罚反应。德国社会重视个人主义文化,自我表达在德国被认为是一项重要的技能,因此德国父母也更倾向于鼓励子女进行自我表达。而韩国和尼泊尔社会更注重集体主义文化,主张最大限度地减少自我表达以维持人际和谐,因此母亲会更多地阻止子女表达消极情绪。但韩国和尼泊尔母亲的反应程度又有所不同,这是因为韩国正在努力将西方文化与东方文化相结合。这也体现出各个国家不同的文化背景会对父母的价值观念产生不同的作用,进而影响父母对子女消极情绪的回应。同样,Trommsdorf 等人通过一项涉及五国的跨文化研究,将父母对儿童情绪社会化的直觉理念作为理解儿童情绪发展的手段。② 通过比较五个国家的文化差异,研究结果支持了先前的理论假设,即个人主义文化背景下的父母和集体主义文化背景下的父母对儿童消极情绪的看法存在显著差异,且不同的文化价值观会影响母亲的直觉理论,进而导致对子女情绪反应行为的潜在差异。

总之,父母对子女消极情绪的反应方式会受到特定社会文化的影响。聚焦特定文化视角下父母的情绪社会化行为,能够了解不同文化背景下父母情绪社会化的不同行为和观念,从而为不同国家和地区的父母提供相应的指导和干预,促进儿童情绪的适应性发展,提高儿童的情绪能力。

---

① CHO S I, SONG J H, TROMMSDORFF G, et al. Mothers' reactions to children's emotion expressions in different cultural contexts: comparisons across Nepal, Korea, and Germany [J]. Early education and development, 2022, 33(5): 858 – 876.

② TROMMSDORFF G, COLE P M, HEIKAMP T. Cultural variations in mothers' intuitive theories: a preliminary report on interviewing mothers from five nations about their socialization of children's emotions [J]. Global studies of childhood, 2012, 2(2): 158 – 169.

第2章
父母情绪社会化行为研究现状

近年来,有关父母情绪社会化行为的相关研究受到发展心理学界的广泛关注。父母情绪社会化是与情绪有关的父母教养方式和行为的体现,父母的教养方式和行为是影响子女情绪能力的重要因素,对子女的情绪健康发展具有深远影响。2010年教育部印发的《全国家庭教育指导大纲》中也提出,要指导家长关注、尊重、理解儿童的情绪,多给予儿童鼓励和支持,养成儿童良好情绪。这体现出父母在子女情绪发展中的关键作用,也反映出我国对儿童情绪健康的重视。

本章将对父母情绪社会化行为领域的实证研究进行回顾,分别从父母情绪社会化行为的测量、群体特征、类型、对子女情绪功能的作用、影响因素等五个方面来梳理该领域的研究现状。其中,2.1节介绍了父母情绪社会化行为的测量方法,包括已有的问卷工具和观察编码;2.2节聚焦于父母情绪社会化的群体特征,将性别、家庭社会经济地位、子女学段、文化种族背景等作为群体分类因素,分析已有研究中不同群体父母情绪社会化行为的不同表现;2.3节总结了父母情绪社会化行为的类型,并列举了相关实证研究,呈现了不同类型父母情绪社会化行为的特征;2.4节从父亲和母亲情绪社会化行为对子女情绪功能的直接作用、交互作用和间接作用等方面展开,详细阐述父母双方对子女情绪功能的作用及机制,突出父母各自的独特效应和父母双方的联合效应;2.5节关注父母情绪社会化的影响因素,分别从家庭环境因素、父母因素和儿童因素等方面进行论述,梳理可能对父母情绪社会化行为产生影响的各种因素。对以往研究的系统梳理能够帮助我们了解该领域已取得的成果和仍存在的不足,从而为后续研究的开展提供借鉴,也为父母如何回应、指导子女的情绪提供参考。

2.1 父母情绪社会化行为的测量

测量是依据一定的法则使用量具对事物的特征进行定量描述的过程,不仅包括以心理测验为工具的测量,也包括用观察法、问卷法等方法所进行的测量。[1] 在父母情绪社会化领域的研究中,目前使用较为广泛的是问卷法。此外,观察法也得到了一些研究者的使用。下文将介绍梳理父母情绪社会化领域已有的测量方法及相关工具。

2.1.1 问卷法

问卷法,是指调查者通过统一设计的问卷来向被调查者了解情况、征询意见的一种资料收集方法。[2] 目前已经有多种问卷被用于评估父母情绪社会化行为。其中,儿童消极情绪应对量表(the Coping with Children's Negative Emotions Scale,CCNES)是一种较为常用的工具[3],其跨文化效度在印度[4]、中国[5]、土耳其[6]等地都得到了广泛的验证。另外,儿童期情绪量表(the Emotions as a Child Scale,EAC)也是测量父母情绪社会化行为的常用工具,已经在多种文化背景中得到了有效应用。此外,随着情绪社会化领域研究的进一步深入,有研究者认识到父母情绪调节的重要性,开发了多维概念的父母情绪调节量表(the Parent

---

[1] 郭秀艳. 实验心理学[M]. 北京:人民教育出版社,2009.

[2] 郑震. 社会学方法的综合:以问卷法和访谈法为例[J]. 社会科学,2016(11):93-100.

[3] FABES R A,EISENBERG N, BERNZWEIG J. The Coping with Children's Negative Emotions Scale:procedures and scoring[R]. Phoenix:Arizona State University,1990.

[4] VIDHATRI RAVAL V,MARTINI T S. Maternal socialization of children's anger,sadness, and physical pain in two communities in Gujarat,India[J]. International journal of behavioral development,2009,33(3):215-229.

[5] TAO A,ZHOU Q,WANG Y. Parental reactions to children's negative emotions:prospective relations to Chinese children's psychological adjustment[J]. Journal of family psychology,2010,24(2):135-144.

[6] ALTAN-AYTUN Ö,YAGMURLU B,YAVUZ H M. Turkish mothers' coping with children's negative emotions:a brief report[J]. Journal of child and family studies,2013,22:437-443.

Emotions Regulation Scale,PERS)。① 接下来将对这3个量表进行详细介绍。

最初,儿童消极情绪应对量表(CCNES)被用于评估父母对4~12岁儿童负面情绪的典型反应,采用父母自我报告的形式。该量表向父母提供了12种假设的情境。在这些情境中,儿童可能会感到不安或愤怒,父母被要求评估他们对儿童做出每一种反应的可能性。CCNES包括6个分量表,对应了父母可能做出的6种反应:第1个是最小化反应分量表,反映了父母轻视孩子情绪反应的程度(比如,"我会告诉我的孩子不要因为错过聚会而大惊小怪");第2个是惩罚反应分量表,代表父母使用口头或身体惩罚来抑制儿童负面情绪表达的程度(比如,"我会把孩子送到他/她自己的房间里面去冷静一下");第3个是情绪关注反应分量表,其特征为安慰或者分散孩子的注意力(比如,"我会安抚我的孩子,和他/她一起做一些有趣的事情,让他/她对错过聚会感觉好一点)";第4个是问题关注反应分量表,其特征为父母帮助孩子解决引起其痛苦的问题(比如,"我会帮助我的孩子思考他/她仍然可以和朋友在一起的方式");第5个是鼓励表达分量表,反映了父母对孩子负面情绪表达的接受程度(比如,我会鼓励我的孩子表达他/她的愤怒和挫败感);第6个是苦恼反应分量表,反映了父母对孩子负面情绪表现的痛苦程度(比如,"我会生孩子的气")②。伴随着CCNES的影响力逐渐增大,有研究者认为父母可能会存在忽视儿童的情绪的反应,但很少有研究对这种父母情绪社会化行为进行评估。为此,Mirabile等人对CCNES进行了扩充,添加了一个新的忽视分量表,用于测量父母忽视或未能回应孩子消极情绪的程度。③ 随着研究对象范围的扩大,CCNES逐渐发展出青少年版本(CCNES-AV)。不同于儿童版,青少年版量表只包括9个情境、6个分量表。除此之外,CCNES-AV与CCNES儿童版在评分方式上是相似的,仍然保留了父母报告的方式,由父母评估他们做出每一种反应的可能性(1=完全不可能,7

---

① PEREIRA A I,BARROS L,ROBERTO M S,et al. Development of the Parent Emotion Regulation Scale (PERS):factor structure and psychometric qualities[J]. Journal of child and family studies,2017,26(12):3327-3338.

② FABES R A,POULIN R E,EISENBERG N,et al. The Coping with Children's Negative Emotions Scale (CCNES):Psychometric properties and relations with children's emotional competence[J]. Marriage & family review,2002,34(3-4):285-310.

③ MIRABILE S P. Ignoring children's emotions:a novel ignoring subscale for the Coping with Children's Negative Emotions Scale[J]. European journal of developmental psychology,2015,12(4):459-471.

=非常可能)。

儿童消极情绪应对量表(CCNES)儿童版(部分)

指导语:请仔细阅读以下各个题目的表述,并评估你有多大可能会按照题项所描述的那样做出反应,1 表示完全不可能,7 表示非常可能。请按照你的真实情况作答,在每道题目下选择最符合你的选项。

情境:如果孩子从他/她的童车上摔下来,并且摔坏了车,还因此感到难过和哭泣,我会

1. 保持冷静,不让自己感到焦虑

2. 安慰孩子并试着让他/她忘记这件事

3. 告诉孩子他/她反应过度了

4. 帮助我的孩子找出修理车子的方法

5. 告诉孩子哭出来也没关系

6. 告诉孩子停止哭泣,否则不再让他/她骑车

儿童消极情绪应对量表(CCNES)青少年版(部分)

指导语:请仔细阅读以下各个题目的表述,并评估你有多大可能会按照题项所描述的那样做出反应,1 表示完全不可能,7 表示非常可能。请按照你的真实情况作答,在每道题目下选择最符合你的选项。

情境:当我看到孩子正在对他/她的好朋友生气时,我会

1. 在处理他/她的愤怒时变得不舒服和不安

2. 鼓励他/她表达自己的愤怒

3. 和他/她谈心并试图让他/她冷静下来

4. 告诉他/她不要把事情闹得这么大

5. 因他/她发脾气而感到生气

6. 帮助他/她寻找解决问题的方法

第 2 章 父母情绪社会化行为研究现状

然而,有研究发现 CCNES 的结构在我国样本中与在其他文化背景下存在差异。[1] 在最初版本的 CCNES 中,Fabes 等人将鼓励表达、情绪关注反应和问题关注反应归为支持性反应,将最小化反应、惩罚反应和苦恼反应划为非支持性反应。[2] 但是,针对我国父母的研究发现,父母鼓励表达和最小化反应的功能与在西方文化背景中有所不同,最小化反应更倾向于作为一个独立的因素而存在[3],这可能与我国提倡情绪抑制的文化价值观有关。丁如一等发现,我国父母会经常性地使用说教式的谈话方式与子女进行互动,强调规则、期望、道德标准和纪律,以教导孩子正确的行为方式。基于此,他们开发了父母对中国青少年消极情绪的多维反应量表(Parental Varied Responses to Chinese Adolescents' Negative Emotions Scale,PVRCANE),将 CCNES 扩展到七个维度,便于未来研究者测量亚洲父母的情绪社会化行为。[4]

儿童期情绪量表(EAC)和儿童消极情绪应对量表(CCNES)相似,同样基于父母对儿童消极情绪的回应来评估其情绪社会化行为,主要涉及父母对儿童愤怒、恐惧/焦虑和悲伤三种常见负面情绪的反应。[5] 与 CCNES 的单一报告方式不同,EAC 量表包括两种报告形式,分别是父母报告和儿童报告。两种报告在问题的措辞上有所不同。例如,在父母报告版本中,父母被要求反思他们在孩子年幼时如何应对其情绪表达,如"当你的孩子生气(或害怕或悲伤)时,你做了什么";而在儿童报告版本中,孩子被询问"当你生气(或害怕或悲伤)时,你的母亲(或父亲)做了什么"。父母版和儿童版 EAC 均采用 5 点计分(1 = "从不",5 = "经常")。同时,对于三种负面情绪中的每一种,父母的反应均使用涵

---

[1] CHAN S M, BOWES J, WYVER S. Parenting style as a context for emotion socialization [J]. Early education and development, 2009, 20(4):631 – 656.

[2] FABES R A, POULIN R E, EISENBERG N, et al. The Coping with Children's Negative Emotions Scale (CCNES): psychometric properties and relations with children's emotional competence[J]. Marriage & family review, 2002, 34(3 – 4):285 – 310.

[3] YEO G H, CHEAH C S L, SIM T N. A tale of two countries: Singaporean and Chinese parents' emotion socialization during childhood and the relation to adolescents' emotion regulation [J]. International journal of psychology, 2020, 55(2):163 – 172.

[4] DING R, LIU J, LUO Y, et al. Development and validation of a scale assessing parental varied responses to Chinese adolescents' negative emotions[J]. Journal of clinical psychology, 2023, 79 (12):2823 – 2848.

[5] MAGAI C, O'NEAL C R. Emotions as a child (child version)[Z]. Unpublished manuscript, Brooklyn: Long Island University, 1997.

盖五种情绪社会化策略(每种三项)的15个项目进行评估。这五种策略如下：第一种是奖励，表现为父母提供安慰、同情或帮助孩子管理他们的情绪(例如，"当我伤心的时候，我的父母帮助我处理让我伤心的事情")；第二种是惩罚，表现为父母不同意、惩罚或取笑孩子的消极情绪表现(例如，"当我伤心的时候，我的父母不赞成我伤心")；第三种是否认，即父母表现出抑制子女情绪或分散孩子注意力的行为(例如，"我的父母告诉我要振作起来")；第四种是忽视，表现为父母忽视孩子的情绪表达(例如，"当我伤心的时候，我的父母并没有注意到我的悲伤")；第五种是夸大，即父母表现出的反应放大了孩子最初的情绪表达(例如，"当我伤心的时候，我的父母也会很伤心")。在此基础上，O'Neal 和 Magai 又提出了两因素模型结构，将父母情绪社会化行为分为促进或者抑制儿童情绪表达两种类型，其中奖励和惩罚被划分为促进儿童的情绪表达，而惩罚、忽视以及夸大则被归类为抑制儿童的情绪表达。[①] 随后，Garside 和 Klimes-Dougan 对两因素模型提出质疑，认为夸大应该被归为促进儿童情绪表达的行为。[②] 而 McCord 和 Raval 则将奖励策略作为促进儿童情绪表达的指标，将其余的四个维度(否认、惩罚、夸大、忽视)划分到抑制儿童情绪表达的维度中。[③] 近年来，Guo 等人通过对1087名处于青春期晚期和成年初期的被试进行问卷调查，综合运用探索性因素分析和验证性因素分析，构建出一个新的二因素模型，将父母情绪社会化行为划分为支持性行为和非支持性行为。[④] 与先前研究有所不同，在 Guo 等人的研究中，描述家长忽视和否认行为的部分项目被归为了支持性行为，这一变化拓展了对父母情绪支持的传统理解。此外，我国研究者罗杰等还检验了儿童期情绪量表(EAC)在中国9~12岁儿童中的有效性，并得到一个新的二因子结构。具体来说，部分描述家长忽视策略和惩罚策略的项目被

---

① O'NEAL CR, MAGAI C. Do parents respond in different ways when children feel different emotions? The emotional context of parenting[J]. Development and psychopathology, 2005, 17 (2):467-487.

② GARSIDE R B, KLIMES-DOUGAN B. Socialization of discrete negative emotions: gender differences and links with psychological distress[J]. Sex roles, 2002, 47(3-4):115-128.

③ MCCORD B L, RAVAL V V. Asian Indian immigrant and White American maternal emotion socialization and child socio-emotional functioning[J]. Journal of child and family studies, 2016, 25(2):464-474.

④ GUO J, MRUG S, KNIGHT D C. Factor structure of the Emotions as a Child Scale in late adolescence and emerging adulthood[J]. Psychological assessment, 2017, 29(9):1082-1095.

纳入到了支持性行为维度中。① 该研究还检验了中文版 EAC 的内部一致性信度、效标效度及其在男孩和女孩中的测量等值性,结果表明修订后的中文版 EAC 具有良好的信度和效度,可以作为测量我国学龄儿童父母情绪社会化行为的工具。

儿童期情绪量表(EAC)儿童版(部分)

指导语:以下句子描述了当你感到生气/害怕/伤心时,你父母对你的态度或行为。1 表示从不,5 表示总是。请回忆你与父母的相处过程,选择下列描述与你父母的符合程度。

情境:当我感到生气/害怕/伤心时,我的父母:

1. 让我不要生气/害怕/伤心

2. 帮我解决问题

3. 变得非常生气/害怕/伤心

4. 询问我为什么生气/害怕/伤心

5. 告诉我不要担心

6. 表示她(他)很生气/害怕/伤心

7. 让我知道她(他)并不赞同

8. 告诉我要振作起来

9. 把注意力集中在我身上

10. 变得非常心烦意乱

11. 不会关注我

12. 安慰我

与 CCNES 和 EAC 相比,父母情绪调节量表(PERS)的开发时间较晚。其影响力和流传度虽然远不及 CCNES 和 EAC,但 PERS 的侧重点与前者不同,主要从父母情绪的自我调节出发,探讨其对子女情绪表达的影响。PERS 包括四个维度:第一个维度是父母对儿童情绪的关注,反映了父母关注和理解儿童的情绪,并能够帮助孩子理解自身情绪;第二个维度是父母对儿童情绪的回避,反映

---

① LUO J, WANG M C, GAO Y, et al. Factor structure and construct validity of the Emotions as a Child Scale(EAC) in Chinese children[J]. Psychological assessment, 2020, 32(1): 85 - 97.

了父母对儿童负面情绪的消极信念和父母对儿童消极情绪表达的回避;第三个维度是父母的情绪失控,代表父母在孩子面前难以管理自己的情绪,当孩子体验到消极情绪时,他们也难以帮助孩子解决相关问题;第四个维度是父母对儿童及自身情绪的接纳,代表父母能够接纳自身对孩子的负面情绪,并能够容忍孩子适度的消极情绪表现。伴随着 PERS 影响力的逐步扩大,国内有学者对其跨文化适用性进行了检验。我国学者卢永彪等通过对父亲和母亲的问卷测量,修订出父母情绪调节量表的中文版。① 由于文化背景的不同,该问卷的中文版与原版在结构上有一定的出入。比如中文版的父母情绪调节量表在情绪控制维度和亲子情绪接纳维度仅仅保留了两个题项,而原版在这两个维度上分别有五个和四个题项。

可见,伴随着父母情绪社会化领域研究的扩展,越来越多的工具得到开发和应用。在实际研究中,研究者需要结合文化背景、研究方向和研究对象选择恰当的问卷。

2.1.2 观察法

观察法是有目的、有计划地对被试的言语和行为进行观察、记录,从而判断其心理特点的研究方法。② 在父母情绪社会化领域的研究中,研究者已经开发出不同类型的观察工具。下文将回顾观察法在父母情绪社会化领域中的应用情况,了解不同工具的具体内容和存在的优缺点。

Gentzler 等人开发了一项情绪分享任务,可用于评估父母对子女情绪的接纳与鼓励行为。在实验中,儿童与其父亲或母亲围绕让他们感到不高兴的事件进行五分钟的谈话。研究者没有对家长和孩子如何选择谈话主题或情绪事件进行任何指导,而是让他们自由谈话。整个谈话被全程录像,以便后续分析。根据亲子互动任务中的表现,父母对孩子情绪的接纳和鼓励程度将在一个 9 点计分的李克特量表上被评分。其中,"1"表示父母通过否定孩子的感受、取笑或批评孩子以及引发孩子内疚感等方式阻止他们表达情绪,"9"表示父母接纳孩子的情绪,并通过肯定、解释和询问孩子的感受等方式明确鼓励他们表达情绪。

---

① 卢永彪,黄肖嘉棋,龙娇娇,等.父母情绪调节量表的中文版修订及信效度检验[J].中国临床心理学杂志,2022,30(3):536-540.
② 刘淑杰.教育研究方法[M].北京:北京大学出版社,2016.

此外，在该研究中，Gentzler等人还设计了亲子情绪沟通质量的编码方式。根据父母对儿童情绪的接纳度以及儿童与父母讨论情绪的开放性，亲子情绪沟通质量被划分为四类：一是"温暖/开放"，表现为父母接纳孩子的情绪表达，而孩子也愿意参与情绪讨论，并能详细说明自己对事件的思考和感受；二是"温暖/表浅"，表现为亲子之间能够围绕情绪事件和感受进行积极的交流，但这种讨论流于表面，未能触及深层次的内容；三是"疏远/无效"，指父母与孩子未能围绕一个情绪事件进行深入讨论，或者表现出对情绪交流的回避；四是"冲突/敌对"，指父母通过批评而非安慰和理解的方式来主导谈话过程，而孩子表现出挫败、不适或叛逆。[1] 这一编码体系为理解父母情绪社会化的复杂性提供了新的视角。

一些研究者偏好使用情绪回忆任务的方式来评估亲子情绪互动的质量。在使用该任务时，研究人员会邀请家长回忆过去一周内发生的两件事情，一件是他的孩子体验到积极情绪的情境，另一件是他的孩子经历了消极情绪的情境。为了创造一个温馨且有助于回忆的情境，研究者准备了舒适的游戏室，让家长和孩子共处其中，尽可能引发家长对事件更多的思考与回忆。在这一过程中，研究人员会引导家长详细描述事件的细节，同时鼓励孩子积极分享他们对事件的感受。由此产生的对话内容信息丰富，成为研究人员分析的重要资料。最后，研究者会从对话中重点提取三个关键维度，包括家长的情绪投入水平、孩子的情绪投入水平以及亲子对话中所体现出的情绪交流质量[2]。通过对这些对话片段进行细致的编码，研究者能够更全面地洞察亲子情绪互动的动态关系。

还有一些研究者采用了多种任务相结合的方式来测量父母在亲子情绪谈话中的表现。例如，Aznar等人采用与游戏相关的故事讲述任务和回忆任务相结合的方式，对亲子之间的情绪谈话进行观察，以考察父母情绪社会化行为的

---

[1] GENTZLER A L, CONTRERAS-GRAU J M, KERNS K A, et al. Parent-child emotional communication and children's coping in middle childhood[J]. Social development, 2005, 14(4): 591–612.

[2] LAIBLE D, PANFILE MURPHY T, AUGUSTINE M. Constructing emotional and relational understanding: the role of mother-child reminiscing about negatively valenced events[J]. Social development, 2013, 22(2): 300–318.

模式,并揭示他们在儿童情绪发展中的作用。① 在与游戏相关的故事讲述任务中,研究者为父母和孩子提供了四个事件场景:一是父母离开他们的孩子去旅行,二是孩子跌倒了并且受了伤,三是家里的小狗跑了,四是父母回家了。② 这些场景的设计均围绕日常生活中常见的儿童情绪诱发事件,父母与孩子需要在这些场景中融入特定的人物与环境要素,共同创编出一则故事。这一任务旨在考察父母在模拟事件情境下如何回应孩子的情绪表达,评估父母能否敏感地察觉并恰当地引导孩子的情绪变化。在回忆任务中,研究者为父母和孩子提供了四个与学前儿童日常生活紧密相关的事件:一是孩子上学的第一天,二是去看医生,三是孩子摔倒了,四是去动物园。③ 父母和儿童需要根据他们选择的顺序对四项任务展开情绪讨论。该任务旨在了解父母如何回忆并解读过往的情绪体验,以及他们如何与孩子进行深入的情绪交流。在两项亲子互动任务进行的过程中,研究者会对父母与儿童的交流情况及情绪表现进行系统的记录和编码,编码内容主要包括三个方面,分别是父母的话语频率(父母在任务中的话语总量)、父母情绪词的频率(父母出现的特定情绪状态或者父母表现出的情绪过程)以及父母的情绪标签和情绪解释(情绪标签是提及情绪或询问情绪的情绪词,情绪解释是对自身为何出现某种情绪情感的陈述)。通过对两种任务的综合运用,研究者能够对父母在不同场景中的情绪社会化行为进行更全面的测量。

此外,Laible 和 Song 的研究同样使用了另一种故事讲述任务,该研究关注母亲如何引导孩子探索和表达情绪,从而对父母的情绪社会化行为进行考察。与 Aznar 等人的研究不同的是,Laible 和 Song 选择了一本无字图画书,邀请母亲和儿童以此为基础共同创编故事。在整个过程中,母亲被鼓励扮演积极的引导者角色,支持和指导孩子理解书中的情绪线索。研究者旨在通过这一亲子互动

---

① AZNAR A,TENENBAUM H R. Spanish parents' emotion talk and their children's understanding of emotion[J]. Frontiers in psychology,2013:670(4):1-11.

② BRETHERTON I,RIDGEWAY D,CASSIDY J. Assessing internal working models of the attachment relationship:an attachment story completion task for 3-year-olds [M]// GREENBERG M T,CICCHETTI D,CUMMINGS E M. Attachment in the preschool years:theory,research,and intervention. Chicago,IL:University of Chicago Press,1990,273-308.

③ FIVUSH R. Exploring sex differences in the emotional content of mother-child conversations about the past[J]. Sex roles,1989,20(11-12):675-691.

过程,观察母亲如何使用言语或非言语的方式,帮助孩子识别、命名并讨论故事中的情绪以及由此引发的情绪[1]。在该研究中,Laible 和 Song 运用了新的编码指标对母子之间的情绪沟通进行编码分析。该编码指标主要包括母子情绪参与的深度,以及亲子情绪沟通和回应的质量。

总而言之,无论采取何种任务形式,都需要激发儿童特定的情绪体验,并为父母和儿童提供充足的互动机会,以便充分观察父母的情绪反应和行为。随后,需要通过编码等技术将父母的言语和行为转化为可分析的数据。[2] 这种方法的应用能够避免问卷法中存在的社会赞许性等问题,具有更高的生态效度,测量到的数据更加具有说服力,更加真实可靠。

2.2 父母情绪社会化行为的群体特征

基于情绪社会化的相关理论,研究者们针对父母情绪社会化行为已经展开了诸多研究,其中不乏跨年龄、跨文化以及跨种族的实证研究。这些研究结果呈现和阐释了不同群体父母情绪社会化行为的特征以及群体特征差异背后的原因。以下是对不同性别、不同社会经济地位、不同学段、不同文化种族以及特殊儿童父母情绪社会化行为的归纳与分析,这些研究为理解不同群体父母情绪社会化行为存在的差异提供了有效的实证支持。

2.2.1 性别与父母情绪社会化行为

性别社会化理论指出,男性与女性承担着不同的社会角色,需要遵循不同的情绪表达规则。受性别刻板印象的影响,女孩通常被期望表现出更多顺从的情绪(如悲伤)来支持社会交往,而男孩则被期望表现出更多不和谐的情绪(如

---

[1] LAIBLE D, SONG J. Constructing emotional and relational understanding:the role of affect and mother – child discourse[J]. Merrill – Palmer quarterly,2006,52(1):44 – 69.
[2] 李丹黎. 父母养育与儿童的情绪调节[M]. 西安:陕西师范大学出版社,2019.

愤怒),以期从他人身上争取到个人利益。[1][2] 因此,父母会根据不同性别的社会规范来帮助子女情绪社会化,对女孩和男孩采取不同的情绪社会化行为。此外,父母性别角色的不同也使得他们在子女情绪社会化过程中扮演着不同的角色。

根据不同性别角色的要求,母亲和父亲的情绪社会化行为可能存在差异。研究表明,对于学前儿童,母亲和父亲的情绪社会化方式是不同的。在亲子情绪对话中,母亲对家庭的情感功能负有责任,是情感的守门人,而父亲承担着情感积极的玩伴的角色,在激励孩子应对困难方面发挥着特殊的作用,让孩子相信他们是被鼓励和保护的。[3] 性别差异导致母亲可能比父亲有更高的情绪智力[4],虽然父亲比母亲更加认同消极情绪对儿童发展的价值,但父亲参与情绪社会化的实践少于母亲,这可能是由于父亲在情绪上不如母亲敏感[5]。相较于男性,女性更善于解读微妙的情绪表达。因此,在亲子情绪对话中,母亲比父亲更具有优势。[6] 例如,母亲在和孩子一起阅读图画书时比父亲更加关注情绪,因为

---

[1] BRODY L R. The socialization of gender differences in emotional expression:display rules, infant temperament, and differentiation[J]. Gender and emotion:social psychological perspectives, 2000,2(11):122-137.

[2] MCINTYRE M H,EDWARDS C P. The early development of gender differences[J]. Annual review of anthropology,2009,38(1):83-97.

[3] DENHAM S A, BASSETT H, WYATT T M. Gender differences in the socialization of preschoolers' emotional competence[J]. New directions for child and adolescent development, 2010,128:29-49.

[4] THOMASSIN K,BUCSEA O,CHAN K J,et al. A thematic analysis of parents' gendered beliefs about emotion in middle childhood boys and girls[J]. Journal of family issues,2019,40(18): 2944-2973.

[5] LI D. Paternal beliefs about children's negative emotions, paternal emotion related expressive behaviors, and school-age children's emotion regulation ability in Chinese families[D]. Hong Kong:The Chinese University of Hong Kong,2016.

[6] HOFFMANN H,KESSLER H,EPPEL T,et al. Expression intensity,gender and facial emotion recognition:women recognize only subtle facial emotions better than men[J]. Acta psychologica,2010,135(3):278-283.

母亲通常比父亲花更多的时间与孩子进行一对一的情感交流。[1][2]

除了性别角色本身所带来的情绪智力差异,母亲还比父亲更重视对孩子的情绪教导。[3] King 等人的研究发现,对于幼儿园和小学阶段的儿童来说,与父亲相比,母亲报告了更高水平的情绪教导养育和较低水平的情绪摒除养育。[4] Zeman 等人以 113 名白人中产阶级父母及儿童为研究对象,探讨了父亲和母亲在亲子情绪(悲伤、愤怒)讨论中的差异。研究发现,在讨论悲伤情绪时,母亲比父亲对孩子使用更多的指导式回应。[5] 孩子们认为父亲会通过最小化和忽视的方式来回应他们的悲伤情绪,而母亲倾向于使用问题关注反应和鼓励表达的策略来回应悲伤。[6] 无论讨论的情绪是什么,母亲都比父亲更多采用情绪教导的方式。而父亲在与孩子围绕悲伤情绪进行谈话时,会使用更多的负面情绪词语。因此,母亲比父亲更有可能为孩子提供促进悲伤适应性调节的情绪社会化反应。对于高中阶段的青少年来说,父亲和母亲的情绪社会化行为也存在显著差异。与母亲相比,当青少年处于消极情绪时,其感知到的来自父亲的关心关爱更少,得到的情感支持和积极回应也更少。[7] 这可能与传统的男性角色认知有关。传统性别观念认为男性应该展现出强壮和坚韧的形象,因此父亲可能在家庭中表现出更多的情感压抑和情绪抑制。遵守男性性别角色期望不仅影响父

---

[1] VAN DER POL L D, GROENEVELD M G, VAN BERKEL S R, et al. Fathers' and mothers' emotion talk with their girls and boys from toddlerhood to preschool age[J]. Emotion, 2015, 15(6): 854–864.

[2] BITTMAN M, WAJCMAN J. The rush hour: the character of leisure time and gender equity [J]. Social forces, 2000, 79(1): 165–189.

[3] DENHAM S A, BASSETT H, WYATT T M. Gender differences in the socialization of preschoolers' emotional competence[J]. New directions for child and adolescent development, 2010, 128: 29–49.

[4] KING G L, MACDONALD J A, GREENWOOD C J, et al. Profiles of parents' emotion socialization within a multinational sample of parents[J]. Frontiers in psychology, 2023, 14: 1161418.

[5] ZEMAN J, PERRY-PARRISH C, CASSANO M. Parent-child discussions of anger and sadness: the importance of parent and child gender during middle childhood[J]. New directions for child and adolescent development, 2010, 128: 65–83.

[6] CASSANO M, PERRY-PARRISH C, ZEMAN J. Influence of gender on parental socialization of children's sadness regulation[J]. Social development, 2007, 16(2): 210–231.

[7] 龚静. 父母情绪社会化与青少年认知重评对亲子关系的影响:一项交叉滞后研究[D]. 贵州:贵州师范大学, 2023.

亲自身的情绪调节方式,也会影响他们帮助子女进行情绪社会化的方式。[1] 研究表明,父亲通常更关注孩子的愤怒情绪[2],在应对孩子的消极情绪时倾向于采取更多的惩罚反应和较少的支持性反应[3][4][5]。不同于母亲与青少年间亲密的关系,父亲更多地扮演着权威人物的角色。[6] 尽管比不上母亲在亲子情绪互动中拥有的优势地位,但父亲在子女情绪社会化中的作用不容忽视,特别是在婴儿期和幼儿期最为突出。[7] Godleski等人招募了年龄为12个月的227名婴儿及其父母,并在孩子学前期、童年中期、青少年早期和青少年晚期进行随访,考察了儿童早期父母的情绪养育与儿童消极情绪和情绪调节以及青少年晚期的攻击性和行为失调的关系。研究表明,父亲对孩子消极情绪的支持性回应能够预测孩子更高的情绪调节能力。[8]

除了受到自身性别角色的影响外,在特定的环境和文化中,父母的情绪社

---

[1] CHERRY K E,GERSTEIN E D. Fathering and masculine norms:implications for the socialization of children's emotion regulation[J]. Journal of family theory & review,2021,13(2):149-163.

[2] HOOVEN C,GOTTMAN J M,KATZ L F. Parental meta-emotion structure predicts family and child outcomes[J]. Cognition & emotion,1995,9(2-3):229-264.

[3] EISENBERG N,FABES R A,MURPHY B C. Parents' reactions to children's negative emotions:relations to children's social competence and comforting behavior[J]. Child development,1996,67(5):2227-2247.

[4] ENGLE J M,MCELWAIN N L. Parental reactions to toddlers' negative emotions and child negative emotionality as correlates of problem behavior at the age of three[J]. Social development,2011,20(2):251-271.

[5] MCELWAIN N L,HALBERSTADT A G,VOLLING B L. Mother-and father-reported reactions to children's negative emotions:relations to young children's emotional understanding and friendship quality[J]. Child development,2007,78(5):1407-1425.

[6] KLIMES-DOUGAN B,BRAND A E,ZAHN-WAXLER C,et al. Parental emotion socialization in adolescence:differences in sex,age and problem status[J]. Social development,2007,16(2):326-342.

[7] ISLAMIAH N,BREINHOLST S,WALCZAK M A,et al. The role of fathers in children's emotion regulation development:a systematic review[J]. Infant and child development,2023,32(2):e2397.

[8] GODLESKI S A,EIDEN R D,SHISLER S,et al. Parent socialization of emotion in a high-risk sample[J]. Developmental psychology,2020,56(3):489-502.

会化行为还可能会因儿童性别而异。①② 父母可能更容易接受男孩的愤怒情绪,因为这被认为是男性的典型特征,符合对男孩的性别刻板印象,而女孩对愤怒情绪的表达则不易被父母接纳。同时,与女孩相比,表现出悲伤和恐惧情绪的男孩更可能受到父母的贬低和惩罚。③④ 上述观点得到了一些实证研究的支持。例如,Grady 以 103 名 2 岁儿童的父母作为研究对象,考察了父母对子女消极情绪的反应与幼儿羞怯之间的关系以及性别在其中的调节作用。结果显示,与羞怯的女孩相比,羞怯男孩的父母更倾向于采取非支持性的方式应对孩子的消极情绪。⑤ 与之结论不一致的一项最新研究发现,新加坡父母在回应童年期男孩的消极情绪时会采用支持性的策略,因为这有助于他们青春期的认知重评;而对于女孩的消极情绪,新加坡父母在童年期则使用非支持的策略来训练女性后代在管理情绪方面的独立性。这些发现反映了父母对男孩的偏好。⑥ 不过,也有研究发现父母对男孩和女孩的情绪社会化不存在显著差异⑦,

---

① PARKER A E. Parental socialization of positive and negative emotions: associations with children's everyday coping and display rule knowledge[D]. Raleigh, North Carolina: North Carolina State University, 2006.

② EISENBERG N, CUMBERLAND A, SPINRAD T L. Parental socialization of emotion[J]. Psychological inquiry, 1998, 9(4): 241 – 273.

③ BIRNBAUM D W, CROLL W L. The etiology of children's stereotypes about sex differences in emotionality[J]. Sex roles, 1984, 10(9 – 10): 677 – 691.

④ GARSIDE R B, KLIMES – DOUGAN B. Socialization of discrete negative emotions: gender differences and links with psychological distress[J]. Sex roles, 2002, 47(3 – 4): 115 – 128.

⑤ GRADY J S. Parents' reactions to toddlers' emotions: relations with toddler shyness and gender[J]. Early child development and care, 2020, 190(12): 1855 – 1862.

⑥ YEO G H, CHEAH C S L, SIM T N. A tale of two countries: Singaporean and Chinese parents' emotion socialization during childhood and the relation to adolescents' emotion regulation [J]. International journal of psychology, 2020, 55(2): 163 – 172.

⑦ DENHAM S A, BASSETT H, WYATT T M. Gender differences in the socialization of preschoolers' emotional competence[J]. New directions for child and adolescent development, 2010, 128: 29 – 49.

认为父母对孩子负面情绪的反应并不因孩子的性别而异[1][2][3]。例如,在一项以80组11~15岁初中生及其父母为样本的研究中,父母对男孩和女孩悲伤和生气情绪的支持性反应和非支持性反应均没有显著差异。[4] 总之,父母性别会影响父母情绪社会化行为,但父母情绪社会化行为是否会因儿童性别而异还未有一致结论。

2.2.2 不同社会经济地位的父母情绪社会化行为

社会经济地位(socioeconomic status,SES)反映了个体在社会中的位置,这一位置由经济收入、受教育程度和职业声望等关键因素共同决定。社会经济地位已经被证明是父母情绪社会化行为的重要影响因素。研究表明,社会经济地位与养育质量有关[5],家庭社会经济地位越高的父母越会采用开明权威的教养方式[6],社会经济地位与父母的非支持性情绪社会化行为呈负相关,与支持性情绪社会化行为呈正相关。[7]

在低社会经济地位的家庭中,父母容易忽视子女的消极情绪,因为他们往往更容易受到生活压力的影响。由于资源有限,这些家庭可能难以获得专业的心理健康支持,使得父母更易陷入负面情绪的循环。与此同时,资源的匮乏导致父母无法克服生活中的某些挑战,从而较少有精力去理解子女的消极情绪表

---

[1] EISENBERG N,FABES R A,SHEPARD S A,et al. Parental reactions to children's negative emotions:longitudinal relations to quality of children's social functioning[J]. Child development,1999,70(2):513-534.

[2] FABES R A,LEONARD S A,KUPANOFF K,et al. Parental coping with children's negative emotions:relations with children's emotional and social responding[J]. Child development,2001,72(3):907-920.

[3] HE Y L,GEWIRTZ A,DWORKIN J. Parental emotion socialization in military families[J]. Child studies in Asia-Pacific contexts,2015,5(1):1-19.

[4] 肖秦. 父母情绪社会化对青少年情绪调节和心理与行为适应的影响[D]. 上海:华东师范大学,2022.

[5] ROY A L,ISAIA A,LI-GRINING C P. Making meaning from money:subjective social status and young children's behavior problems[J]. Journal of family psychology,2019,33(2):240-245.

[6] 钟丽仪. 父母教养态度,亲子互动与幼儿情绪能力之研究[D]. 台北:政治大学幼儿教育研究所,2012.

[7] TAŞDELEN A S,KUMRU A,ARIKAN G. The role of socio-economic status, mother's psychopathology,reflective functioning and emotion socialization on toddlers' behavior problems[J]. Cyprus turkish journal of psychiatry & psychology,2022,4(1):3-12.

达。父母的受教育水平是影响家庭社会经济地位的重要因素之一。研究表明，与受教育水平更高的母亲相比，小学学历的母亲低估了男孩的消极情绪，小学学历父亲的消极反应较多、积极反应较少。① 然而，与之结论不一致的是，一项以家庭社会经济地位较低的非裔美国家庭为样本的研究发现，非裔美国父母经常使用情绪教导，他们可能会鼓励子女在公共场合抑制消极情绪的表达，但不会抑制子女在家庭等相对安全的环境中进行消极情绪的表达。②

与前者相反，高社会经济地位的父母可能具有较低的消极情绪水平，并对子女的消极情绪表现出更多的理解。这是因为高社会经济地位的父母更容易获得外部支持，能够更有效地应对生活压力，从而有更多的时间和精力来关注子女的消极情绪，在自身的情绪社会化过程中也呈现出更多积极的状态。Seçer等人以363名儿童及其父母为研究对象探究父母的情绪社会化行为，发现母亲受教育程度越高，其积极情绪社会化反应越多，消极反应越少。③ 与此同时，受教育程度会影响父母的育儿态度。Tekin认为，随着受教育水平的提高，母亲们摆脱了传统的专制育儿态度，与孩子建立了民主的关系，在面对孩子的消极情绪时能够表现出更加积极的反应。因此，提高母亲的受教育水平可能会导致严厉管教的减少和民主倾向的增加。Tekin还指出，受过高等教育的母亲重视孩子获得自信、自立、进取等技能，更注重满足孩子的社交需求。④ 因此，在帮助子女情绪社会化的过程中，高社会经济地位的父母可能更倾向于采用支持性的情绪社会化策略，包括倾听、理解和鼓励子女表达情绪。⑤ 在对子女情绪的理解方面，社会经济地位高的母亲比社会经济地位低的母亲有更高的反思能力。当孩子们经历消极情绪时，他们会寻求母亲的指导，而反思功能低下的母亲不太可

---

① SEÇER Z, KARABULUT N. Anne – babalarn duygusal sosyalle tirme davran lar ile okul ncesi ocuklarn sosyal becerilerinin analizi[J]. Eğitim ve bilim, 2016, 41(185):147 – 165.

② MCKENZIE WALKER N. Mother knows best: an investigation of parental emotion socialization in relation to emotion understanding among African – American preschool students[D]. America: North Carolina State University, 2023.

③ SEÇER Z, KARABULUT N. Anne – babalarn duygusal sosyalle tirme davran lar ile okul ncesi ocuklar n sosyal becerilerinin analizi[J]. Eğitim ve bilim, 2016, 41(185):147 – 165.

④ TEKIN G. Turkish mothers' attitudes toward childrearing practices[M]. State College: The Pennsylvania State University, 2008.

⑤ BENASICH A, BROOKS – GUNN J. Maternal attitudes and knowledge of child – rearing: associations with family and child outcomes[J]. Child development, 1996, 67(3):1186 – 1205.

能理解孩子的情绪状态并做出相应的反应。①②

值得注意的是,社会经济地位较高的家长并非总是采用高水平的支持性情绪社会化策略。例如,Mckee 等人在一项纵向研究中发现,家庭收入较高的父母在面对孩子的消极情绪时不太可能采取忽视的策略,而更有可能处于一种有限参与的状态,这可能反映出一种对待子女情绪的"放手"方式。该研究还发现,受教育程度越高的家长越有可能成为"适度参与型"的父母,而成为"情绪教导型"父母的可能性则较低。③ 高社会经济地位父母对子女情绪教育的参与之所以较为有限,可能是因为他们更依赖外部支持,表现为为子女提供较多物质支持,但在情感沟通和理解子女情绪方面缺乏主动性。

总体而言,社会经济地位对父母情绪社会化行为产生着深刻的影响,这与不同社会经济地位的家长在生活压力、资源获取、对子女情绪的理解能力等方面的差异有关。低社会经济地位的父母在应对子女消极情绪时的物质与精神支持有限,高社会经济地位的父母应该合理地利用外部支持,避免过度依赖外部支持来回应子女的消极情绪,而是更主动地参与到子女的精神和情感世界中。了解这些差异有助于制定更加有针对性的支持措施,以促进不同社会经济地位家庭中父母与子女之间更健康、积极的情感互动。

2.2.3 不同学段的父母情绪社会化行为

随着儿童的成长,父母在亲子互动过程中表现出的情绪社会化行为呈现出多层次、多维度的动态变化。④ 从幼小衔接期到青春期,父母的养育策略和情绪

---

① ESBJØRN B H, PEDERSEN S H, DANIEL S I F, et al. Anxiety levels in clinically referred children and their parents: examining the unique influence of self-reported attachment styles and interview-based reflective functioning in mothers and fathers[J]. British journal of clinical psychology, 2013, 52(4): 394-407.

② TAŞDELEN A S, KUMRU A, ARIKAN G. The role of socio-economic status, mother's psychopathology, reflective functioning and emotion socialization on toddlers' behavior problems[J]. Cyprus turkish journal of psychiatry & psychology, 2022, 4(1): 3-12.

③ MCKEE L G, DIMARZIO K, PARENT J, et al. Profiles of emotion socialization across development and longitudinal associations with youth psychopathology[J]. Research on child and adolescent psychopathology, 2022, 50(2): 193-210.

④ LOUGHEED J P, BRINBERG M, RAM N, et al. Emotion socialization as a dynamic process across emotion contexts[J]. Developmental psychology, 2020, 56(3): 553-565.

第 2 章　父母情绪社会化行为研究现状

回应伴随着孩子的发展逐渐演变。有研究者认为,年幼孩子的父母更有可能参与情绪辅导,而年龄较大的孩子的父母更有可能表现出情绪忽视。也就是说,父母非支持的情绪社会化反应可能随着儿童年龄的增长而增加。[1][2]

在幼小衔接期,父母的情绪社会化主要体现在对儿童情绪调节策略的引导和塑造。然而,随着儿童年龄的增加,父母的惩罚反应逐渐增多,这可能与父母对孩子期望的提高有关。当孩子由"小朋友"转变为"小学生",父母自然希冀其能以"大孩子"的标准进行自我约束。因此,当孩子产生消极情绪时,父母不但不会帮助他们疏解情绪,反而会使用惩罚的手段不断地压抑孩子内心的真实感受。研究者推测,这可能是因为处于幼小衔接期的儿童在情绪调节的发展上出现反弹。而相比年幼儿童,年长儿童更常使用内在认知性的情绪调节策略,对外部工具性情绪调节策略的使用会逐渐减少,最终趋于平稳。[3]

随着孩子进入中小学阶段,父母的消极情绪回应呈现出更为复杂的面貌。能够促进年幼儿童社会适应的支持性情绪社会化策略可能不太适合年龄较大的青少年。[4] 养育相关的文献还表明,严厉或消极的教养方式在青少年时期可能更加有害。[5] 随着年龄的增长,父母的养育行为以及对消极情绪的回应也随之发生转变。例如,一项以 10~18 岁青少年家庭为样本的研究发现,年龄较大的孩子的父母不太可能表现出粗暴/不投入的照顾者行为。[6] 这表明父母在这个阶段可能更加注重采用温和、理解的方式处理孩子的情绪问题。然而,与此同时,对愤怒等负面情绪的不支持反应随着儿童年龄的增长而增加,这可能是

---

[1] KLIMES-DOUGAN B,ZEMAN J. Introduction to the special issue of social development:emotion socialization in childhood and adolescence[J]. Social development,2007,16(2):203-209.

[2] LABELLA M H. The sociocultural context of emotion socialization in African American families[J]. Clinical psychology review,2018,59:1-15.

[3] 但菲,申谊可,梁美玉. 4~7 岁儿童情绪调节策略与父母反应方式的关系研究[J]. 辽宁教育行政学院学报,2019,36(1):32-37.

[4] CASTRO V L,HALBERSTADT A G,GARRETT-PETERS P T. Changing tides:mother's supportive emotion socialization relates negatively to third-grade children's social adjustment in school[J]. Social development,2018,27(3):510-525.

[5] GERSHOFF E T. Corporal punishment by parents and associated child behaviors and experiences:a meta-analytic and theoretical review[J]. Psychological bulletin,2002,128(4):539-579.

[6] MUMFORD E A,LIU W,TAYLOR B G. Parenting profiles and adolescent dating relationship abuse:attitudes and experiences[J]. Journal of youth and adolescence,2016,45(5):959-972.

因为父母感知到的情绪表达危险增加,或对年长孩子情绪调节能力的期待提高。[1] 青春期是情绪社会化过程中的一个关键时期,父母对青少年子女的消极情绪回应在青春期的不同时期可能产生截然不同的影响。研究发现,在青春期前期,父母对子女愤怒情绪的非支持性回应并不能预测青少年一年后的愤怒调节,但到了青春期中期,父母对子女愤怒情绪的回应与青少年的愤怒调节之间表现出双向的相互作用关系。这表明与青春期前期相比,青春期中期父母对青少年消极情绪的理解和支持更为重要。[2]

综上所述,从幼小衔接期到青春期,父母对子女情绪调节能力的期望、对孩子情绪表达的理解会发生改变,因而他们对情绪社会化策略的选择也会随着孩子年龄的增长而发生显著变化。理解这些变化有助于制定更为科学的家庭教育指导方案和儿童青少年心理健康支持措施,引导父母深入理解并积极支持孩子在成长过程中的情感需求,以促进父母与子女之间更加积极、健康的情感互动。

2.2.4 不同文化种族背景的父母情绪社会化行为

就文化而言,文化创造了有关情绪调节的规则和规范,不同文化背景下情绪调节规则的差异与价值观念的差异有关。[3] 因此,在一定程度上,文化取向影响了父母的情绪社会化实践。就种族而言,一些少数族裔儿童面临种族歧视和偏见,为了帮助孩子更好地适应社会,他们的父母在应对其消极情绪时采取的养育策略也可能与其他种族的父母存在差异。[4][5]

---

[1] LABELLA M H. The sociocultural context of emotion socialization in African American families[J]. Clinical psychology review,2018,59:1-15.

[2] OTTERPOHL N,WILD E,HAVIGHURST S S,et al. The interplay of parental response to anger,adolescent anger regulation,and externalizing and internalizing problems:a longitudinal study[J]. Research on child and adolescent psychopathology,2022,50(2):225-239.

[3] MATSUMOTO D. Ethnic differences in affect intensity,emotion judgments,display rule attitudes,and self-reported emotional expression in an American sample[J]. Motivation and emotion,1993,17(2):107-123.

[4] MONTAGUE D P F,MAGAI C,CONSEDINE N S,et al. Attachment in African American and European American older adults:the roles of early life socialization and religiosity[J]. Attachment & human development,2003,5(2):188-214.

[5] VENDLINSKI M,SILK J S,SHAW D S,et al. Ethnic differences in relations between family process and child internalizing problems[J]. Journal of child psychology and psychiatry,2006,47(9):960-969.

第 2 章　父母情绪社会化行为研究现状

文化因素(情绪相关信念、规范和价值观念)会影响父母情绪相关的教养行为。[1] 跨文化研究表明,父母的情绪社会化实践可能因其文化价值观和情绪信念的不同而不同。[2][3] 从东西方文化的差异中可窥见两种文化背景下父母情绪社会化行为的差异。相较于西方文化,在东方集体主义文化的影响下,个体的情绪表达相对较少,且亲子间的情感交流不够频繁。这是因为集体主义文化下的个体会为了保持人际和谐而抑制情绪表达。[4] 在集体主义文化中,公开表现个人的内在欲望、目标和情绪(如骄傲、兴奋、愤怒)可能与维持和谐的人际互动关系相冲突。而且,相较于积极情绪表达,父母对子女消极情绪表达的容忍程度更低,因为他们认为消极情绪的表达对人际关系具有破坏性。[5] 因此,东方父母在应对子女情绪时所采取的教导/控制和问题关注反应在文化上可能更容易被接受,因为它们在集体主义文化中具有适应功能。[6] 相比之下,西方文化强调个人主义价值观,这种文化下的父母更倾向于鼓励孩子的情绪表达[7],他们通常认为情绪表达是一种健康的行为。在个人主义文化中,只要不违反被定义为侵略的规范,在保护个人权利和自由的利益下,消极情绪(如愤怒)表现是可以被容忍的。[8] 并且在与子女谈论控制消极情绪时,西方的母亲只是将这种谈话视

---

[1] EISENBERG N, SPINRAD T L, CUMBERLAND A. The socialization of emotion: reply to commentaries[J]. Psychological inquiry, 1998, 9(4): 317-333.

[2] FRIEDLMEIER W, CORAPCI F, COLE P M. Emotion socialization in cross-cultural perspective[J]. Social and personality psychology compass, 2011, 5(7): 410-427.

[3] TROMMSDORFF G. Intergenerational relations and cultural transmission[M]. London: Cambridge University Press, 2008.

[4] MATSUMOTO D, YOO S H, FONTAINE J. Mapping expressive differences around the world: the relationship between emotional display rules and individualism versus collectivism[J]. Journal of cross-cultural psychology, 2008, 39(1): 55-74.

[5] WANG Y, LIU W, WANG W, et al. Left-behind children's social adjustment and relationship with parental coping with children's negative emotions during the COVID-19 pandemic in China[J]. International journal of psychology, 2021, 56(4): 512-521.

[6] MATSUMOTO D, YOO S H, FONTAINE J. Mapping expressive differences around the world: the relationship between emotional display rules and individualism versus collectivism[J]. Journal of cross-cultural psychology, 2008, 39(1): 55-74.

[7] WANG Q, LEICHTMAN M D. Same beginnings, different stories: a comparison of American and Chinese children's narratives[J]. Child development, 2000, 71(5): 1329-1346.

[8] LE H N, BERENBAUM H, RAGHAVAN C. Culture and alexithymia: mean levels, correlates and the role of parental socialization of emotions[J]. Emotion, 2002, 2(4): 341-360.

为生活和娱乐的一种途径,而非将其视为说教的工具。相反,受儒家文化影响的中国母亲为了帮助孩子在人际交往中维持和谐的关系,会倾向于与孩子郑重地讨论和分析情绪产生的原因,解释其背后所蕴含的道德理念与规则,对孩子进行情绪辅导。[1] 例如,Fiorilli 及其同事以中国香港地区和意大利 7~9 岁儿童及其母亲为研究对象,考察两地母亲情绪社会化实践的差异。结果表明,在回应子女的情绪表达时,中国香港地区的母亲比意大利的母亲更频繁地进行情绪教导和鼓励。[2] 此外,文化被证明在父母情绪社会化行为对子女情绪功能发展的影响中起调节作用。例如,在白人中产阶级家庭中,父母采取最小化的情绪回应方式对儿童的发展是有害的,但这种回应方式却不会损害中国儿童的社会适应和情绪适应。[3][4] 这种差异可能是由不同文化在情绪表达规则及价值观上的差异所引起的。

种族差异也会影响父母消极情绪回应的方式。已有的跨种族比较研究表明,黑人父母比白人父母更有可能被归为典型的"非支持"消极情绪回应的类型。[5] 有证据表明,与欧洲裔美国父母相比,非洲裔美国父母报告的惩罚反应水平更高,对孩子的消极情绪表达的反应最小。[6][7] 研究人员推测,这些种族差异可能源于非裔美国父母希望保护他们的孩子免受种族歧视的影响,因为他们认

---

[1] EID M, DIENER E. Norms for experiencing emotions in different cultures: inter – and intra-national differences[J]. Journal of personality and social psychology, 2001, 81(5): 869 – 885.

[2] FIORILLI C, DE STASIO S, DI CHICCHIO C, et al. Emotion socialization practices in Italian and Hong Kong – Chinese mothers[J]. Springer plus, 2015, 4(1): 1 – 9.

[3] DUNBAR A S, LEERKES E M, COARD S I, et al. An integrative conceptual model of parental racial/ethnic and emotion socialization and links to children's social – emotional development among African American families[J]. Child development perspectives, 2017, 11(1): 16 – 22.

[4] RAVAL V V, LI X, DEO N, et al. Reports of maternal socialization goals, emotion socialization behaviors, and child functioning in China and India[J]. Journal of family psychology, 2018, 32(1): 81 – 91.

[5] LABELLA M H. The sociocultural context of emotion socialization in African American families[J]. Clinical psychology review, 2018, 59: 1 – 15.

[6] NELSON J A, LEERKES E M, PERRY N B, et al. European – American and African – American mothers' emotion socialization practices relate differently to their children's academic and social – emotional competence[J]. Social development, 2013, 22(3): 485 – 498.

[7] PERRY N B, LEERKES E M, DUNBAR A S, et al. Gender and ethnic differences in young adults' emotional reactions to parental punitive and minimizing emotion socialization practices[J]. Emerging adulthood, 2017, 5(2): 83 – 92.

第 2 章 父母情绪社会化行为研究现状

为在公共场合表达消极情绪不利于孩子的社会适应,不过非裔美国父母仍然允许孩子在家庭等相对安全的环境中表达消极情绪。[1][2] 此外,种族调节了父母情绪社会化行为对子女情绪功能的影响。例如,拥有较高消极情绪水平的青少年被预测可能有较差的情绪调节能力,特别是当父母对他们的消极情绪给予了更多的非支持性回应时。然而,与白人青少年相比,黑人青少年所受到的这种影响会减轻。[3] 与之结论一致的研究表明,当欧裔美国母亲采取忽视、最小化和惩罚等被认为是非支持性的情绪社会化行为时,他们的孩子更有可能出现外化问题,但这些情绪社会化行为却与拉丁裔儿童的情绪知识或外化问题无关。[4] 这可能是因为不同种族的儿童及青少年对同一种父母情绪回应方式持有不同的态度。例如,一项研究表明,非裔美国成年人比欧裔美国成年人对母亲的最小化和惩罚反应的态度更加积极、乐观,对母亲非支持性情绪回应的接受程度更高。[5]

总而言之,文化和种族是影响父母情绪社会化的重要因素,并且都调节了父母消极情绪回应对子女情绪功能发展的影响。父母情绪社会化研究必须结合特定的文化背景,即使在同一文化群体中也需要结合种族差异具体分析与讨论,从而提高相关研究结果的准确性与适用性。目前的跨文化研究主要关注亚洲和西方两种文化间的对比,多种文化下父母情绪社会化行为的对比还有待更深入地探究;在跨种族的对比研究中,欧裔与非裔或欧裔与亚裔是经常被对比

---

[1] DUNBAR A S, LEERKES E M, COARD S I, et al. An integrative conceptual model of parental racial/ethnic and emotion socialization and links to children's social–emotional development among African American families[J]. Child development perspectives, 2017, 11(1): 16–22.

[2] MCKENZIE–WALKER N. Mother knows best: an investigation of parental emotion socialization in relation to emotion understanding among African–American preschool students[D]. America: North Carolina State University, 2023.

[3] DUNBAR A S, LEERKES E M, COARD S I, et al. An integrative conceptual model of parental racial/ethnic and emotion socialization and links to children's social-emotional development among African American families[J]. Child development perspectives, 2017, 11(1): 16–22.

[4] LEERKES E M, SUPPLE A J, GUDMUNSON J A. Ethnic differences in women's emotional reactions to parental non–supportive emotion socialization[J]. Marriage & family review, 2014, 50(5): 435–446.

[5] PERRY N B, LEERKES E M, DUNBAR A S, et al. Gender and ethnic differences in young adults' emotional reactions to parental punitive and minimizing emotion socialization practices[J]. Emerging adulthood, 2017, 5(2): 83–92.

的群体,移民国家中的拉丁裔和亚裔或少数民族群体父母情绪社会化行为的对比研究也有待深入。

2.2.5 特殊儿童父母的情绪社会化行为

特殊儿童指在听觉、视觉、言语、智力、情绪、肢体等生理或心理发展方面存在障碍或多种残疾的儿童。[1] 受先天或意外事故的影响,特殊儿童存在着某一种生理或心理障碍,或者多种生理与心理障碍并存。这些障碍不仅对儿童的身心健康发展造成了负面影响,同时也对父母的育儿过程提出了重大挑战。研究表明,特殊儿童的父母在亲子互动中会采取更多严厉惩罚的教养方式,而表现出较少的情感温暖以及鼓励成就和鼓励独立的教养方式。[2]

在应对子女的消极情绪时,特殊儿童父母与普通儿童父母的情绪反应也可能存在着明显的差异。有研究发现,与普通儿童父母相比,抑郁症儿童的父母在面对子女消极情绪时更倾向于采取非支持性的反应,支持性的回应则相对较少。[3] 这可能是因为特殊儿童在人际交往与情绪发展方面存在一定的缺陷,使得父母难以与他们进行正常的沟通,这不仅限制了父母对孩子情绪问题的理解,也可能导致父母不愿意帮助孩子处理情绪困扰,或者不知道应该如何介入。[4] 另一项针对孤独症患儿父母的研究也发现,这类父母往往面临着更大的教养压力,他们对子女的消极情绪会表现出更高水平的痛苦反应(如愤怒)。[5] 特殊儿童父母的压力来自他们对子女未来的担忧,以及对子女状况的挫败感。高水平的养育压力导致父母自身情绪资源的耗尽,以至于其在养育过程中更倾

---

[1] 杨光学,张巧明,王芳.特殊儿童心理与教育[M].2版.北京:北京大学出版社,2017:1-3.

[2] 郭晓飞,藏学萍,刘刚,等.特殊家庭教养方式与子女心理健康状况的关系[J].中国特殊教育,2008(2):85-91.

[3] SHORTT J W, KATZ L F, ALLEN N B, et al. Emotion socialization in the context of risk and psychopathology: mother and father socialization of anger and sadness in adolescents with depressive disorder[J]. Social development, 2016, 25(1):27-46.

[4] JORDAN R, KALVIN C B, IBRAHIM K, et al. Parent emotion socialization in children with autism spectrum disorder and co-occurring anxiety[J]. Research on child and adolescent psychopathology, 2021, 49:125-137.

[5] BOUGHER H R. Emotion socialization and autism spectrum disorder: the role of disability severity and parental attributions in predicting parents' emotional responses[D]. America: West Virginia University, 2015.

第 2 章　父母情绪社会化行为研究现状

向于采取消极的教养行为。[1]

特殊儿童父母的情绪社会化还受到儿童自身特征的影响[2],儿童障碍的类型和严重程度都可能是特殊儿童父母情绪反应的预测因子。首先,对于不同障碍类型的儿童,其父母采取的情绪反应策略可能存在差异。例如,有研究发现,患有智力障碍的儿童在情绪调节和社交技能方面往往面临更高的风险[3],然而他们的父母却很少花时间与他们谈论情绪,而是优先关注日常生活技能的培养[4]。对于他们的情绪波动,父母也倾向于采取控制性的应对方式。其次,特殊儿童障碍的严重程度也可能会影响父母的情绪社会化行为。Jordan 等人的研究发现,对于孤独症症状较为严重的儿童,父母在处理他们的消极情绪时较少会采取惩罚性的反应,这是因为特殊儿童父母能够清楚地认识到孩子在情绪和社会适应方面面临的挑战。[5] 不过,也有研究指出,孤独症儿童患病的严重程度越高,父母对他们消极情绪的归因越倾向于儿童的内部特质,认为孩子的消极情绪是稳定且不可控的。[6] 并且,孤独症症状的严重程度还会影响亲子互动质量,这不利于良好亲子关系的建立,并容易导致父母形成儿童的情绪难以被改变的信念,从而对孩子采取消极的反应方式。[7]

---

[1] LEE J. Maternal stress, well-being, and impaired sleep in mothers of children with developmental disabilities: a literature review[J]. Research in developmental disabilities, 2013, 34(11): 4255-4273.

[2] MORRIS A S, SILK J S, STEINBERG L, et al. The role of the family context in the development of emotion regulation[J]. Social development, 2007, 16(2):361-388.

[3] LEFFERT J S, SIPERSTEIN G N, WIDAMAN K F. Social perception in children with intellectual disabilities: the interpretation of benign and hostile intentions[J]. Journal of intellectual disability research, 2010, 54(2):168-180.

[4] KOPP C B, BAKER B L, BROWN K W. Social skills and their correlates: preschoolers with developmental delays[J]. American journal of mental retardation: AJMR, 1992, 96(4):357-366.

[5] JORDAN R, KALVIN C B, IBRAHIM K, et al. Parent emotion socialization in children with autism spectrum disorder and co-occurring anxiety[J]. Research on child and adolescent psychopathology, 2021, 49:125-137.

[6] BOUGHER H R. Emotion socialization and autism spectrum disorder: the role of disability severity and parental attributions in predicting parents' emotional responses[D]. America: West Virginia University, 2015.

[7] HARTLEY S L, SCHAIDLE E M, BURNSON C F. Parental attributions for the behavior problems of children and adolescents with autism spectrum disorders[J]. Journal of developmental & behavioral pediatrics, 2013, 34(9):651-660.

由此看来,目前关于特殊儿童父母情绪社会化特征的研究结论并不一致,除了儿童因素外,可能还存在其他因素影响特殊儿童父母的情绪社会化过程。有研究者指出,特殊儿童父母的康复或教养技能、自我调节能力以及心理资源等都可能影响其情绪社会化行为。[1] 具体来说,拥有丰富心理资源的父母在应对养育过程中的困难时能够保持积极乐观的态度,采取更为有效的积极养育策略;而心理资源相对匮乏的父母更倾向于采取消极的养育行为。[2] 不过,特殊儿童父母面临的养育挑战更为多样和复杂,其情绪社会化行为的特点还需要更多实证研究的关注。

为了促进特殊儿童的情绪发展和社会适应,为他们的父母提供有效的干预支持、帮助父母改善对儿童的情绪指导策略是有必要的。在一项以 6~11 岁患有注意缺陷多动障碍的儿童及其父母为样本的干预研究中,研究者对父母进行了关于儿童友谊技巧指导的干预。结果表明,接受干预的父母在治疗后和随访中能够为子女提供更多的情绪调节策略,在亲子互动中表现出了更多的赞扬和温暖,儿童也在随访中表现出了较少的孤僻或抑郁行为。[3] 还有研究者对智力障碍儿童的家长进行了有关元情绪理念的个案干预,结果发现,干预后的父母表现出了更强的支持性元情绪理念,儿童的社会适应情况也得到了改善。[4]

综上所述,特殊儿童父母的情绪社会化行为与普通儿童父母存在差异。但目前对父母情绪社会化的研究多集中于普通儿童家庭,对特殊儿童及其父母的关注度较低,有针对性的干预措施也较为缺乏,因此后续研究有必要进一步深入考察特殊儿童父母的情绪社会化行为及其机制。

---

[1] MCQUADE J D, BREAUX R, MORDY A E, et al. Childhood ADHD symptoms, parent emotion socialization, and adolescent peer problems: indirect effects through emotion dysregulation[J]. Journal of youth and adolescence, 2021, 50(12): 2519-2532.

[2] BELSKY J. The determinants of parenting: a process model[J]. Child development, 1984, 55(1): 83-96.

[3] SMIT S, MIKAMI A Y, NORMAND S. Effects of the parental friendship coaching intervention on parental emotion socialization of children with ADHD[J]. Research on child and adolescent psychopathology, 2022, 50(1): 101-115.

[4] 李婷. 父母元情绪理念对特殊儿童社会适应的影响:教养方式的作用[D]. 贵州:贵州师范大学, 2024.

2.3 父母情绪社会化行为的类型

父母情绪社会化是儿童学习情绪体验和表达,并发展情绪相关能力的主要机制之一。在日常生活中,儿童通常以面部、行为、口头语言等方式表达自己的情绪。而父母对孩子情绪的反应能为孩子的情绪社会化提供更为丰富的机会。[1][2] 目前大多数父母情绪社会化的研究倾向于采用以变量为中心的方法,而不是以个体为中心的方法[3],检验父母与情绪相关的养育实践如何影响子女的情绪发展。然而,伴随着父母情绪社会化研究的进一步深入,有研究者逐渐从以变量为中心的研究转向以个体为中心的研究,根据研究对象在观测指标上的表现识别具有相似模式的亚组,并分析不同亚组的父母如何对儿童的情绪发展产生影响。[4] 下文通过梳理归纳相关文献,介绍以变量为中心的研究方法与以个体为中心的研究方法,以及后者在父母情绪社会化行为研究中的应用。

2.3.1 以变量为中心的研究方法与以个体为中心的研究方法

以变量为中心的研究方法主要包括回归分析、方差分析、因素分析等,通常用来评估变量间的线性关系。[5] Magnusson 指出,以变量为中心的研究方法关注的焦点是个体在潜在维度上的位置之间的关系,并且对个体进行相关统计分

---

[1] EISENBERG N, CUMBERLAND A, SPINRAD T L. Parental socialization of emotion[J]. Psychological inquiry, 1998, 9(4): 241-273.

[2] SOSA-HERNANDEZ L, SACK L, SEDDON J A, et al. Mother and father repertoires of emotion socialization practices in middle childhood[J]. Journal of applied developmental psychology, 2020, 69: 1-13.

[3] ZIMMER-GEMBECK M J, RUDOLPH J, KERIN J, et al. Parent emotional regulation: a meta-analytic review of its association with parenting and child adjustment[J]. International journal of behavioral development, 2022, 46(1): 63-82.

[4] KUSURKAR R A, MAK-VAN DER VOSSEN M, KORS J, et al. 'One size does not fit all': the value of person-centred analysis in health professions education research[J]. Perspectives on medical education, 2021, 10(4): 245-251.

[5] JUNG T, WICKRAMA K A. An introduction to latent class growth analysis and growth mixture modeling[J]. Soc personal psychol compass, 2008, 2(1): 302-317.

析。① 在父母情绪社会化研究领域,不少研究者采取这种方式来反映变量之间的关系和机制。尽管以变量为中心的研究方法关注了个体有意义的特征,但是由于这些特征是被孤立地研究的,因此其对于探讨不同特征之间复杂作用的效力是有限的。② 除此之外,以变量为中心的研究方法还存在以下几个方面的缺陷:第一,仅聚焦于单一变量或变量之间的关系,这与现实中个体的认知模式不匹配,一般而言,人对客观事物的认知评价是基于事物各种特征与属性高低组合形成的高效、简洁的认知图式;第二,假定所有样本来自同一总体,而现实生活中的所有样本几乎都不符合同质性的特征;第三,尽管有许多学者也尝试通过增加调节变量来分析不同变量之间的组合,但这种分析得出的组合在现实中未必存在。③ 因此,鉴于以变量为中心的研究方法的局限性,为了使研究结果尽可能在个人层面上得到解释,提供有关个人功能模式的信息,近年来不少研究者将视线转移到以个体为中心的研究方法。

以个体为中心的研究方法的基础是关注个人,将关于个体的信息视为一个不可分割的整体,具有系统观点,强调过程特征。④ 该研究方法主要包括均值分割、聚类分析、潜在剖面分析(latent profile analysis,LPA)、潜在剖面增长模型等⑤,主要用来检验每个研究对象在不同条目上的反应模式,抽取出那些反应模式类似的研究对象形成子群体,目的是识别异质性的群体⑥。Magnusson指出,以个体为中心的研究方法确定了在有机体水平上以类似方式发挥作用的个体

---

① MAGNUSSON D. The person approach:concepts,measurement models,and research strategy[J]. New directions for child and adolescent development,2003(101):3-23.

② AGUINIS H,GOTTFREDSON R K. Best-practice recommendations for estimating interaction effects using moderated multiple regression[J]. Journal of organizational behavior,2010,31(6):776-786.

③ 谭伊格. LPA在心理健康研究中的应用[J]. 社会科学前沿,2024,13(1):383-389.

④ BERGMAN L R,MAGNUSSON D. A person-oriented approach in research on developmental psychopathology[J]. Development and psychopathology,1997,9(2):291-319.

⑤ 孙莎莎,李小兵. 从以变量为中心到以个体为中心:正念研究路径的转向及启示[J]. 医学与哲学,2022,43(22):42-45.

⑥ SCHMIEGE S J,MASYN K E,BRYAN A D. Confirmatory latent class analysis:illustrations of empirically driven and theoretically driven model constraints[J]. Organizational research methods,2018,21(4):983-1001.

第 2 章　父母情绪社会化行为研究现状

群组,以及相对于同一水平上的其他个体以不同方式发挥作用的个体群组。[1]相比于以变量为中心的研究方法,以个体为中心的研究方法的优势主要体现在:第一,由于以个体为中心的研究方法不再聚焦于对具体变量的考察上,因此能够更好地反映个体的综合特征[2];第二,考虑到总体样本中包括多个子样本的可能性,该方法能够探索总体中是否存在不同的子群体,更接近现实情境;第三,不仅可以研究个体之间的静态分类,还能用于分析个体内不同时间段的剖面变化[3],等等。那么,以个体为中心的研究方法应当如何判定呢? Von Eye 和 Bogat 曾经提出确定以个体为中心的研究方法的三大标准:第一,需要假设被分析的样本来自不止一个群体;第二,试图去建立群组的外部效度;第三,基于理论去解释群组。只有满足了这三个标准,才可以被算作是以个体为中心的研究方法。[4] Bergman 等人通过对比以变量为中心的研究方法和以个体为中心的研究方法的研究目的、各自的优势、假设检验以及结果解释这四个方面,帮助研究者进行判断。首先,从研究目的看,以变量为中心的方法更适用于寻找普遍规律,主要关注变量之间的关系和相互作用,而以个体为中心的方法旨在识别数据中的隐藏群体,通过分析个体在多个变量上的表现来揭示不同的潜在剖面或子群体,关注个体的组合特征,以及这些特征如何聚集形成独特的群体。其次,从两者各自优势看,前者能够处理大量数据,更清晰地识别因变量的方差分解情况,后者可以同时处理多个变量,提供一个综合视角来理解个体在不同维度的表现,能够揭示数据中不易察觉的群体模式和结构。再次,从假设检验看,前者可以使用统计技术来分析不同变量之间的关系,而后者可以比较不同子群体之间的差异。最后,从结果解释看,前者的解释侧重于变量间的关系,以及这些关系如何解释整体的行为和特性,后者的结果解释侧重于个体层面,强调不同

---

[1] MAGNUSSON D. The person approach:concepts,measurement models,and research strategy[J]. New directions for child and adolescent development,2003(101):3-23.

[2] 尹奎,赵景,周静,等."大五"人格剖面:以个体为中心的研究路径[J]. 心理科学进展,2021,29(10):1866-1877.

[3] MORIN A J S,BUJACZ A,GAGNÉ M. Person-centered methodologies in the organizational sciences:introduction to the feature topic[J]. Organizational research methods,2018,21(4):803-813.

[4] VON EYE A,BOGAT G A. Person-oriented and variable-oriented research:concepts,results,and development[J]. Merrill-palmer quarterly,2006,52(3),390-420.

子群体的特征和行为模式。①②

而今，越来越多的学者意识到以变量为中心的方法的局限性，主张采用以个体为中心的视角重新思考问题。下文将继续探讨以个体为中心的研究方法在父母情绪社会化研究中的应用。

2.3.2 以个体为中心的方法在父母情绪社会化行为研究中的应用

现有研究常根据父母情绪社会化行为对儿童情绪发展的作用将其分为支持性(促进)行为和非支持性(阻碍)行为两个方面。对子女情绪发展具有促进作用的支持性父母情绪社会化行为包括父母的温暖、鼓励、对情绪表达的肯定③、帮助儿童识别和理解情绪④、问题关注反应以及情绪关注反应⑤，对子女情绪发展具有阻碍作用的非支持性父母情绪社会化行为主要表现为斥责、惩罚以及最小化反应⑥。尽管父母情绪社会化行为的二分法具有一定的科学性，但最近的研究表明，这种二分法可能无法捕捉到父母情绪社会化的细微差别。什么被认为是"支持"、什么又被认为是"非支持"可能取决于许多因素，如儿童的发展阶段和文化背景。⑦ 为了考察父母在处理子女消极情绪时的综合行为，一些

---

① BERGMAN L R, VARGHA A. Matching method to problem: a developmental science perspective [J]. European journal of developmental psychology, 2013, 10(1): 9-28.

② STANLEY L, KELLERMANNS F W, ZELLWEGER T M. Latent profile analysis: understanding family firm profiles [J]. Family business review, 2017, 30(1): 84-102.

③ YI C Y, GENTZLER A L, RAMSEY M A, et al. Linking maternal socialization of positive emotions to children's behavioral problems: the moderating role of self-control [J]. Journal of child and family studies, 2016, 25: 1550-1558.

④ MISTRY R S, VANDEWATER E A, HUSTON A C, et al. Economic well-being and children's social adjustment: the role of family process in an ethnically diverse low-income sample [J]. Child development, 2002, 73(3): 935-951.

⑤ MIRABILE S P, OERTWIG D, HALBERSTADT A G. Parent emotion socialization and children's socioemotional adjustment: when is supportiveness no longer supportive? [J]. Social development, 2018, 27(3): 466-481.

⑥ EISENBERG N, FABES R A, MURPHY B C. Parents' reactions to children's negative emotions: relations to children's social competence and comforting behavior [J]. Child development, 1996, 67(5): 2227-2247.

⑦ MIRABILE S P, OERTWIG D, HALBERSTADT A G. Parent emotion socialization and children's socioemotional adjustment: when is supportiveness no longer supportive? [J]. Social development, 2018, 27(3): 466-481.

第2章 父母情绪社会化行为研究现状

研究者开始采取以个体为中心的研究方法。

目前,情绪社会化领域的研究者常借助潜在剖面分析和聚类分析等统计方法,以划分父母情绪社会化行为的类型。潜在剖面分析是根据个体在观测指标上的反应模式进行参数估计,可以揭示数据中未被直接观察到的复杂结构,依据个体在观测指标上的反应模式将个体划分到不同类别中。[1] 与传统的分类方法相比,LPA可以产生更准确和客观的结果,是目前较为流行的统计分析技术。[2] 聚类分析(Cluster Analysis)则假设在观测变量上得分相似的研究对象是同一聚类的成员,据此将研究对象分组。

近十年,一些研究者使用了聚类分析方法对父母情绪社会化行为的类型进行考察。例如,在2015年,Miller等人曾以18个月至5岁的幼儿及其父母为研究对象,基于情绪教导、情绪摒除、积极表达和消极表达四个指标,通过聚类分析来确定父母情绪社会化行为的类型,结果发现了高参与(即高水平的积极和消极情绪表达、情绪教导和情绪摒除)和低参与(即父母的四种情绪社会化行为均处于低水平)两种类型。并且研究发现,随着时间的推移,高参与父母组的儿童情绪调节能力获得了提高。[3] 在2018年,Miller-Slough等人再次采用聚类分析,以家庭为分析单位,对8~12岁儿童父母双方的情绪社会化行为类型进行了考察,结果发现了三个亚组,包括支持型(父母双方都对子女的消极情绪表现出了高支持反应和低非支持性反应)、不支持型(父母双方均表现出了低水平的支持性反应)和父亲主导型(父亲对子女消极情绪的支持性和非支持性反应均较高、母亲对子女的支持性和非支持性反应均较低)。[4]

近年来,潜在剖面分析被越来越多地应用于父母情绪社会化领域的研究。

---

[1] WELLER B E, BOWEN N K, FAUBERT S J. Latent class analysis: a guide to best practice [J]. Journal of black psychology, 2020, 46(4): 287-311.

[2] LUBKE G H, MILLER P J. Does nature have joints worth carving? A discussion of taxometrics, model-based clustering and latent variable mixture modeling [J]. Psychological medicine, 2015, 45(4): 705-715.

[3] MILLER R L, DUNSMORE J C, SMITH C L. Effortful control and parents' emotion socialization patterns predict children's positive social behavior: a person-centered approach [J]. Early education and development, 2015, 26(2): 167-188.

[4] MILLER-SLOUGH R L, DUNSMORE J C, ZEMAN J L, et al. Maternal and paternal reactions to child sadness predict children's psychosocial outcomes: a family-centered approach [J]. Social development, 2018, 27(3): 495-509.

例如,Sosa-Hernandez 等人在 2020 年选取了 870 名加拿大父母及其 8~12 岁的子女作为研究对象,以父母对孩子消极和积极情绪的十种反应为指标(包括最小化反应、惩罚反应、苦恼反应、问题关注反应、情绪关注反应、鼓励表达、教导/控制、训斥、对积极情绪的鼓励和不适),通过潜在剖面分析获得了父母情绪社会化行为的四个亚组,包括平衡组、过度参与组、教导和问题关注组以及支持组(图 2-1)。在四个亚组中,占比最高的是教导和问题关注组的父母(33%),这类父母较少鼓励儿童表达情绪,也不倾向于表现出安慰等情绪关注反应,而是重视解决引发子女消极情绪的问题,因此会经常性地对子女进行教导,使子女知道如何管理自己的情绪。支持组父母的占比(32%)与教导和问题关注组父母非常接近,这类父母的特点是对子女消极情绪和积极情绪的支持性反应均较高,而非支持性反应均较低。平衡组的父母(占比 23%)在应对子女消极情绪和积极情绪时的非支持性反应和支持性反应都处于中等水平。而过度参与组的父母占比最少(12%),其特征是家长在支持性和非支持性情绪社会化行为上均具有较高的分数。[①] 尽管 Sosa-Hernandez 等人的研究还存在着忽视性别因素以及家庭成员之间相互作用的缺陷,但不可否认的是,该研究丰富了对父母情绪社会化行为类型的划分。

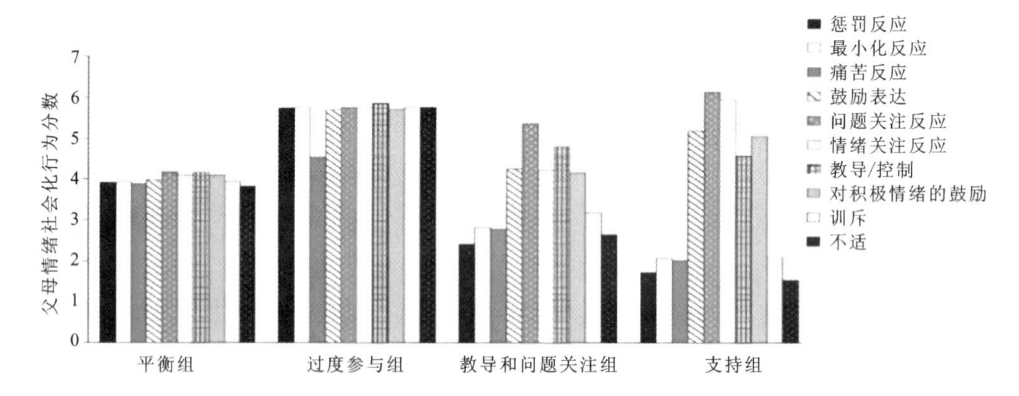

图 2-1 加拿大 8~12 岁儿童父母情绪社会化行为的潜在剖面分析图

紧接着,Mckee 等人在一项追踪研究中,对美国父母的情绪社会化行为进

[①] SOSA-HERNANDEZ L,SACK L,SEDDON J A,et al. Mother and father repertoires of emotion socialization practices in middle childhood[J]. Journal of applied developmental psychology,2020,69:101-159.

行了潜在剖面分析。研究者们通过互联网平台招募了229名3~12岁儿童的父母。与上述Sosa-Hernandez等人的研究有所不同,Mckee等人的研究并未考察父母对子女积极情绪的反应,而仅使用CCNES测量了家长对儿童消极情绪的反应。因此,纳入潜在剖面分析的指标包括六个,分别是苦恼反应、惩罚反应、最小化反应、鼓励表达、情绪关注反应以及问题关注反应。[①] 与Sosa-Hernandez等人的潜在剖面分析结果相似,Mckee等人在美国父母中同样得到了情绪社会化行为的四个亚组,四组父母按照在样本中的占比由高到低依次为适度参与组(31%)、情绪教导组(28%)、有限参与组(25%)和情绪摒除组(16%)(图2-2)。具体来说,情绪教导组父母在应对儿童的消极情绪时表现出了最低水平的非支持性行为(苦恼反应、惩罚反应和最小化反应)和最高水平的支持性行为(鼓励表达、情绪关注反应和问题关注反应)。适度参与组的父母在支持性情绪社会化行为和非支持性情绪社会化行为方面均处于中等水平,相对而言,该组父母的问题关注反应要多于鼓励表达反应。有限参与组的父母在情绪社会化行为的各个维度上均处于低水平。而情绪摒除组的父母在应对子女消

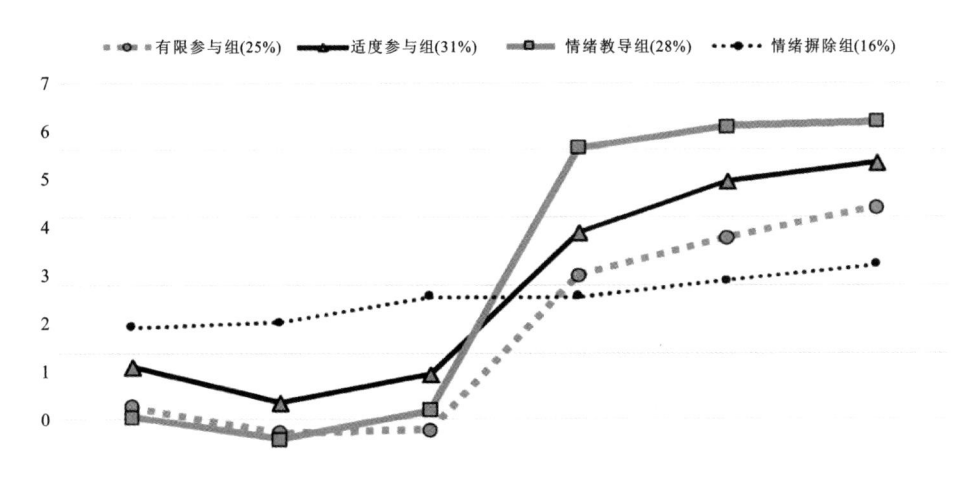

图2-2 美国3~12岁儿童父母情绪社会化行为的潜在剖面分析图

---

① MCKEE L G, DIMARZIO K, PARENT J, et al. Profiles of emotion socialization across development and longitudinal associations with youth psychopathology[J]. Research on child and adolescent psychopathology, 2022, 50(2):193-210.

极情绪时则表现出了最高水平的非支持性行为和最低水平的支持性行为。

父母的情绪社会化行为与其情绪信念及情绪调节能力密不可分。基于此，King等人选取了来自澳大利亚、新西兰、英国、爱尔兰和美国的869名4～10岁儿童父母作为研究对象，采用潜在剖面分析，通过对父母关于儿童情绪的信念、父母的情绪调节以及父母情绪社会化行为三个方面共计13个指标的考察，识别父母情绪社会化的多变量特征。[1] 其中，父母对儿童情绪的信念包括5个指标，分别是操纵信念（认为儿童表达情绪是为了对他人进行操控）、自主信念（认为应当让儿童自主管理自身情绪而非提供帮助）、稳定性信念（认为儿童的情绪是稳定的）、愤怒价值信念（认为儿童体验和表达愤怒是有益的）和控制信念（认为儿童有能力对自身情绪进行控制）；父母情绪调节的指标仅包括情绪失调1个指标，分数越高代表父母情绪调节能力越差；父母情绪社会化行为包括7个指标，分别是苦恼反应、惩罚反应、最小化反应、情绪分心、问题解决、鼓励表达和共情。该研究的潜在剖面分析结果显示，三类别模型的拟合最佳，三个类别分别被命名为情绪教导型（占比57%）、情绪不参与型（占比33%）和情绪摒除型（占比10%）。其中，情绪教导型的父母在情绪摒弃信念（操纵、自主和控制信念）、情绪失调以及非支持性情绪社会化行为（苦恼、惩罚和最小化反应）上分数较低，而稳定性信念分数处于中等水平，愤怒价值信念以及情绪分心和支持性情绪社会化行为（问题解决、鼓励表达和共情）的分数则处于较高水平。情绪不参与型父母的特点表现为中等水平的情绪摒除信念和非支持性情绪社会化行为，以及低水平的情绪分心和支持性情绪社会化行为。情绪摒除型的父母占比最低，这类父母报告了高水平的情绪摒除信念和情绪失调，极高水平的非支持性情绪社会化行为，以及低水平的支持性情绪社会化行为。该研究选取了父母情绪信念、情绪调节能力和情绪社会化行为等多方面的综合指标，有助于促进对父母情绪社会化过程的全面认识。大规模跨国样本的选取也提高了研究结果的可推广性。

需要指出的是，父母情绪社会化行为的类型也存在着文化和种族的差异。例如，Fan等人在中国文化背景下，以390名9～14岁儿童及其主要抚养人作为研究对象，通过儿童报告和家长报告两种方式收集了父母情绪社会化行为的数

---

[1] KING G L, MACDONALD J A, GREENWOOD C J, et al. Profiles of parents' emotion socialization within a multinational sample of parents[J]. Frontiers in psychology, 2023, 14: 1161418.

据,并进行了潜在剖面分析。① 研究结果显示,在情绪社会化方面,中国大多数父母都坚持"适度"原则,因此对支持性的父母情绪社会化行为持有一定的正面看法。这体现了中国父母在情绪表达和反应方面不断寻求平衡和适度的特点,这种方式符合东方文化对于情绪的价值观念。② 该研究结果与上文所介绍的西方文化背景下的研究发现有所不同。

为了解决东方文化背景下父母情绪社会化行为研究较为缺乏的问题,Trevethan等人选取了141名来自印度的青少年的母亲和181名来自中国的青少年的母亲作为研究对象,采用潜在剖面分析考察两国母亲情绪社会化行为的类型。③ 在该研究中,纳入潜在剖面分析的指标有九个,分别是鼓励表达、情绪关注、问题关注、解释导向、训练、惩罚、最小化、训斥和不说话。结果表明,三类别模型拟合最佳,三个类型分别是适应型、中度适应型和弥漫型,占比分别为53%、26%、21%(图2-3)。对于适应型的母亲来说,他们在情绪关注、问题关注、解释导向、训练这四种支持性情绪社会化行为上的分数较高,但鼓励表达的得分较低,在惩罚和最小化两种非支持性行为上的分数处于中等水平,而训斥和不说话的得分则相对较低。中度适应型的母亲在情绪关注、问题关注、解释导向、训练等四种支持性行为上的分数相对较高,在训斥和不说话两种非支持性行为上得分相对较低,不过这类母亲在各种情绪社会化行为上的分数总体上都低于适应型母亲。最后,弥漫型的母亲在所有父母情绪社会化行为上的得分都处于平均水平。

---

① FAN J, NI X, WANG Y, et al. Parent-child discrepancies in perceived parental emotion socialization: associations with children's internalizing and externalizing problems in Chinese families[J]. Journal of youth and adolescence, 2023, 52(3): 547-560.
② MIYAMOTO Y, MA X. Dampening or savoring positive emotions: a dialectical cultural script guides emotion regulation[J]. Emotion, 2011, 11(6): 1346-1357.
③ TREVETHAN M, LIN K L, RAVAL V V, et al. Mothers' emotion socialization profiles and relation to adolescent socio-emotional functioning in China and India[J]. Journal of applied developmental psychology, 2021, 73(3-4): 101259.

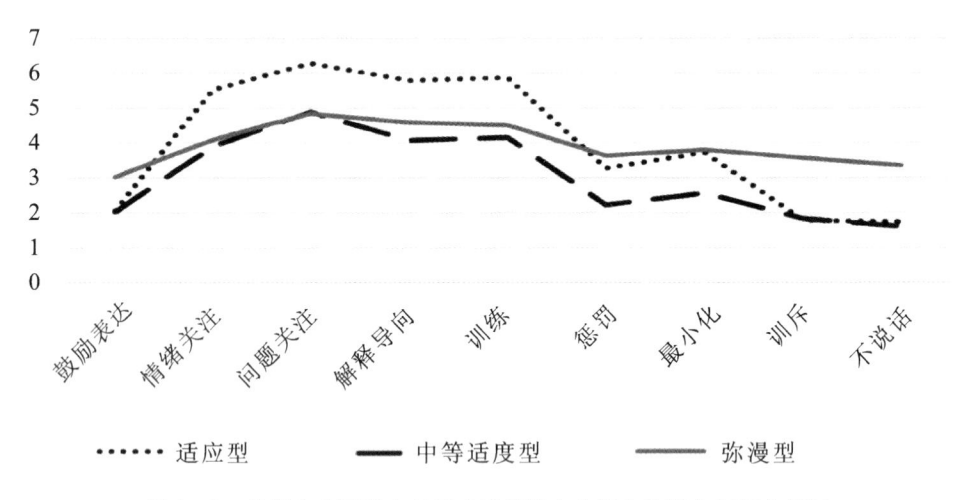

图 2-3 印度和中国青少年母亲情绪社会化行为的潜在剖面分析图

2.4 父母情绪社会化行为与子女情绪功能

父母情绪社会化对子女情绪功能的发展起着至关重要的作用。[1] 父母对子女消极情绪的反应会影响子女的情绪唤醒水平,传达父母对子女消极情绪的态度,塑造子女的情绪应对策略。[2] 如果父母抑制儿童的消极情绪表达,那么这种未被表达的情绪将被存储在儿童的记忆中,当相似的情境再次发生时,儿童将依靠这些图式做出反应,使消极情绪变得越来越难以控制。[3] 父母的消极反应还可能使儿童逐渐学会隐藏情绪,但包含消极情绪的环境仍然会导致儿童的生理唤起,因为这种情境已经与预期的惩罚建立了联结。[4] 相反,父母支持性的反

---

[1] CASTRO V L, HALBERSTADT A G, LOZADA F T, et al. Parents' emotion-related beliefs, behaviors, and skills predict children's recognition of emotion[J]. Infant and child development, 2015, 24(1):1-22.

[2] BERTIE L A, JOHNSTON K, LILL S. Parental emotion socialization of young children and the mediating role of emotion regulation[J]. Australian journal of psychology, 2021, 73(3): 293-305.

[3] ROBERTS W L, STRAYER J. Parents' responses to the emotional distress of their children: relations with children's competence[J]. Developmental psychology, 1987, 23(3):415-422.

[4] BUCK R. The communication of emotion[M]. New York: Guilford, 1984.

第2章 父母情绪社会化行为研究现状

应则被认为是对子女情绪表达的认可[①],儿童能通过家长的言传身教学会管理与接纳自己的情绪[②],因而有利于情绪的正常发展。本节将从父母情绪社会化行为对子女情绪功能的直接作用、性别在父母情绪社会化行为与子女情绪功能中的调节作用、父母情绪社会化行为对子女情绪功能的交互作用以及父母情绪社会化行为对子女情绪功能影响的作用机制这四个方面来展开论述。

2.4.1 父母情绪社会化行为对子女情绪功能的直接作用

已有研究证明父母情绪社会化行为与子女情绪能力的发展密切相关。父母如何处理孩子的消极情绪既可能促进也可能阻碍孩子适应性情绪的发展。子女情绪调节能力的发展、在面对压力时的应对策略以及抑郁和焦虑等内化问题都可能会受到父母情绪社会化行为的影响。同时,父母情绪社会化行为还可能是子女生活满意度和幸福感等积极情感体验的预测因素。

情绪调节是指个体对情绪体验和情绪表达进行管理、监控、评估以及调整的过程。[③] 情绪调节是个体情绪能力的核心组成部分,是个体情绪社会化的重要标志。有研究表明,虽然儿童的情绪调节能力随着年龄的增长有所提高,但他们在应对挑战性事件时的情绪调节策略并不总是成功的,往往需要父母的支持。[④] Morris 等人提出的儿童情绪调节与适应的三重家庭影响因素模型也表明,父母通过三种机制影响儿童的情绪调节,其中的一个重要方面就是父母对子女消极情绪的回应。[⑤] 父母对子女消极情绪的包容和鼓励、对子女情绪的感知都影响着子女情绪调节的整体水平。

有研究者从我国4个城市中选取了处于幼小衔接关键时期的439名5~6岁儿童的父母作为研究对象,由家长填写儿童消极情绪应对量表(CCNES)和学

---

① EISENBERG N, CUMBERLAND A, SPINRAD T L. Parental socialization of emotion[J]. Psychological inquiry, 1998, 9(4): 241-273.

② POWER T G. Stress and coping in childhood: the parents' role[J]. Parenting: science and practice, 2004, 4(4): 271-317.

③ BRIDGES L J, DENHAM S A, GANIBAN J M. Definitional issues in emotion regulation research[J]. Child development, 2004, 75(2): 340-345.

④ SHEWARK E A, BLANDON A Y. Mothers' and fathers' emotion socialization and children's emotion regulation: a within-family model[J]. Social development, 2015, 24(2): 266-284.

⑤ MORRIS A S, SILK J S, STEINBERG L, et al. The role of the family context in the development of emotion regulation[J]. Social development, 2007, 16(2): 361-388.

前儿童情绪调节策略问卷,考察父母对儿童消极情绪的应对方式与5~6岁儿童情绪调节策略之间的关系。结果发现,父母支持性的反应方式与儿童积极的调节策略呈正相关,与儿童消极的调节策略呈负相关;父母对儿童消极情绪的非支持性反应与儿童消极的调节策略存在正相关,与儿童积极调节策略的相关系数较小。[1] 还有研究者以601名12~15岁青少年为研究对象,使用儿童消极情绪应对量表(CCNES)和儿童青少年情绪调节问卷(Emotion Regulation Questionnaire for Children and Adolescents,ERQ-CA),考察了新加坡和中国父母对子女负面情绪的六种反应方式与青少年情绪调节的关系。研究结果发现,虽然新加坡和中国父母在对待孩子负面情绪的反应上存在一些差异,但无论是新加坡还是中国,父母对孩子消极情绪的反应与青少年的情绪调节能力均存在一定的关联。[2] 具体来说,父母的支持性反应(如鼓励表达、问题关注、情绪关注)与青少年的认知重评等适应性情绪调节策略的使用呈正相关,而父母的非支持性反应(如惩罚、最小化反应和苦恼反应)与青少年表达抑制呈正相关。这些发现对于理解不同文化背景下的父母消极情绪回应对子女情绪调节能力的影响具有重要意义。

青春期是个体认知和情绪发展与变化的关键期,这些变化可能会使青少年面临许多心理和行为问题的风险。[3] 父母与青少年的互动,特别是父母的情绪社会化行为与青少年情绪的健康发展息息相关。[4] Cui等人以160名青春期的女孩为研究对象,采用为期2年的追踪设计,调查了父母和同伴对青少年消极情绪的回应如何影响青少年的情绪调节能力。研究结果显示,随着时间的推

---

[1] 张育珊,洪黛珊.父母应对方式与5~6岁儿童情绪调节策略的关系[J].学前教育研究,2017(1):53-63.

[2] YEO G H, CHEAH C S L, SIM T N. A tale of two countries: Singaporean and Chinese parents' emotion socialization during childhood and the relation to adolescents' emotion regulation [J]. International journal of psychology, 2020, 55(2):163-172.

[3] STEINBERG L, MORRIS A S. Adolescent development [J]. Annual review of psychology, 2001, 52(1):83-110.

[4] MORRIS A S, SILK J S, STEINBERG L, et al. The role of the family context in the development of emotion regulation [J]. Social development, 2007, 16(2):361-388.

第2章 父母情绪社会化行为研究现状

移,母亲高水平的支持性反应预测了青少年情绪调节能力的提高。[1]

在成长的过程中,儿童也面临各种各样的压力,这些压力可能来自学校、兄弟姐妹、亲子关系和同伴关系等各个方面。随着时间的推移,这些压力源的累积效应可能会造成儿童的心理失调。[2] 父母情绪社会化行为对子女如何处理和应对日常压力具有重要影响。有研究者以113名小学六年级儿童为研究对象,对父母面对儿童消极情绪时的反应方式与儿童面对同伴压力时的应对策略之间的关系进行了探讨。结果发现,父母对儿童消极情绪的反应方式与儿童的压力应对之间存在一定的关联。[3] 具体来说,父母对子女消极情绪的反应方式会影响子女的压力应对策略。如果父母认为消极情绪是危险的,则会对儿童的消极情绪采取非支持性的反应,那么儿童在面对压力时也可能会更多地采用回避型的应对策略。相反,如果父母认为孩子产生消极情绪是正常的,则会对孩子的消极情绪采取支持性的应对策略,与孩子一起讨论情绪,那么孩子在面对压力时也会更多地采用适应性的应对策略。

以上实证研究的结果都证明了如果父母能够密切关注孩子的情绪变化,安抚孩子的情绪,与孩子一起讨论情绪,并且以包容、接纳和支持的态度对待孩子的消极情绪,教授孩子应对情绪的方式,那么孩子就会被这种轻松、愉快的氛围所感染,从而敢于大胆表达情绪,也能够采取适当的策略调节和控制自己的情绪,拥有更强的情绪调节能力,并学会以积极的方式应对生活中的压力。

父母情绪社会化行为不仅会影响子女的情绪调节和应对压力的能力,也关系到子女的心理适应性问题。很多研究发现父母情绪社会化行为与子女的内化问题相关。当孩子出现负面情绪时,如果父母表现出厌烦或对孩子的负面情绪进行惩罚,则会抑制孩子的情绪表达,使孩子产生情绪调节困难,从而导致孩

---

[1] CUI L, CRISS M M, RATLIFF E, et al. Longitudinal links between maternal and peer emotion socialization and adolescent girls' socioemotional adjustment[J]. Developmental psychology, 2020,56(3):595-607.

[2] COMPAS B E, CONNOR-SMITH J K, SALTZMAN H, et al. Coping with stress during childhood and adolescence: problems, progress, and potential in theory and research[J]. Psychological bulletin, 2001,127(1):87-127.

[3] PARKER A E. Parental socialization of positive and negative emotions: associations with children's everyday coping and display rule knowledge[D]. Raleigh, North Carolina: North Carolina State University, 2006.

子内化问题的增加。① 国外有研究者采用追踪设计,分别在儿童2岁、3岁、4岁时对其焦虑水平进行评估,调查了母亲情绪社会化行为与子女焦虑之间的纵向联系。研究结果发现,母亲对子女消极情绪的反应方式与子女的焦虑水平之间存在着长期的关联。② 具体来说,母亲越倾向于使用支持性的反应方式,孩子的焦虑水平越低。同时,研究还发现母亲对子女消极情绪的反应方式还受到了母亲情绪调节能力的影响,即母亲的情绪调节能力越好,越倾向于对子女的消极情绪采取支持性的应对策略,相应地,儿童焦虑等内化问题也就越少出现。抑郁也是一种常见的内化问题。有研究表明,父母情绪社会化行为与青少年的抑郁症状有关。③ 国内也有相关的实证研究。张文娟和商士杰从人格障碍的影响因素出发,验证了父母情绪社会化行为与青少年病理性人格特质的关系。④ 他们采用分层抽样的方法选取了3个城市6所中学的642名青少年作为研究对象,包括初一、初二和高一等三个年级,采用父母回应青少年消极情绪量表和青少年病理性人格特质量表进行问卷调查,考察父母对子女消极情绪的反应方式与青少年人格障碍风险之间的关系。结果表明,父母的支持性回应能够在一定程度上缓冲非支持性回应对青少年病理性人格特质的影响,而父母的非支持性回应方式与青少年病理性人格特质显著相关。这些实证研究的结果都证明了儿童和青少年心理适应性和健康人格的发展需要父母的支持,父母对子女消极情绪的反应方式也在不同程度上影响着子女情绪的健康发展。

父母情绪社会化行为还可能是子女生活满意度和幸福感等积极情感体验的预测因素。生活满意度是指个体对整体生活质量的全面认知和评价。⑤ 国外

---

① GOTTMAN J M, KATZ L F, HOOVEN C. Parental meta-emotion philosophy and the emotional life of families: theoretical models and preliminary data[J]. Journal of family psychology, 1996, 10(3): 243-268.

② PRICE N N, KIEL E J. Longitudinal links among mother and child emotion regulation, maternal emotion socialization, and child anxiety[J]. Research on child and adolescent psychopathology, 2022, 50(2): 241-254.

③ SCHWARTZ O S, SHEEBER L B, DUDGEON P, et al. Emotion socialization within the family environment and adolescent depression[J]. Clinical psychology review, 2012, 32(6): 447-453.

④ 张文娟,商士杰.父母回应消极情绪的方式与青少年病理性人格特质的关系[J].心理科学,2023,46(3):586-593.

⑤ PAVOT W, DIENER E. The satisfaction with life scale and the emerging construct of life satisfaction[J]. The journal of positive psychology, 2008, 3(2): 137-152.

有研究者以262名全日制本科大学生为研究对象,采用儿童期情绪量表(EAC)及生活满意度量表,调查了大学生回忆童年时父母对自己表达消极情绪的支持和非支持性反应是否与成年时的生活满意度和心理压力有关。结果显示,父亲在童年时期对子女消极情绪的支持性反应通过子女较少的负面情绪体验与成年后较少的痛苦体验间接相关,非支持性反应通过子女更多的消极情绪体验与成年后更多的痛苦体验间接相关;母亲在童年时期对儿童消极情绪的支持性反应通过儿童更多的积极情感体验与成年后更高的生活满意度间接相关。[1] 也有研究者以青少年为研究对象,考察了父母对子女消极情绪的回应与青少年幸福感之间的关系,结果也证明了父母的支持性反应对子女幸福感体验的重要性。[2]

综上所述,在与孩子的日常互动中,父母有很多机会回应和塑造孩子的情绪表现。父母对孩子消极情绪的支持性反应有助于孩子了解情绪,并在适当的情况下调节负面情绪。[3] 同时,儿童对负面情绪的有效调节反过来也与其适应性的发展结果有关。[4] 关注父母情绪社会化行为与子女情绪能力发展之间的关系有助于更好地促进孩子情绪的健康发展。

2.4.2 性别在父母情绪社会化行为与子女情绪功能中的调节作用

性别是社会环境中塑造儿童情绪表达和调节的重要组成部分。[5] 除了生理上的差异,女性和男性还被赋予了不同的社会角色,这可能会导致他们对应该如何体验和表达情绪产生不同的期望。性别社会化理论指出,男性与女性的社会角色不同,父母可能对男孩和女孩的情绪表现采取不同的回应方式,根据社

---

[1] RAMAKRISHNAN J L, GARSIDE R B, LABELLA M H, et al. Parent socialization of positive and negative emotions: implications for emotional functioning, life satisfaction, and distress[J]. Journal of child and family studies, 2019, 28(12): 3455-3466.

[2] LUGO-CANDELAS C I, HARVEY E A, BREAUX R P, et al. Ethnic differences in the relation between parental emotion socialization and mental health in emerging adults[J]. Journal of child and family studies, 2016, 25(3): 922-938.

[3] FREDRICKSON B L. Cultivated emotions: parental socialization of positive emotions and self-conscious emotions[J]. Psychological inquiry, 1998, 9(4): 279-281.

[4] EISENBERG N, CUMBERLAND A, SPINRAD T L. Parental socialization of emotion[J]. Psychological inquiry, 1998, 9(4): 241-273.

[5] HALBERSTADT A G, DENHAM S A, DUNMORE J C. Affective social competence[J]. Social development, 2001, 10(1): 79-119.

会规范来塑造子女的情绪社会化行为。同时,由于性别刻板印象的影响,在许多社会中,女孩被允许比男孩更多地表达情绪。[1] 因此,女孩也比男孩更愿意向父母表达自己的情绪,这也为父母提供了更多的机会来塑造他们的情绪。此外,有研究发现,父母往往能够更好地理解同性别孩子的情绪社会化行为。[2] 例如,父亲情绪社会化行为可能对男孩情绪能力的影响更大,而母亲情绪社会化行为可能对女孩情绪能力的影响更大。但这种差异并未在实证研究中得到一致的结果。因此,考虑性别在父母情绪社会化行为与子女情绪功能之间的作用对于理解情绪社会化过程十分重要。

国内有研究者对性别在父母情绪社会化行为与子女情绪功能关系中的调节作用进行了考察。Zhu 等人从河南和山东两个省份选取了 365 名 5~10 岁儿童的母亲和 204 名父亲为研究对象,开展了一项关于中国家庭功能、父母情绪社会化行为和儿童社会能力之间关系的研究。结果发现,性别在父母情绪社会化行为与子女问题行为之间起调节作用。[3] 具体来说,相比于女孩,母亲的非支持性反应对男孩问题行为的影响更大;而相比于男孩,父亲的非支持性反应与女孩问题行为的关系更强。这可能是因为受传统意识形态的影响,中国父母可能认为男性作为家庭领袖应该承担责任,不能随意表达自己的情绪,而女性应该扮演一个好妻子的角色。[4] 因此,中国母亲可能对儿子的问题行为和负面情绪都不太宽容,从而加强了她们对儿子负面情绪的非支持性反应与其问题行为之间的关系。而对于女孩来说,表现出负面情绪可能表明她们不符合预期的角色期望,而父亲作为家庭领导者的角色,可能会对女孩的负面情绪做出非支持性的反应,限制她们的情绪表达,这可能会加剧女孩的问题行为。

Wang 等人以青少年作为研究对象,从浙江省的公立小学和初中招募了 438 名参与者,开展为期一年的追踪研究,探讨了性别在父母情绪社会化行为与青

---

[1] CHAPLIN T M, ALDAO A. Gender differences in emotion expression in children: a meta-analytic review[J]. Psychological bulletin, 2013, 139(4): 735-765.

[2] CASSANO M, PERRY-PARRISH C, ZEMAN J. Influence of gender on parental socialization of children's sadness regulation[J]. Social development, 2007, 16(2): 210-231.

[3] ZHU D, CHEN Y, LI L, et al. Family functioning, emotion socialization, and children's social competence: gender-specific effects in chinese families[J]. Journal of child and family studies, 2023, 32(1): 257-271.

[4] XIE Q, HULTGREN F. Urban Chinese parents' perceptions of their strengths and needs in rearing "only" sons and daughters[J]. Home economics research journal, 1994, 22(3): 340-356.

第 2 章　父母情绪社会化行为研究现状

少年情绪调节能力关系中的调节作用。研究结果表明,女孩情绪调节能力的发展比男孩更依赖于父母对其消极情绪的反应。[①] 在考虑了同伴情绪社会化行为的影响后,男孩的情绪调节能力不受父母对其消极情绪反应的影响,而女孩的情绪调节能力仍然受母亲的支持性反应和父亲与朋友的非支持性反应交互作用的影响。这是因为相比男孩,女孩对父母的反应更敏感,所以她们会更多地受益于父母的支持性反应,同时,女孩也经历了来自父母非支持性反应的更大的负面影响。[②] 而且,相较于父亲而言,母亲通常为女儿提供更多的支持,因此女孩的情绪调节能力可能更多地受益于母亲的支持性反应。

也有研究者同样以青少年为研究对象,探讨了性别在父母消极情绪回应与子女情绪调节之间的作用。周司丽等人以 500 名高二学生为研究对象,对其进行问卷调查,并采用结构方程模型的统计方法,分析了在子女表现出消极情绪时,父母的反应方式与男生、女生情绪调节方式之间的关系。结果发现,在高二阶段,父母的消极情绪反应方式对女孩情绪调节的预测作用十分微弱,但对男孩的情绪调节方式发挥着显著的预测作用。[③] 该结果与 Wang 等人的研究结果有所不同,这可能与子女所处发展阶段的不同有关。虽然两者选取的研究对象都是青少年,但 Wang 等人选取的是处于青春期早期的青少年,而周司丽等人选取的是处于青春期晚期的青少年。根据依恋的相关文献,亲子关系从青春期早期到中期恶化,这些关系质量的变化可能会改变亲子间的情绪互动,从而对青少年后期的情绪能力产生不同的影响。[④] 同时,这一结果还可能与对女性角色的期待有关。女性未来会成为母亲,而母亲的角色强调养育及建立关系的能

[①] WANG J, WANG M, DU X, et al. Parent and friend emotion socialization in early adolescence: their unique and interactive contributions to emotion regulation ability[J]. Journal of youth and adolescence, 2023, 53(1): 53-66.

[②] PERRY N B, LEERKES E M, DUNBAR A S, et al. Gender and ethnic differences in young adults' emotional reactions to parental punitive and minimizing emotion socialization practices[J]. Emerging adulthood, 2017, 5(2): 83-92.

[③] 周司丽,侯志瑾,邵瑾,等.高二学生情绪调节方式与父母反应方式的关系[J].心理发展与教育, 2011, 27(3): 319-328.

[④] ALLEN J P. The attachment system in adolescence[M]. Handbook of attachment: theory, research, and clinical applications. North Carolina: Guilford Press, 2008, 419-435.

力,良好的情绪调节与建立关系的能力息息相关。[1] 因此,随着年龄的增长,父母可能会将女孩能够恰当地处理消极情绪看作理所当然,而不对其适应性的情绪调节方式给予过多的支持性反应。这些发现有助于揭示性别在父母消极情绪回应与子女情绪功能之间的调节作用,丰富已有的研究,同时也有助于我们采取适当的方式改善子女的情绪调节能力。

国外也有研究者进行过相关的研究。韩国的两位研究者以100名一年级学生为研究对象,采用儿童消极情绪应对核查表(CCNES)和情绪调节核查表(ERC)分别对母亲消极情绪回应和儿童情绪调节能力进行测量,探讨了母亲对子女消极情绪的反应与子女情绪调节之间的关系,以及这些关系在男孩和女孩之间是否存在差异。研究结果发现,儿童的性别调节了母亲消极情绪回应与儿童情绪调节之间的关系。[2] 具体来说,母亲的非支持性反应与女孩较低的情绪调节能力显著相关,但这一关系在男孩中并不明显。这一结果可能与韩国特定的文化背景有关。韩国育儿的特点是强调母亲与子女之间的相互依存和亲密关系,此外,在韩国,母女关系比其他亲子关系更加亲密。[3] 因此,韩国母亲的消极情绪回应对女孩情绪调节能力的影响更大。

综合上述实证研究的结果可知,性别在父母情绪社会化行为与子女情绪功能之间起着重要的调节作用。父亲和母亲对男孩和女孩的情绪社会化行为可能会不同,最终会对男孩和女孩情绪能力的发展造成不同的影响。研究性别在父母情绪社会化行为与子女情绪功能之间的调节作用有助于我们更好地了解两者的关系,为不同性别儿童的情绪社会化提供有针对性的指导和建议。

2.4.3 父母情绪社会化行为对子女情绪功能的交互作用

综上可知,父母对孩子情绪的支持性反应有利于儿童情绪能力的发展,而

---

[1] LOPES P N, SALOVEY P, CÔTÉ S, et al. Emotion regulation abilities and the quality of social interaction[J]. Emotion, 2005, 5(1): 113 – 118.

[2] SONG J H, TROMMSDORFF G. Linking maternal emotion socialization to boys' and girls' emotion regulation in Korea[J]. Child studies in Asia – Pacific contexts, 2016, 6(2): 47 – 57.

[3] DENHAM S A, BASSETT H H, WYATT T M. Gender differences in the socialization of preschoolers' emotional competence[J]. New directions for child and adolescent development, 2010(128): 29 – 49.

非支持性反应可能导致儿童情绪问题的产生。然而该领域的现有研究通常关注的是父亲或母亲情绪社会化行为对儿童发展结果的单独效应,且大多数的研究针对的是母亲。尽管一些文献也提到了父亲在子女情绪社会化过程中的独特作用,但大多数研究仍然只是孤立地看待父亲或母亲对子女情绪发展的影响,并未考察二者对儿童情绪发展的联合效应。

父亲与母亲在家庭中的角色不同,儿童对父母的角色认知也不同。并且,随着近年来教育观念的转变,父亲在教养子女中发挥着越来越重要的作用,将父亲对儿童的情绪反应纳入研究是有必要的。以往研究更多是对父亲与母亲的作用分别进行分析,关注父母对儿童发展影响的单独效应。家庭系统理论提出,父子关系和母子关系会相互影响。[①] 因此,从家庭系统理论的角度看待父母情绪社会化行为,应将母亲对儿童的情绪反应与父亲对儿童的情绪反应结合起来,考察两者之间的交互作用。

1. 父亲与母亲情绪社会化行为的交互作用模型

McElwain等人总结了父亲和母亲情绪社会化行为对儿童社会情绪胜任力影响的三种可能模型,包括累加模型、缓冲模型和分歧模型(图2-4)。[②]

累加模型(additive model)认为,父亲和母亲的情绪社会化行为对儿童发展结果的贡献具有累加作用,也就是说,父母双方对子女情绪的支持性行为越多,儿童的发展结果就越好,而当父母双方都表现出较少的支持性行为时就会导致子女产生更多社会情绪适应问题。累加模型得到了Denham等人的研究结果的支持,该研究发现,父亲和母亲对儿童负面情绪的消极强化与学龄前儿童较低的情绪理解能力有关。[③]

[①] MCLOYD V C. The impact of economic hardship on Black families and children:psychological distress, parenting, and socioemotional development[J]. Child development,1990,61(2):311-346.

[②] MCELWAIN N L,HALBERSTADT A G,VOLLING B L. Mother-and father-reported reactions to children's negative emotions:relations to young children's emotional understanding and friendship quality[J]. Child development,2007,78(5):1407-1425.

[③] DENHAM S A,MITCHELL-COPELAND J,STRANDBERG K,et al. Parental contributions to preschoolers' emotional competence:direct and indirect effects[J]. Motivation and emotion,1997,21:65-86.

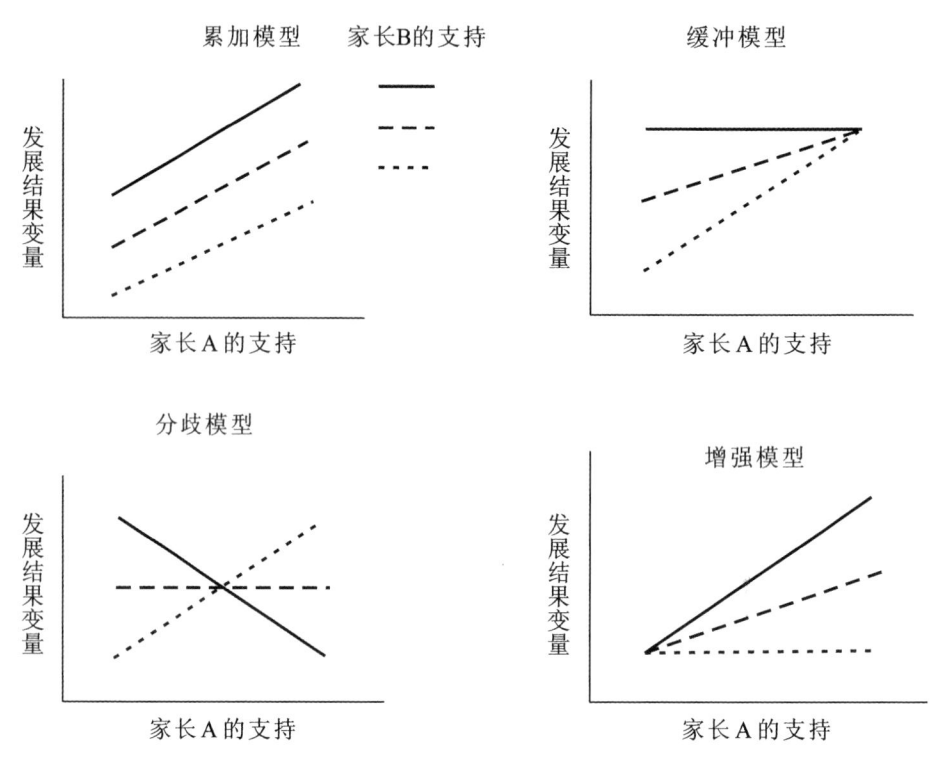

图2-4 父亲和母亲情绪社会化行为对儿童发展结果影响的四种可能模型

缓冲模型(buffering model)将父母低水平的支持性行为和高水平的非支持性行为看作儿童情绪发展的危险性因子。这一模型认为,如果父母中的一方提供低水平的支持或高水平的非支持行为时,父母的另一方提供的高水平支持性行为或低水平非支持性行为能够缓冲较差一方的反应行为对子女的消极影响。已有研究证明了缓冲模型的合理性,例如,Field 提出积极的父子关系可以最大程度地缓冲不良母子关系的潜在负面影响。①

分歧模型(divergence model)则认为,儿童将从父母有差异的情绪相关行为或反应中受益更多。具体来看,当父母双方都提供高水平支持或都提供低水平支持时,儿童的发展结果都较差,但当父母一方的支持性行为较多而另外一方较少时,儿童的发展结果最好。Dunsmore 和 Halberstadt 也认为父母之间的情绪

---

① FIELD T. Handbook of parenting: vol. 4, applied and practical parenting [M]// BOMSTEIN M H. Psychologically depressed parents. New Jersey: Lawrence Erlbaum Associates, 1978: 85-99.

表达差异能够帮助儿童对复杂情绪建立更深的了解,有利于儿童获得更高水平的情绪调节能力[1],这与分歧模型的理论观点相同。当父母对子女消极情绪的支持程度不同时,孩子可能会对情绪有更深刻的认识,并更努力地接受和处理情绪信息。

此外,从保护性因素和危险性因素交互作用的视角出发,父亲、母亲情绪社会化行为对儿童青少年发展结果的影响还可能表现为增强模式[2],也即一位家长的行为可以增强另一位家长对儿童发展结果的影响。具体来说,父母一方的高支持性行为并不能补偿另外一方的低支持性行为,只有当双方家长都提供高支持时,儿童才能获得良好的发展结果。

2. 父亲与母亲情绪社会化行为交互作用的实证研究

McElwain 等人通过两个研究探讨了父母情绪社会化行为对儿童社会情绪能力的交互作用。[3] 在第一个研究中,研究者以累加、缓冲、分歧三个模型为理论基础,探讨了父母情绪社会化行为与 5~6 岁幼儿的情绪理解能力之间的关系。研究使用错误信念任务测评儿童对错误信念的理解和对个人情绪与他人情绪相关性的理解,采用复杂情绪理解任务来评估儿童对混合情绪的理解,利用儿童消极情绪应对量表(CCNES)评估父亲与母亲的情绪社会化行为。通过分析发现,在控制了儿童的性别与年龄后,不管是在错误信念任务上的情绪理解还是对复杂情绪的理解,父亲与母亲支持性行为的交互作用均显著。具体来说,当父母一方的支持性行为水平较高而另一方的支持性行为水平较低时,儿童的情绪理解能力最强,由此验证了分歧模型。在第二个研究中,研究者同样以三种模型为指导,探究了父母对儿童消极情绪的反应与儿童友谊质量之间的相关性,并进一步比较这一部分的研究结果与前一部分的研究是否存在相似性。研究者通过录像记录了儿童与朋友之间从自由游戏到分享游戏的互动过程,通过编码评估儿童的友谊互动质量。研究结果表明,父亲与母亲的支持性行为对

---

[1] DUNSMORE J C, HALBERSTADT A G. How does family emotional expressiveness affect children's schemas? [J]. New directions for child and adolescent development, 1997(77):45–68.

[2] 田菲菲,田录梅. 亲子关系、朋友关系影响问题行为的3种模型[J]. 心理科学进展, 2014,22(6):968–976.

[3] MCELWAIN N L, HALBERSTADT A G, VOLLING B L. Mother – and father – reported reactions to children's negative emotions: relations to young children's emotional understanding and friendship quality[J]. Child development, 2007,78(5):1407–1425.

儿童友谊质量均具有显著的正向预测作用,并且父亲与母亲支持性行为的交互作用显著,不过这一交互作用仅存在于男孩中。具体而言,当父母一方的支持程度较低,另一方的支持程度较高时,男孩能更好地理解情绪并减少与朋友的激烈冲突。这与第一部分中的研究结果基本一致,为分歧模型提供了支持。在教育实践中,父母适度地支持子女的情绪表达时,孩子的情绪功能最好。而在父亲和母亲对孩子的情绪表达都高度鼓励时,孩子的情绪功能开始下降,这是因为父母帮孩子自动屏蔽了一些"情绪挑战"的环境和任务,限制了孩子学习和管理负面情绪的机会。可见,适度的负面情绪水平为儿童的学习提供了最佳机会,父母在面对儿童负面情绪时,应选择冷静、中立的方式,尝试让孩子自主调节和管理情绪,而不是立即介入或安抚。McElwain等人提出的三种理论模型为之后父母交互作用的研究提供了方向,更多研究利用该理论模型研究父母双方情绪社会化行为对儿童发展结果的交互影响。

由于情绪表达规范的文化差异,父母情绪社会化行为也可能存在文化多样性。Fernandes等人对西班牙53个核心家庭进行追踪研究,考察了作为父母情绪社会化重要路径之一的亲子依恋是否能够预测儿童后期的情绪调节能力,以及亲子依恋安全的综合效应价值。[①] 结果发现,父子依恋和母子依恋对儿童情绪调节能力存在显著的交互作用。当儿童与父母中的一方依恋安全较弱时,儿童与另一方的依恋安全是有益的,也即与父母一方的安全依恋可以缓冲另一方不安全依恋对儿童情绪调节能力的负面影响,这支持了McElwain提出的父母交互作用模式中的缓冲模型。然而,以往该领域的实证研究大多关注西方社会的父母和儿童,很少有研究考察非西方文化群体中的父母情绪社会化行为对其子女情绪发展的交互效应。

Kaya-Bican等人也在McElwain等人提出的模型理论基础上调查了土耳其父母情绪社会化行为对学龄前儿童情绪调节的交互作用。[②] 研究者在当地幼儿园和托幼中心进行取样,共招募了141名36~76月龄的学龄前儿童的父母作为被试。根据该国特有的文化背景与实际情况,研究者对儿童消极情绪应对

[①] FERNANDES C,FERNANDES M,SANTOS A J,et al. Early attachment to mothers and fathers: contributions to preschoolers' emotional regulation[J]. Frontiers in psychology,2021,12:1-17.

[②] KAYA-BICAN E,ALTAN-ATALAY A,SARITAS-ATALAR D. The link between maternal emotion socialization practices and Turkish preschoolers' emotion regulation:moderating roles of paternal emotional support[J]. Current psychology,2023,42(33):29539-29548.

量表(CCNES)和情绪调节核查表(ERC)进行改编,形成土耳其版本的量表,测量父母对子女情绪调节的看法及反应方式。研究发现,与缓冲模型相一致,当父亲表现出低水平的支持性行为时,母亲的高水平支持性行为有助于土耳其儿童应对负面情绪,也即母亲的高水平支持性反应缓冲了父亲低水平支持性反应的消极作用。而当父亲提供高质量的情绪社会化时,母亲的支持性行为与儿童的情绪调节能力无关,这也反映出父亲在儿童情绪调节发展中的重要作用。研究强调了父亲与母亲在子女情绪发展中的联合效应,为如何发挥父母教养合力、制定科学有效的家庭教育指导方案、提高儿童的情绪调节能力提供了依据。

与土耳其的文化背景类似,我国也是集体主义的文化背景。在这种文化背景下,人们更鼓励情绪抑制,而不是情绪表达。有研究表明情绪抑制对中国人的情绪体验和情绪适应起到积极作用。同样,对于孩子的消极情绪,中国家长更可能会选择抑制的方式,而适当的抑制也可能会对儿童社会情绪能力的发展有积极影响。国内研究者李晓巍等人以学前儿童的父母为被试,考察了我国文化背景下父亲和母亲的行为对儿童情绪调节能力的单独效应和联合效应。[①] 研究选择西安市一所公立幼儿园的 280 名 3~6 岁儿童及其家长作为研究对象,采用儿童消极情绪应对量表(CCNES)评估父母情绪社会化行为,使用情绪调节核查表测量儿童的情绪调节能力。结果发现,无论是父亲还是母亲的支持性行为都与儿童的情绪调节能力呈显著的正相关,与儿童的情绪不稳定呈负相关,非支持性行为则相反。在交互作用方面,研究发现母亲和父亲对子女消极情绪的非支持性反应对女孩的情绪调节能力存在显著的交互作用,表现为分歧模型。具体来说,当父母中的一方表现出高水平的非支持性行为,而另一方表现出较低水平的非支持性行为时,女孩的情绪调节能力得到最佳发展,这与McElwain 等的研究结果基本一致。不过,该研究发现分歧模型只适用于女孩,父母双方的非支持性行为并未对男孩的情绪调节能力产生显著的交互作用。这可能是由于父亲更关心女儿的人际交往[②],女孩从父爱中获得的安全感更强[③],并

[①] 李晓巍,杨青青,邹泓.父母对幼儿消极情绪的反应方式与幼儿情绪调节能力的关系[J].心理发展与教育,2017,33(4):385-393.

[②] ENDENDIJK J J,GROENEVELD M G,VAN BERKEL S R,et al. Gender stereotypes in the family context:mothers,fathers,and siblings[J]. Sex roles,2013,68(9-10):577-590.

[③] BUSSEY K,BANDURA A. Social cognitive theory of gender development and differentiation[J]. Psychological review,1999,106(4):676-713.

且与男孩相比,女孩在人际关系中更为敏感[1],因此父亲的反应方式对女儿的影响更大,女孩也更容易受到父亲非支持性行为的消极影响。另外,与McElwain等人的发现不同,该研究并未发现父母支持性行为对儿童情绪调节的交互作用。这可能是因为父母的支持性行为和非支持性行为在不同社会文化背景中的意义和功能存在差异。在我国,抑制情绪表达更受到鼓励,所以当父母中的一方做出低水平的非支持性行为能够让儿童适当地抑制情绪表达,父母中另一方的高水平非支持性行为的影响力才会得到调整。而支持性行为可能不存在这样的意义,因此父亲和母亲支持性行为的交互作用并不显著。因此,对中国家长来说,既不能一味地抑制儿童的消极情绪表达,也不应该一味地鼓励幼儿表达消极情绪,而是应结合具体情境给予儿童不同程度的反应,才能帮助儿童学会情绪的自我调节。

父亲和母亲在子女成长过程中扮演不同的角色、发挥不同的作用,父母不同的情绪社会化方式会对儿童的情绪调节能力产生不同程度的影响。研究父母双方情绪社会化对儿童情绪调节能力的交互作用,能够揭示父亲和母亲不同的情绪社会化行为对儿童情绪能力的影响模式,为父母更好地应对儿童的情绪问题提供建议和指导。

2.4.4 父母情绪社会化行为对子女情绪功能的作用机制

父母在子女的情绪社会化过程中扮演着至关重要的角色,与儿童的情绪发展息息相关。理论和实证研究都表明父母情绪社会化行为对子女情绪的健康发展具有重要影响。[2] 父母支持性的情绪社会化反应,例如安慰子女的消极情绪、引导其探索解决问题的方法等,与子女积极的情绪发展结果有关;而父母非支持性的情绪反应往往与子女情绪调节不良以及焦虑和抑郁等内化问题相关。前文介绍了父母情绪社会化行为对子女情绪功能的影响,但剖析父母情绪社会化行为究竟如何发挥影响同样重要。

一些实证研究对父母情绪社会化行为作用于子女情绪功能的机制进行了

---

[1] HALL J A, SCHMID MAST M. Are women always more interpersonally sensitive than men? Impact of goals and content domain[J]. Personality and social psychology bulletin, 2008, 34(1): 144-155.

[2] EISENBERG N, CUMBERLAND A, SPINRAD T L. Parental socialization of emotion[J]. Psychological inquiry, 1998, 9(4): 241-273.

第2章 父母情绪社会化行为研究现状

探讨。Guo 等人以 1087 名青少年为研究对象,探讨了儿童不同的应对方式是否在童年期父母情绪社会化行为与青少年后期及成年期的内化问题之间起中介作用。[①] 应对方式指的是个体在面对负面环境和事件时,用来调节情绪的认知和行为策略。[②] 父母情绪社会化行为与子女的应对方式之间存在一定的关联。如果父母认为孩子的情绪是有价值的,孩子会更多地采取任务导向应对和社会转移应对;如果父母认为孩子的情绪是危险的,孩子会更多地采取注意分散应对。[③] 而应对方式的使用在儿童情绪的健康发展中也起着关键作用。[④] 因此,研究者对三者之间的关系进行了探讨。该研究关注的应对方式包括任务导向应对、情绪导向应对、社会转移应对和注意分散应对等四种,其中社会转移应对和注意分散应对一般被称为回避应对。[⑤] 研究结果显示,任务导向和情绪导向的应对方式在父母对子女消极情绪的反应与子女的内化问题之间起中介作用。具体来说,父母对子女消极情绪的支持性反应预测了子女更多地使用任务导向和回避型的应对方式,更少地使用情绪导向的应对方式,而较多地使用任务导向的应对方式预测了子女在青少年后期和成年期更少内化问题的出现。父母非支持性的反应方式预测了子女更多地使用情绪导向和回避应对,较少地使用任务导向应对,而子女较多地使用情绪导向的应对方式预测了其青春期和成年期更多的内化问题。

抑郁症是青少年经历的最常见的心理问题之一,并伴随着一系列有害的后

[①] GUO J, MRUG S, KNIGHT D C. Emotion socialization and internalizing problems in late adolescence and emerging adulthood:coping styles as mediators[J]. International journal of developmental science,2019,13(1-2):41-51.

[②] TAMRES L K, JANICKI D, HELGESON V S. Sex differences in coping behavior:a meta-analytic review and an examination of relative coping[J]. Personality and social psychology review,2002,6(1):2-30.

[③] HALBERSTADT A G, THOMPSON J A, PARKER A E, et al. Parents' emotion-related beliefs and behaviors in relation to children's coping with the 11 September 2001 terrorist attacks[J]. Infant and child development:an international journal of research and practice,2008,17(6):557-580.

[④] LAZARUS R S. Coping theory and research:past, present, and future[J]. Psychosomatic medicine,1993,55(3):234-247.

[⑤] ENDLER N S, PARKER J D. Multidimensional assessment of coping:a critical evaluation[J]. Journal of personality and social psychology,1990,58(5):844-854.

果,如社交退缩、自杀、自我伤害等。① 情绪失调是抑郁症的重要预测因子。② 对于儿童和青少年来说,促进情绪调节的发展对预防抑郁等心理问题至关重要。家庭在儿童和青少年情绪调节的发展中起着至关重要的作用。Hu 等人以 236 名中国青少年为研究对象,探讨了父母情绪社会化行为对子女抑郁症状的影响,重点考察了情绪调节在其中的中介作用和家庭凝聚力的调节作用。③ 该研究结果显示,青少年的情绪调节能力在几种模型中的间接效应均显著。具体来说,父母对子女消极情绪的支持性反应通过增强青少年的情绪调节能力而与其较低水平的抑郁症状间接相关;相反,父母的非支持性反应通过增加青少年的情绪失调水平而与其更高水平的抑郁症状间接相关。同时,该研究还发现,家庭凝聚力增强了父母支持性反应与子女情绪失调之间的关联。

还有研究者将正念和情绪调节策略作为父母情绪社会化行为与子女情绪功能间的中介变量进行考察。正念指的是通过有意识地集中注意力去体验此时此地的感受而不作判断,以一种开放和接受的心态来看待这些经历。④ 如果父母以支持性的反应回应青少年的情绪,接受和不评判其消极情绪,那么青少年可能也会更接受和不评判自己的经历。⑤ McKee 等人以 256 名青少年为研究对象,采用结构方程模型考察了情绪调节策略和正念在父母情绪社会化行为与子女抑郁及焦虑等内化问题之间的作用。⑥ 研究结果显示,母亲对子女消极情

---

① LIU Y, MERRITT D H. Examining the association between parenting and childhood depression among Chinese children and adolescents: a systematic literature review[J]. Children and youth services review, 2018, 88:316 – 332.

② JIANG Q, ZHAO F, XIE X, et al. Difficulties in emotion regulation and cyberbullying among Chinese adolescents: a mediation model of loneliness and depression[J]. Journal of interpersonal violence, 2022, 37(1 – 2):NP1105 – NP1124.

③ HU J, ZHOU T, HUANG Z. Parental emotion socialization, emotion regulation and depressive symptoms in Chinese adolescence: the role of family cohesion[J]. The journal of early adolescence, 2024, 44(3):281 – 305.

④ BISHOP S R, LAU M, SHAPIRO S, et al. Mindfulness: a proposed operational definition[J]. Clinical psychology: science and practice, 2004, 11(3):230 – 241.

⑤ SHEWARK E A, BLANDON A Y. Mothers' and fathers' emotion socialization and children's emotion regulation: a within – family model[J]. Social development, 2015, 24(2):266 – 284.

⑥ MCKEE L G, DUPREY E B, O'NEAL C W. Emotion socialization and young adult internalizing symptoms: the roles of mindfulness and emotion regulation[J]. Mindfulness, 2021, 12(1):53 – 60.

绪的支持性反应与青少年的正念呈正相关,而正念进一步与较高水平的认知重评策略和较低水平的表达抑制相关,从而进一步预测了青少年较少的内化问题的出现。Bujor 和 Turliuc 同样将情绪调节策略作为中介变量考察了童年时期父母情绪社会化行为与子女青少年时期和成年初期的情绪困扰之间的关联。① 研究得出了相似的结论,即情绪调节策略在父母消极情绪回应与子女情绪困扰之间起着中介作用。具体来说,母亲的非支持性反应可能导致子女更多采用表达抑制作为调节消极情绪的策略,而这种策略的使用又进一步增加了子女情绪困扰的可能性。

除了上述中介机制之外,亲子依恋也可能在父母情绪社会化行为与子女情绪功能之间发挥一定的桥梁作用。亲子依恋是父母与子女之间的情感纽带,反映了亲子互动的质量。② 有研究者对父母之间的婚姻关系、父母的情绪社会化行为、亲子依恋以及子女情绪能力之间的关系进行了探讨,结果证明了父母情绪社会化行为和亲子依恋在父母婚姻关系与儿童情绪能力之间的序列中介作用。③ 社会学习理论认为,个体的行为是一个与情境互动的过程。而父母之间的婚姻关系作为这个过程中的一个外部环境,会刺激父母的情绪表达,进而影响父母对子女的情绪社会化行为。具体来说,婚姻冲突较少的父母在与孩子互动中会表达更多的积极情绪,因此他们对孩子的反应更敏感。这将有助于他们更多地采取支持性的应对方式回应孩子的消极情绪,促进良好依恋关系的形成。而良好的依恋关系有助于孩子获得安全感,从而对他们情绪的健康发展产生积极影响。与此相反,婚姻冲突较多的父母可能会不自觉地暴露很多负面情绪,而且还有可能将这种负面情绪带入亲子互动中。这也导致父母在面对孩子表达消极情绪时会更多地采取非支持性的反应方式来应对,由此造成不良的亲子依恋关系,孩子无法产生情感上的安全依恋会阻碍他们情绪的健康发展。

---

① BUJOR L,TURLIUC M N. Do emotion regulation strategies mediate the relationship of parental emotion socialization with adolescent and emerging adult psychological distress?[J]. Healthcare,2023,11(19):2620.

② BOWLBY J. Attachment and loss:retrospect and prospect[J]. American journal of orthopsychiatry,1982,52(4):664-678.

③ TANG Y,LI S,MA L,et al. The effects of mother-father relationships on children's social-emotional competence:the chain mediating model of parental emotional expression and parent-child attachment[J]. Children and youth services review,2023,155:107227.

以上实证研究都对父母情绪社会化行为与子女情绪功能之间的关系进行了探讨,解释了父母情绪社会化行为作用于子女情绪发展的机制。除了上述实证研究中所提到的应对方式、正念、情绪调节策略、亲子依恋等中介机制外,还有其他可能对两者关系造成影响的因素,例如儿童的迷走神经功能[①]、气质[②③]等。了解父母情绪社会化行为对子女情绪功能的作用机制,有助于父母采取有针对性的措施,促进青少年情绪的健康发展。

2.5 父母情绪社会化行为的影响因素

Eisenberg 等人指出,父母通过情绪相关教养行为对子女的情绪能力进行塑造和教育的过程受到多种因素的共同作用。[④] 本节将结合相关实证研究结果,从家庭环境因素、父母因素和儿童因素三个方面具体探讨父母情绪社会化行为的影响因素。

2.5.1 家庭环境因素

父母冲突和家庭凝聚力是家庭环境中的两个重要方面,它们共同影响着父母的情绪社会化行为。深入了解父母冲突和家庭凝聚力对父母情绪社会化行为的影响,对于提升家庭功能、促进亲子关系和谐以及改善儿童青少年的情绪健康状况具有重要意义。

1. 父母冲突

父母冲突是指父母之间因为意见不一致或其他原因而产生的言语争执或

---

① PERRY N B, CALKINS S D, NELSON J A, et al. Mothers' responses to children's negative emotions and child emotion regulation: the moderating role of vagal suppression[J]. Developmental psychobiology, 2012, 54(5): 503 – 513.

② ENGLE J M, MCELWAIN N L. Parental reactions to toddlers' negative emotions and child negative emotionality as correlates of problem behavior at the age of three[J]. Social development, 2011, 20(2): 251 – 271.

③ 刘在田, 胡蝶, 赵秀玲, 等. 父母情绪社会化与儿童问题行为: 性别与气质的作用[J]. 中国健康心理学杂志, 2022, 30(12): 1835 – 1841.

④ EISENBERG N, CUMBERLAND A, SPRINRAD T L. Parental socialization of emotion[J]. Psychological inquiry, 1998, 9(4): 241 – 273.

第2章 父母情绪社会化行为研究现状

身体攻击,往往通过冲突发生的频率、强度、内容或冲突的解决方式等特征来衡量。[1][2] 根据家庭系统理论,家庭是一个有组织的关系和行为的集合,家庭当中的每个个体和子系统都会受到其他个体和子系统的影响[3],而父母冲突带给父母的情绪困扰则会通过影响其养育行为进而对儿童的发展产生影响[4]。比如,有研究指出,母亲的情绪失调会导致父母冲突,从而进一步降低父亲对孩子使用支持性情绪社会化行为的可能性,进而降低孩子的情绪调节能力。[5] 也有研究者指出,母亲在面对更严重的冲突时会变得更加易怒,从而对孩子采取无效的情绪管理策略和消极的养育行为。[6] 在冲突情况下,变得紧张和情绪失调的父母可能会在情感层面上与孩子产生隔阂。因此,这类父母对儿童消极情绪的注意力和反应性都较低,容易出现消极的情绪社会化行为。[7]

但父母冲突对父母的情绪社会化行为并不总是有害的。有学者将父母冲突划分为两种类型,分别是建设性冲突和破坏性冲突。建设性冲突,是指父母双方均以当前问题为共同出发点,积极分析冲突产生的原因并寻求解决方法,通常会伴随着问题的积极解决。建设性的冲突解决被认为是缓冲破坏性冲突

---

[1] GRYCH J H, FINCHAM F D. Marital conflict and children's adjustment: a cognitive-contextual framework[J]. Psychological bulletin, 1990, 108(2): 267-290.

[2] 王玉龙,李荣,陈慧玲,等.父母冲突对早期青少年自伤的影响:抑郁的纵向中介作用[J].心理发展与教育,2025(2):276-283.

[3] STEINGLASS P. A systems view of family interaction and psychopathology[M]//Family nteraction and psychopathology: theories, methods and findings. Boston, MA: Springer US, 1987: 25-65.

[4] LEE Y E, BROPHY-HERB H E. Dyadic relations between interparental conflict and parental emotion socialization[J]. Journal of family issues, 2018, 39(13): 3564-3585.

[5] LI D, LI D, WU N, et al. Intergenerational transmission of emotion regulation through parents' reactions to children's negative emotions: tests of unique, actor, partner, and mediating effects[J]. Children and youth services review, 2019, 101: 113-122.

[6] SHIPMAN K L, SCHNEIDER R, FITZGERALD M M, et al. Maternal emotion socialization in maltreating and non-maltreating families: implications for children's emotion regulation[J]. Social development, 2007, 16(2): 268-285.

[7] CAMISASCA E, MIRAGOLI S, DI BLASIO P. Families with distinct levels of marital conflict and child adjustment: which role for maternal and paternal stress?[J]. Journal of child and family studies, 2016, 25: 733-745.

对儿童社会情绪发展的负面影响的重要因素。[①] 破坏性冲突,如言语敌意、身体攻击和退缩,会引起父母的负面情绪和消极的养育行为[②],从而导致父母出现消极的情绪社会化行为,如监督不力和体罚[③]。Lee 和 Brophy–Herb 基于主客体互倚模型中的溢出效应(个体的养育行为会受到自身特征的影响)和交叉效应(个体的行为会受到客体行为的影响),探讨了这两种冲突如何影响父母的情绪社会化行为,发现父母双方经历的破坏性冲突与他们自身的非支持性情绪社会化行为呈正相关。同时,建设性冲突则显示出可能降低伴侣非支持性情绪社会化行为的趋势。[④] 该研究结果强调了父母冲突对其情绪相关教养行为的影响,表明了父母子系统中冲突的建设性解决对亲子子系统互动质量重要性。

2. 家庭凝聚力

家庭凝聚力是家庭成员之间的情感纽带[⑤],是衡量家庭成员之间积极互动的一项重要指标,较高的家庭凝聚力通常与个体和家庭的良好功能呈正相关。[⑥] 根据情绪感染理论,他人的情绪能够对个体自身的情绪产生影响。[⑦] 在高凝聚力的家庭中,其他家庭成员所传达的积极情感信息有助于父母在面对育儿挑战时保持积极的情绪状态,减少压力和焦虑,从而更有可能采取积极的情绪社会化策略。

有研究指出,相较于低凝聚力家庭的父母,高凝聚力家庭的父母所表现出

---

① GOEKE–MOREY M C,CUMMINGS E M,PAPP L M. Children and marital conflict resolution:implications for emotional security and adjustment[J]. Journal of family psychology,2007,21(4):744–753.

② MCCOY K P,GEORGE M R W,CUMMINGS E M,et al. Constructive and destructive marital conflict,parenting,and children's school and social adjustment[J]. Social development,2013,22(4):641–662.

③ COLN K L,JORDAN S S,MERCER S H. A unified model exploring parenting practices as mediators of marital conflict and children's adjustment[J]. Child psychiatry & human development,2013,44:419–429.

④ LEE Y E,BROPHY–HERB H E. Dyadic relations between interparental conflict and parental emotion socialization[J]. Journal of family issues,2018,39(13):3564–3585.

⑤ OLSEN J A,KENNY D A. Structural equation modeling with interchangeable dyads[J]. Psychological methods,2006,11(2):127–141.

⑥ BARBER B K,BUEHLER C. Family cohesion and enmeshment:different constructs,different effects[J]. Journal of marriage and the family,1996,58(2):433–441.

⑦ 王潇,李文忠,杜建刚. 情绪感染理论研究述评[J]. 心理科学进展,2010,18(8):1236–1245.

的支持性情绪社会化行为的积极作用更明显。同时,由于文化价值观的特点,高度的家庭凝聚力可能会缓冲中国父母的非支持性情绪社会化行为对青少年情绪适应的消极影响。① 这是因为高凝聚力家庭的青少年更倾向于将父母的非支持性行为视为一种爱意的流露,因此他们更有可能认可父母的非支持性行为。② 从这个角度上看,高度的家庭凝聚力是父母情绪社会化行为的一个重要保护因子。

相反,在家庭凝聚力较弱的家庭当中,父母情绪社会化行为的积极影响会减弱,而消极影响会加重。有研究指出,低凝聚力家庭的青少年认为,父母的支持性行为对他们而言是不必要的甚至是侵入性的。在家庭凝聚力较低的情况下,他们并不相信父母的情绪教导会带来积极影响。③ 因此,较弱的家庭凝聚力会成为父母情绪社会化行为的一个风险因子。

综上,家庭凝聚力的增强对于父母的情绪社会化实践有着积极的影响,它可以帮助父母更好地理解和响应儿童的情绪需求,促进儿童的情绪社会化,提高儿童的社会适应能力。

2.5.2 父母因素

根据 Eisenberg 等人的情绪社会化探索模型,父母自身的特征会影响父母情绪社会化行为。梳理相关研究可以发现,父母的情绪理念、情绪障碍、情绪调节等特征也是影响父母情绪社会化行为的重要因素。接下来将结合理论和实证研究阐述这些特征对父母情绪社会化行为的影响。

1. 父母情绪理念

Gottman 等人认为,父母的元情绪理念(parental meta-emotion philosophy)

---

① HU J, ZHOU T, HUANG Z. Parental emotion socialization, emotion regulation and depressive symptoms in Chinese adolescence: the role of family cohesion[J]. The journal of early adolescence, 2024, 44(3): 281-305.

② HAWK S T, HALE III W W, RAAIJMAKERS Q A W, et al. Adolescents' perceptions of privacy invasion in reaction to parental solicitation and control[J]. The Journal of early adolescence, 2008, 28(4): 583-608.

③ HAWK S T, HALE III W W, RAAIJMAKERS Q A W, et al. Adolescents' perceptions of privacy invasion in reaction to parental solicitation and control[J]. The journal of early adolescence, 2008, 28(4): 583-608.

能够通过影响父母的教养方式,进而作用于儿童情绪发展的结果。[①] 父母的元情绪理念是指父母对待子女情绪的态度和想法以及处理自身与子女情绪的方法。根据父母的元情绪理念,可将父母分为情绪教导型、情绪摒弃型和情绪紊乱型。情绪教导型的父母能够意识到孩子的消极情绪,并肯定这种情绪的价值。他们倾向于与孩子一起讨论应对消极情绪的策略,帮助孩子解决情绪问题。情绪摒弃型的父母认为孩子的消极情绪是有害的,往往采用忽视或否认的方式应对孩子的消极情绪。而情绪紊乱型的父母则难以调节自身的消极情绪,更无法对孩子进行情绪指导,还会营造混乱的情绪环境。

许多实证研究证实了父母元情绪理念对父母情绪社会化行为的影响。例如,梁宗保等人采用追踪研究考察了父母元情绪理念、情绪反应与儿童社会适应的关系。他们发现母亲的情绪教导与鼓励表达、情感关注及问题关注呈正相关,与苦恼呈负相关;母亲的情绪摒除与惩罚呈正相关,与情感关注呈负相关。父亲的情绪教导与情感关注及问题关注均呈正相关,与苦恼和惩罚均呈负相关;父亲的情绪摒除与惩罚呈正相关。[②] 另一项考察父母元情绪理念、情绪表达与儿童社会能力关系的研究也得出了相似的结论,即父母的情绪教导与积极情绪的表达呈正相关,父亲的情绪紊乱与消极的情绪表达呈负相关。[③] 由此可以发现,情绪教导型父母更易表现出支持性的情绪社会化行为,而情绪摒除型父母倾向于表现出非支持性的情绪社会化行为。

值得注意的是,父母的情绪社会化行为并非一成不变的,父母的情绪相关信念影响着他们在亲子互动中的情绪社会化行为的动态变化。Li D 和 Li X 在中国东部家庭中选取了 85 名儿童及其父亲作为研究对象,考察了父亲情绪相关信念、父亲对子女情绪调节能力的感知与父亲情绪表达随时间变化的关系。[④]

---

① GOTTMAN J M, KATZ L F, HOOVEN C. Parental meta-emotion philosophy and the emotional life of families: theoretical models and preliminary data[J]. Journal of family psychology, 1996, 10(3): 243-268.

② 梁宗保,严嘉新,张光珍.父母元情绪理念与儿童社会适应:父母情绪反应的中介作用[J].心理科学,2020,43(3):608-614.

③ 梁宗保,张光珍,陈会昌,等.父母元情绪理念、情绪表达与儿童社会能力的关系[J].心理学报,2012,44(2):199-210.

④ LI D, LI X. Within-and between-individual variation in fathers' emotional expressivity in Chinese families: contributions of children's emotional expressivity and fathers' emotion-related beliefs and perceptions[J]. Social development, 2019, 28(4): 960-978.

结果显示,在以问题解决为任务的亲子互动中,父亲所持有的负面情绪会给孩子带来危险的信念能够预测亲子互动开始时父亲较少的积极情绪表达,而父亲对孩子情绪调节能力的感知可以预测父亲在互动开始时和整个互动过程中的情绪表达。该研究支持了父母情绪社会化的动态理论,强调了父亲的情绪相关信念与其在父子互动中情绪表达的波动之间的关系。

总而言之,父母的情绪理念会影响父母的情绪社会化行为,而父母的情绪理念是动态变化的。因此,可以通过干预或改变父母情绪理念的方式,利用积极的思想观念指导和改善父母的情绪社会化行为。

2. 父母情绪障碍

父母的精神病理症状与他们对儿童负面情绪的反应有关,特别是会对非支持性反应产生影响。[①] 精神病理症状是父母情绪障碍的来源,而患有不同情绪障碍(例如广泛性焦虑障碍、双相情感障碍和抑郁症)的父母会表现出不同的情绪社会化行为。

情绪失调模型(emotion dysregulation model, EDM)阐明了广泛性焦虑障碍对父母情绪反应的具体影响。焦虑的父母对情绪的理解能力较差,更容易感知到情绪的威胁性,这可能会影响他们对孩子的消极情绪的反应。[②] Kiel 等人考察了母亲焦虑、幼儿气质与非支持性情绪社会化反应的关系。结果显示,母亲的焦虑预测了她们的苦恼反应和惩罚反应,而母亲的焦虑和学步期儿童的恐惧失调共同预测了母亲的最小化反应。[③] 可见,母亲的焦虑症状会预测其非支持性的情绪社会化行为。此外,父母的双相情感障碍和抑郁症状也会影响他们的情绪社会化行为。例如,Labella 等人调查了母亲患有双相情感障碍、抑郁症的成年子女的情绪社会化回忆,考察了母亲情绪问题与她们情绪社会化的两个不同方面(即母亲情绪示范和情绪反应)之间的纵向联系。结果表明,母亲双相情感障碍与她们对子女消极情绪更多的忽视、惩罚和最小化反应有关,母亲重度

[①] BREAUX R P, HARVEY E A, LUGO – CANDELAS C I. The role of parent psychopathology in emotion socialization[J]. Journal of abnormal child psychology, 2016, 44: 731 – 743.

[②] ARELLANO B, GRAMSZLO C, WOODRUFF – BORDEN J. Parental reactions to children's negative affect: the moderating role of parental GAD[J]. Journal of anxiety disorders, 2018, 53: 22 – 29.

[③] KIEL E J, PRICE N N, BUSS K A. Maternal anxiety and toddler inhibited temperament predict maternal socialization of worry[J]. Social development, 2021, 30(1): 258 – 273.

抑郁症也与更多的最小化反应有关。而同时患有重度抑郁症和双相障碍的母亲在面对孩子的愤怒和悲伤时很难保持镇定,这也使她们更容易受到消极情绪的传染。①

因此,父母在帮助子女进行情绪社会化的过程中,需要注意自身是否存在情绪障碍。存在严重情绪障碍的父母要积极接受治疗,以避免对子女的情绪发展产生不利影响。

3. 父母的情绪调节

情绪调节是指个体对情绪状态、情绪的发生、情绪体验和表达施加影响的过程。② 适应性的情绪调节发展往往意味着个体能够根据特定的情境需要,灵活使用恰当的情绪调节策略③,而父母的情绪调节能力的核心在于其能够有效地感知和理解自己和子女的情绪。在父母情绪社会化领域中,大多数关注父母情绪调节能力和父母情绪社会化行为之间关系的研究均使用了 Gross 所提出的情绪调节过程模型。该模型将情绪调节过程分为五个不同的阶段,包括情境选择、情境修正、注意分配、认知改变和反应调整,认为情绪调节过程对父母情绪社会化行为的发展具有直接影响。④

研究发现,父母的情绪失调与其对子女消极情绪的支持性反应呈负相关,与非支持性反应呈正相关⑤,情绪调节困难程度较高的父母更有可能从事以敌

---

① LABELLA M H, RUIZ S K, HARRIS S J, et al. Emotion socialization in mothers with mood disorders: affective modeling and recollected responses to childhood emotion[J]. Development and psychopathology, 2021, 33(4): 1156 – 1169.

② GROSS J J. Emotion regulation in adulthood: timing is everything[J]. Current directions in psychological science, 2001, 10(6): 214 – 219.

③ 邓欣媚,王瑞安,桑标. 情绪调节的发展及其与情绪体验、情绪能力、情绪调节态度的关系[J]. 心理科学, 2011, 34(6): 1345 – 1352.

④ GRATZ K L, ROEMER L. Multidimensional assessment of emotion regulation and dysregulation: development, factor structure, and initial validation of the difficulties in emotion regulation scale[J]. Journal of psychopathology and behavioral assessment, 2004, 26(1): 41 – 54.

⑤ HAN Z R, QIAN J, GAO M, et al. Emotion socialization mechanisms linking Chinese fathers', mothers', and children's emotion regulation: a moderated mediation model[J]. Journal of child and family studies, 2015, 24(12): 3570 – 3579.

第 2 章 父母情绪社会化行为研究现状

意和拒绝为特征的育儿实践[1]。也有研究者分别调查了父亲和母亲的情绪调节能力对其情绪社会化行为的影响,结果显示,母亲的抑郁症状会干扰其进行情绪调节,导致她们无法满足自身的情绪需求,进而对儿童的情绪表达淡漠甚至忽视,最终表现出消极的情绪社会化行为[2]。然而,情绪失调的情况不仅会出现在母亲身上,父亲也可能会有同样的表现。有研究指出,情绪失调的父亲更有可能表现出消极的养育行为(例如敌意),并且父亲的情绪失调也可能会通过父亲的情绪社会化行为对儿童发挥作用[3]。

此外,父母的情绪调节策略同样也对父母情绪社会化行为的发生与发展具有重要的影响。情绪调节策略是指父母在情绪交流的过程中,为了达到情绪调节的目的而有计划地使用的各种方法和技巧。情绪调节策略一般被概念化为两大类:第一类是认知重评,即认知改变,包括改变对情绪事件的理解和认识;第二类是表达抑制,即反应调整,包括抑制将要发生或正在发生的情绪表达行为。[4] 已有研究发现,更频繁地使用认知重评的母亲更有可能表现出支持性的情绪社会化行为[5][6],但表达抑制是否与父母的非支持性行为具有显著关联,现

---

[1] BUCKHOLDT K E, PARRA G R, JOBE-SHIELDS L. Intergenerational transmission of emotion dysregulation through parental invalidation of emotions: implications for adolescent internalizing and externalizing behaviors[J]. Journal of child and family studies, 2014, 23(2): 324-332.

[2] SEDDON J A, ABDEL-BAKI R, FEIGE S, et al. The cascade effect of parent dysfunction: an emotion socialization transmission framework[J]. Frontiers in psychology, 2020, 11: 579519.

[3] WILSON S, DURBIN C E. Effects of paternal depression on fathers' parenting behaviors: a meta-analytic review[J]. Clinical psychology review, 2010, 30(2): 167-180.

[4] GROSS J J. Emotion regulation: affective, cognitive, and social consequences[J]. Psychophysiology, 2002, 39(3): 281-291.

[5] HUGHES E K, GULLONE E. Parent emotion socialization practices and their associations with personality and emotion regulation[J]. Personality and individual differences, 2010, 49(7): 694-699.

[6] MEYER S, RAIKES H A, VIRMANI E A, et al. Parent emotion representations and the socialization of emotion regulation in the family[J]. International journal of behavioral development, 2014, 38(2): 164-173.

有研究结果并不一致。①② 因此,父母的情绪调节策略究竟如何影响其情绪社会化行为,仍需要后续研究的进一步探讨。

总的来说,父母的情绪调节对其情绪社会化行为有着深远的影响。因此,提升父母的情绪调节能力不仅可以帮助他们更好地管理自己的情绪,也可以推动他们更积极、有效地参与到对子女的情绪教育中。在面对孩子的情绪表达时,父母应当选择恰当的情绪调节策略,使自身保持良好的情绪状态,从而能够觉察和接纳子女的情绪,并以支持性的方式回应孩子的情绪。

2.5.3 儿童因素

儿童的个性特征和情绪表现深刻影响着父母的日常行为模式与情绪波动③,进而对父母的情绪社会化行为产生影响。因此,儿童也是影响父母情绪社会化行为的重要因素。

1. 儿童的个性特征

儿童的个性特征包括性格特点、兴趣爱好、情绪反应、学习方式、社交技巧等方面。越来越多的证据表明,父母的情绪社会化行为可能会受到儿童个性特征的影响。Kaul 等人研究了儿童的气质与父母情绪社会化行为之间的关系,研究结果表明,儿童的气质特征与父母的情绪社会化行为具有显著关联。④ 具体来说,对于任务坚持性较低的儿童,他们往往更容易因缺乏专注而受到父母的惩罚反应。同样,活动性强的儿童也可能引起父母的非支持性反应,因为他们的行为可能被视为注意力不集中或不受欢迎。相反,当儿童对任务的坚持性较

---

① MEYER S, RAIKES H A, VIRMANI E A, et al. Parent emotion representations and the socialization of emotion regulation in the family[J]. International journal of behavioral development, 2014, 38(2):164-173.

② CABECINHA-ALATI S, MALIKIN H, MONTREUIL T C. Emotion regulation and personality as predictors of mothers' emotion socialization practices[J]. Family relations, 2020, 69(5): 1055-1072.

③ DAVIDOV M, KNAFO-NOAM A, SERBIN L A, et al. The influential child: how children affect their environment and influence their own risk and resilience[J]. Development and psychopathology, 2015, 27(4):947-951.

④ KAUL K, KONANTAMBIGI R, ANANT S. Child temperament and emotion socialization by parents and its influence on emotion regulation by children[J]. Journal of Indian association for child and adolescent mental health, 2019, 15(2):13-33.

高时,父母会倾向于对其采取支持性的反应方式,为孩子提供情感上的支持。由此可见,儿童的气质是影响父母情绪社会化行为的重要因素。

冷酷无情也是儿童个性特征的一种体现,表现为儿童对他人的感受缺乏关心、对错误行为缺乏内疚感等。这种特征不仅影响了儿童自身的情绪发展,还可能对父母的情绪社会化行为产生深远影响。Pasalich 等人探讨了儿童的冷酷无情特征和父母情绪社会化行为之间的关系,发现对于冷酷无情特征较为明显的儿童,他们的母亲更倾向于采取非支持性的反应方式。[1]

青少年不愿意表达情绪是指青少年在面对负面情绪时倾向于抑制情绪或避免表达情绪,这种行为可能会影响父母对其负面情绪的反应。McNeil 和 Zeman 探讨了青少年不愿意表达情绪与父母情绪社会化行为之间的关系,发现对于不愿意表达情绪的青少年,他们的父母在面对孩子负面情绪时更倾向于采取忽视等非支持性的反应方式。[2] 这一结果强调了子女情绪表达意愿对父母情绪社会化行为的重要影响。当青少年不愿意表达自己的负面情绪时,父母可能会因为无法准确理解孩子的感受而采取不当的应对方式,如忽视或否定孩子的情绪,从而进一步加剧青少年的情绪问题。

2. 儿童的社会情绪功能

父母的情绪社会化行为不仅会受到儿童个性特征的影响,也会受到其社会情绪功能的影响。情绪调节能力是儿童社会情绪功能发展的一个重要方面,它能够使儿童恰当地管理自己的情绪,有效应对生活中的各种挑战。有研究探讨了儿童的情绪调节能力与父母情绪社会化行为之间的关系。结果表明,对于情绪调节能力较弱的儿童,他们的父母在面对子女的消极情绪时更可能采取非支持性的反应方式;而对于情绪调节能力较强的儿童,父母则更倾向于采取支持性的反应方式。[3] 此外,儿童的焦虑、抑郁等情绪症状也会影响父母的情绪社会化行为。Hastings 等人探讨了 2~5 岁儿童的焦虑特质对父母的情绪社会化行

---

[1] PASALICH D S, WASCHBUSCH D A, DADDS M R, et al. Emotion socialization style in parents of children with callous – unemotional traits[J]. Child psychiatry & human development, 2014, 45(2):229 – 242.

[2] MCNEIL D, ZEMAN J. Adolescents' reluctance to express emotions: relations to parent emotion socialization[J]. Journal of child and family studies, 2021, 30(1):107 – 120.

[3] SOYDAN S B, AKALIN N. Emotional regulation and aggression in children: the regulatory role of Turkish mothers' emotion socialization reactions[J]. Family relations, 2023, 72(4):1709 – 1724.

为的影响,发现焦虑的儿童更容易引发父母的担忧情绪,进而导致父母在应对孩子负面情绪时采取更多的惩罚反应。[1] 与儿童期相比,青春期是个体情绪和认知变化的关键时期,同时也是抑郁风险急剧上升的时期。[2] 有研究者探讨了青少年抑郁症状与父母情绪社会化行为之间的双向关系,发现随着青少年抑郁症状的增加,父母可能会对他们的消极情绪采取更少的支持性反应,表现出更多的非支持性的反应,这可能会进一步加剧青少年的抑郁症状。[3] Jones 等人也检验了青少年内化症状与父母对青少年消极情绪的反应之间的双向关系。研究结果表明,对于内化症状得分在第一次评估时处于较高水平的青少年,他们的父母在随后的评估中会表现出更多的惩罚反应,对孩子的情绪困扰提供更少的支持。[4]

综上可知,儿童的个性特征和社会情绪功能会对父母的情绪社会化行为产生作用。因此,研究父母情绪社会化行为的影响因素时也需要将儿童因素纳入考虑。

---

[1] HASTINGS P D, GRADY J S, BARRIEAU L E. Children's anxious characteristics predict how their parents socialize emotions[J]. Journal of abnormal child psychology, 2019, 47(7): 1225–1238.

[2] HANKIN B L, YOUNG J F, ABELA J R Z, et al. Depression from childhood into late adolescence: influence of gender, development, genetic susceptibility, and peer stress[J]. Journal of abnormal psychology, 2015, 124(4): 803–816.

[3] NELIS S, BASTIN M, RAES F, et al. How do my parents react when I feel happy? Longitudinal associations with adolescent depressive symptoms, anhedonia, and positive affect regulation [J]. Social development, 2019, 28(2): 255–273.

[4] JONES J D, FRALEY R C, STERN J A, et al. Developmental trajectories of adolescent internalizing symptoms and parental responses to distress[J]. Development and psychopathology, 2024: 1–12.

第3章

中国文化下的青少年父母情绪社会化行为研究

上一章对父母情绪社会化行为的实证研究进行了介绍。可以发现,父母情绪社会化行为对子女情绪发展的众多方面都具有直接或间接的影响。尽管这些研究已经得出了许多有价值的结论,但是大多数研究都是在西方文化背景下开展的,中国父母情绪社会化行为的研究尚不丰富。与西方文化相比,东方文化更强调集体主义和社会根植性,这种文化价值观被认为能够促进情绪抑制或控制,从而有利于维持集体和谐。[1][2] 一些研究结果表明,成年中国人或美籍华人确实在自我报告的情绪体验上得分更低[3],父母积极情绪表达更少[4],在言语表达方面更为克制[5]。也有研究者指出,父母有关如何抚养子女以及如何帮助

---

[1] MARKUS H R, KITAYAMA S. Culture and the self: implications for cognition, emotion, and motivation[J]. Psychological review, 1991, 98(2): 224-253.

[2] MATSUMOTO D, YOO S H, FONTAINE J. Mapping expressive differences around the world: the relationship between emotional display rules and individualism versus collectivism[J]. Journal of cross-cultural psychology, 2008, 39(1): 55-74.

[3] SOTO J A, LEVENSON R W, EBLING R. Cultures of moderation and expression: emotional experience, behavior, and physiology in Chinese Americans and Mexican Americans[J]. Emotion, 2005, 5(2): 154-165.

[4] CAMRAS L, KOLMODIN K, CHEN Y. Mothers' self-reported emotional expression in Mainland Chinese, Chinese American and European American families[J]. International journal of behavioral development, 2008, 32(5): 459-463.

[5] ANOLLI L, WANG L, MANTOVANI F, et al. The voice of emotion in Chinese and Italian young adults[J]. Journal of cross-cultural psychology, 2008, 39(5): 565-598.

子女情绪社会化的信念都受到文化的影响。① 因此,有必要进一步在东方文化背景下开展研究,把握中国父母情绪社会化行为的一般特点。此外,以往有关父母情绪社会化的研究大多集中于学前儿童和小学儿童,针对青少年的研究则相对较少。从毕生发展的视角出发,社会化是持续终生的过程,儿童期并非情绪社会化的终点。在青少年阶段,个体的情绪将得到进一步的发展,家庭在其中的作用也不容忽视。青春期常被比喻为疾风骤雨般的时期,随着支配情绪的神经系统的成熟,个体的情绪功能将发生重大变化。同时,进入青春期后,子女与父母发生冲突的频率越来越高②,加之学业压力、人际压力的增多,青少年的情绪开始变得冲动、不稳定,且可能体验到更多的消极情绪。与学前期和儿童期相比,能够诱发青少年消极情绪的情境也发生了很大改变。伴随着青春期的这些变化,父母的情绪社会化理念和行为与学前期和儿童期相比也可能有所不同。因此,我们将特别关注进入青春期的中学生父母情绪社会化行为。

本章共包括七部分内容。一是了解中国青少年父母的情绪社会化行为涉及哪些方面,并编制和修订相应的问卷,对其信度和效度进行验证,为后续研究提供工具。二是利用所编制的问卷对中国青少年父母情绪社会化行为进行调查,分析不同群体父母情绪社会化行为的特点。三是采用个体中心法,尝试根据父母在情绪社会化行为不同方面上的表现对其进行分类,并描绘不同类型父母情绪社会化行为的特点。四是以青少年的情绪调节为指标,考察父母情绪社会化行为各维度对青少年情绪调节的作用及机制。五是在家庭系统理论的指导下,考察父亲和母亲情绪社会化行为对青少年情绪调节的交互作用。六是以家庭因素和青少年个体因素为例,对父母情绪社会化行为的影响因素进行初步探讨。最后,我们对已经开展的研究工作中存在的不足之处进行了反思,并指出了未来研究的方向。

3.1 青少年父母情绪社会化行为问卷的编制

上一章已经对父母情绪社会化行为的测量工具进行了介绍,目前比较成熟

---

① DIBIASE R, GUNNOE J. Gender and culture differences in touching behavior[J]. The journal of social psychology, 2004, 144(1):49 - 62.

② STEINBERG L, MORRIS A S. Adolescent development[J]. Annual review of psychology, 2001, 52(1):83 - 110.

第3章 中国文化下的青少年父母情绪社会化行为研究

的测量工具主要包括儿童消极情绪应对量表（CCNES）和儿童期情绪量表（EAC）。其中，CCNES 考察的父母情绪社会化行为更丰富、针对不同年龄段（学步儿童、儿童、青少年）和不同报告人（家长、子女、教师）开发或修订的版本更多样，因而应用范围更为广泛。不过，CCNES 是在西方文化背景下编制的，其在中国文化中的适用性尚未得到充分检验。作为一个以情境为基础的量表，CCNES 青少年版本中呈现的部分情境在中国青少年的生活中并不具有典型性（例如，"当我对必须面对的社交场合（如约会或聚会）感到紧张时"）。此外，一些研究者使用 CCNES 对中国、新加坡、印度等国的父母进行了考察[1][2]，结果发现 CCNES 在东亚文化中的因子结构与 Fabes 等人[3]在西方家庭中得到的因子结构有所不同。考虑到情绪的文化差异，直接对 CCNES 进行翻译并应用于中国家庭可能并不合适。因此，有必要编制适用于中国青少年家庭的父母情绪社会化行为测量工具，探索其因子结构并检验其信效度，从而为我国青少年父母情绪社会化行为实证研究的开展奠定基础。

参考 Eisenberg 等人[4]对父母情绪社会化的定义以及 Darling 和 Steinberg[5]对于一般教养行为的定义，本研究将父母情绪社会化行为定义为父母在培养子女社会情绪能力的过程中所实际表现的行动和做法，也即父母对子女情绪的回应。考虑到在青少年阶段，绝大多数中学生已经习得了积极情绪的表达规则，很少出现不合时宜的积极情绪表达，家长对子女积极情绪进行塑造和指导的机会较为有限，因此本研究不关注父母对青少年积极情绪的回应，而主要考察家长在应对青少年消极情绪时的行为表现。张文娟通过一项质性

---

[1] RAVAL V V, LI X, DEO N, et al. Reports of maternal socialization goals, emotion socialization behaviors, and child functioning in China and India[J]. Journal of family psychology, 2018, 32(1): 81 – 91.

[2] YEO G H, CHEAH C S L, SIM T N. A tale of two countries: Singaporean and Chinese parents' emotion socialization during childhood and the relation to adolescents' emotion regulation[J]. International journal of psychology, 2020, 55(2): 163 – 172.

[3] FABES R A, POULIN R E, EISENBERG N, et al. The Coping with Children's Negative Emotions Scale (CCNES): psychometric properties and relations with children's emotional competence[J]. Marriage & family review, 2002, 34(3 – 4): 285 – 310.

[4] EISENBERG N, CUMBERLAND A, SPINRAD T L. Parental socialization of emotion[J]. Psychological inquiry, 1998, 9(4): 241 – 273.

[5] DARLING N, STEINBERG L. Parenting style as context: an integrative model[J]. Psychological bulletin, 1993, 113(3): 487 – 496.

研究得出了中国青少年父母情绪指导行为的要素,包括鼓励表达、开放性情感对话、建设性意见、理性开导、忽视、责罚和消极抵抗,这些要素基本包含了父母情绪社会化模型中提及的情绪社会化行为。[①] 本研究将参考这一质性研究结果,同时借鉴以往开发的涉及父母情绪社会化行为的测量工具,结合对不同情绪能力水平中学生的访谈和开放式问卷调查,提取出中国父母在青少年情绪教养行为方面的关键因素,编制和修订适用于中国文化的青少年父母情绪社会化行为问卷。

本研究主要共包括两部分的内容:第一部分为中国青少年父母情绪社会化行为问卷的初步编制,通过对父母情绪社会化行为的质性分析与编码,总结父母情绪社会化行为的要素,并结合收集的典型情绪情境,编写青少年父母情绪社会化行为问卷的题目和选项,形成预试问卷;第二部分是问卷信效度的检验,通过项目分析、探索性因素分析、验证性因素分析和内部一致性信度分析,检验问卷的各项指标是否符合心理测量学标准。

3.1.1 研究目的

(1)通过对情绪调节水平较高和较低的中学生进行访谈,抽取中国青少年父母情绪社会化行为的要素。通过开放式问卷调查,获得能够诱发中学生消极情绪的典型情境。

(2)编制适用于中国中学生的父母情绪社会化行为问卷,并对其信度和效度进行检验。

3.1.2 研究假设

本研究编制的中国青少年父母情绪社会化行为问卷能够反映以往研究中发现的父母情绪社会化行为要素,问卷具有较好的内部一致性信度和结构效度。

---

① 张文娟.青少年情绪调节的发展特点、功能及家庭影响因素研究[D].北京:北京师范大学,2013.

3.1.3 研究方法

1. 被试

(1) 访谈被试

在北京市一所普通中学的初一、初二年级各随机选取3个班级,共231名被试,其中男生116人,女生115人。首先,采用情绪能力同伴提名问卷、开放式情境问卷对被试进行施测。选取被提名频次≥本班人数×0.2的学生,形成候选名单1(根据班主任提供的信息,排除患有孤独症、抑郁症和听障的学生各1人)。其次,请班主任教师对照学生名单填写情绪能力教师提名问卷,列举本班内情绪能力较高、较低的学生各3~5名,形成候选名单2。最后,采用青少年情绪智力任务测验[①],对候选名单1和候选名单2中的89名学生进行测试,并按照测验得分的高低对被试进行排序。通过上述三种方式(同伴提名、教师提名和任务测验),筛选出同时出现在候选名单1和候选名单2的高/低情绪能力组且任务测验得分位于前/后30%的学生,综合考虑年级、性别因素,最终选取情绪能力较高、较低的学生各9名。其中,初一9名,初二9名;男生9名,女生9名。通过半结构化访谈的方式对18名学生进行深度访谈,以获取青少年父母在实施情绪教养方面的行为要素。研究对象基本信息见表3-1。

表3-1 研究对象基本信息

被试编码	性别	年级	高情绪能力同伴提名频率	低情绪能力同伴提名频率	情绪能力测验排名(共89人)	访谈时长
H-01	女	初一	0.55	0	22	44min
H-02	男	初一	0.25	0	19	33min
H-03	女	初一	0.24	0	3	35min
H-04	男	初一	0.29	0.07	2	27min
H-05	女	初二	0.25	0	1	35min
H-06	男	初二	0.25	0.06	24	38min

---

① 张冲.基于能力模型的中学生情绪智力的发展特点及其与社会适应的关系[D].北京:北京师范大学,2013.

续表

被试编码	性别	年级	高情绪能力同伴提名频率	低情绪能力同伴提名频率	情绪能力测验排名(共89人)	访谈时长
H-07	女	初二	0.24	0.12	20	34min
H-08	男	初二	0.31	0.11	18	36min
H-09	女	初二	0.36	0.14	23	38min
L-01	女	初一	0	0.25	64	33min
L-02	男	初一	0	0.40	65	38min
L-03	女	初一	0	0.24	69	44min
L-04	男	初一	0.02	0.42	77	25min
L-05	男	初二	0.03	0.28	62	38min
L-06	女	初二	0	0.41	82	35min
L-07	女	初二	0.03	0.40	73	38min
L-08	男	初二	0.12	0.20	81	40min
L-09	男	初二	0.03	0.64	73	35min

注:提名频率=提名次数/本班人数。

(2)预测被试

选取北京市两所中学的初中学生359名。删除学生问卷作答明显不认真(如问卷大多数题目选择同一答案、Z形作答、缺失题目超过30%)的被试39名,最终获得有效被试320名。其中初一125名,初二195名;男生157名,女生163名。被试年龄在12~16岁之间,平均年龄为13.48岁(标准差为0.65)。

(3)正式被试

选取北京市三所中学的中学生800名。删除问卷作答明显不认真(删除依据同上)的被试57名,最终获得有效被试743名。其中初一199名,初二205名,高一176名,高二163名;男生343名,女生400名。被试年龄在10~19岁之间,平均年龄为14.85岁(标准差为1.60)。

2.研究工具

(1)情绪能力同伴提名问卷

问卷的指导语中呈现了情绪能力的定义和内涵,并分别描述了高、低情绪

第 3 章　中国文化下的青少年父母情绪社会化行为研究

能力者在情绪感知、理解、表达、运用及调节方面的特征。为每位学生提供一份本班学生名单,请学生对照名单,分别列举本班内情绪调节水平较高、较低的学生各 3~5 名。每名学生的被提名频次即为该生在本班内受到的同伴提名总次数。

(2)开放式情境问卷

开放式情境问卷主要用于收集日常生活和学习中能够诱发中学生消极情绪的典型情境,要求学生参考例句,列举自己在校园学习、同伴交往、师生互动、家庭生活等方面体验到消极情绪的事件或情境。

(3)情绪能力教师提名问卷

与同伴提名问卷相似,教师提名问卷的指导语中呈现了情绪能力的定义和内涵,并分别描述了高、低情绪能力者在情绪感知、理解、表达、运用及调节方面的特征。请教师对照学生名单,分别列举本班内情绪调节水平较高、较低的学生各 3~5 名。

(4)青少年情绪能力任务测验

采用张冲编制修订的中国青少年情绪智力测验(Mayer-Salovey-Caruso Emotion Intelligence Test-Chinese Youth Version,MSCEIT-CYV)[1]对中学生的情绪能力进行测量。该问卷包括情绪感知、情绪运用、情绪理解、情绪管理四个维度,每个维度的测验均由两组任务构成。为了减少被试的答题负担,本研究只选取每个维度的第一组任务(任务 A、B、C、D)进行施测。该测验已经被应用于其他以中国青少年为被试的研究[2]中,被证明具有良好的信度和效度。

(5)青少年父母情绪社会化行为访谈提纲

访谈主要询问受访者父母在发现孩子体验到消极情绪时的行为反应,受访学生感受到的家庭氛围,以及受访学生对理想的情绪能力家庭培养环境的看法。此外,本研究也围绕受访者父母在子女情绪教育方面所持的信念、对子女情绪发展过程中家长作用与责任的看法、对子女表达和体验消极情绪的态度等进行了访谈。

---

[1] 张冲.基于能力模型的中学生情绪智力的发展特点及其与社会适应的关系[D].北京:北京师范大学,2013.
[2] ZHANG W,ZOU H,WANG M,et al. The role of the dark triad traits and two constructs of emotional intelligence on loneliness in adolescents[J]. Personality and individual differences,2015,75:74-79.

(6)青少年父母情绪社会化行为预测问卷

根据质性研究结果,借鉴 Fabes 等人编制的儿童消极情绪应对量表(CCNES)[①]的形式,采用情境测验范式,编制青少年父母情绪社会化行为问卷。问卷包括 15 个青少年在日常生活与学习中可能体验到消极情绪的典型情境(如考试成绩不理想引起的悲伤情绪、与同学或好友发生矛盾时产生的生气情绪),每个情境后列出了家长面对子女情绪时常见的 6 种行为反应,包括行为指导(例如"帮我分析这件事情,告诉我如何处理矛盾,如教我学会换位思考")、情感支持(例如"通过一些方法安抚我,如告诉我只是同学间闹脾气而已,别放在心上,使我感觉好些")、鼓励表达(例如"告诉我有情绪就说出来,别在心里憋坏了")、轻视/否定(例如"对我说这事情有那么严重吗,至于你气成这样")、责罚/训诫(例如"斥责我不和同学搞好关系")、情绪烦扰(例如"觉得我处理不好同学关系、控制不好自己的情绪而变得生气")。要求学生针对每个情境,对父亲和母亲做出每一种反应的可能性分别进行评定。采用 5 点计分,从"完全不可能"到"完全可能"记为 1~5 分。按行为反应的维度求平均分,据此判断父亲和母亲表现出每一种行为的可能性程度,得分越高代表家长越有可能表现出相应的行为。

(7)青少年父母情绪社会化行为正式问卷

根据对预试数据的分析,结合专家意见,删除了 5 个情境。此外,对部分剩余情境和项目的表述进行了修改,最终形成包含 10 个情境的青少年父母情绪社会化行为正式问卷。问卷结构与预试问卷相同,包括行为指导、情感支持、鼓励表达、轻视/否定、责罚/训诫、情绪烦扰等六个维度。由学生进行评定,计分方式与预试问卷相同。

3. 研究程序

1) 青少年父母情绪社会化行为的质性分析

(1) 半结构化访谈

半结构化访谈是依据预先设计好的访谈提纲而进行的非正式访谈,其优势在于能够及时有效地获得丰富且全面的资料。本研究采用半结构化访谈的方

[①] FABES R A, POULIN R E, EISENBERG N, et al. The Coping with Children's Negative Emotions Scale (CCNES): psychometric properties and relations with children's emotional competence[J]. Marriage & family review, 2002, 34(3-4): 285-310.

式对18名受访对象进行个体访谈。访谈在由学校提供的办公室或活动室内进行。访谈进行过程中,除访谈主试与受访学生外,其余人员不得进入访谈现场。正式访谈前,访谈者首先向受访学生介绍访谈目的并承诺将对访谈内容进行匿名化处理,在学生知情同意后,访谈者根据事先制定的半结构化访谈提纲展开访谈,并根据受访学生的回答适时、适当地追问,灵活调整问题顺序。获得被试同意后,主试对整个访谈过程进行录音,访谈结束后研究者对访谈内容进行转写,以形成最终的访谈原始文本材料。

(2)访谈资料的整理与编码

对收集到的访谈资料进行及时整理,并逐字转录为文本。采用质性编码的操作程序,运用 Nvivo 12.0 软件对文本资料进行质性分析。在质性分析前,研究者反复阅读所有文本内容,熟悉访谈资料,理解资料内容,随后对访谈获取的文本资料进行开放式登录。开放式登录的目的是根据访谈资料的词频分析界定概念、发现范畴,从而使散碎的资料最大化地产生聚敛效应。该过程中需要将原始访谈资料打乱,在对现象仔细研究的基础上对其进行逐句逐行的概念化命名,并对相似的语句给予同样的命名。然后以新的方式重新将相同或相似的代码进行组合,其目的是从访谈资料中发现概念类属,对类属加以命名以确定类属的属性和维度。[①] 编码时,研究者需要对资料进行逐字逐句的细致登录,直至编码达到饱和。主要包括概念化和范畴化两个步骤。

首先,将访谈资料逐句分解为独立的事件,对每个事件命名,即将访谈资料概念化。本研究共形成30个概念。例如,有受访学生谈到"(家长)不会(让我压抑消极情绪),就是尽量心情不好的时候一定要说出来,然后说出来心情就会好一些",将其编码为"鼓励诉说消极情绪"。又如,有访谈对象提到"我要是不高兴的话,我妈应该就是会开导开导我,鼓励我的那种形式",将其编码为"开导"。

其次,将内涵一致的概念抽象为数目更少的范畴并命名,即将访谈资料进一步范畴化。例如,本研究中将概念"心理控制""批评责备""身体惩罚""严厉教导"归为范畴"责罚/训诫"。最终将30个概念归纳为6个范畴:行为指导、情感支持、鼓励表达、轻视/否定、责罚/训诫、情绪烦扰(开放式编码示例见表3-2)。

---

① 陈向明.质的研究方法与社会科学研究[M].北京:教育科学出版社,2000.

表 3-2 开放式编码表(部分)

部分原始语句	初始概念	类属
当他们吵得特别激烈时我会哭。他们看到后会特别无奈,会停止争吵,但谁也不理谁。(H-08)	无奈、不知所措	情绪烦扰
我妈的情绪控制的不是特别好。受她影响,我的情绪控制也不是特别好,这导致我们经常因为小事闹别扭。(L-06)	情绪失控反应	
之前说过太多(让我难过的事情),我妈很伤心,所以我不想跟她提及,不想让她再哭了,但我每次憋着,这让她觉得我是个冷漠的人。(L-03)	忧伤	
不会因为你某次没考好,就把你胡乱地说一顿;也不会说因为你某次考得特别好,就过于表扬。(H-07)	心理控制	责罚/训诫
平常不能跟妈妈说考砸了,否则回家直接就打屁股。(L-02)	身体惩罚	
她就说你这次没复习,当然考得差了;有时候也会带给我消极情绪,有时候也会责备我。(L-05)	批评责备	
我记得那次我哥要出国,爸妈开玩笑说把我也送出去,我就说:"我才不去呢。"然后我妈有点生气,转过来跟我说:"你又陷入了自己的怪圈。"(L-01)	严厉教导	
……	……	……

2)青少年父母情绪社会化行为问卷的编制

1)预测问卷的编制

项目产生:整理开放式情境问卷调查中收集的容易诱发中学生消极情绪的情境。参考每个情境被提及的频率,通过与青少年情绪研究领域专家的讨论,确定青少年体验消极情绪的 15 个典型情境。

反应选项的产生:根据质性分析结果,并借鉴以往文献资料[①],确定父母情绪社会化行为的六个维度,包括行为指导、情感支持、鼓励表达、轻视/否定、责罚/训诫和情绪烦扰。以半结构化访谈收集的材料为基础,对上一步中确定的每一个典型情境下的每一种家长行为的表述进行润色。

2)正式问卷的编制

对预试数据进行初步的探索性因素分析,发现情感支持和鼓励表达两个维度的题目较难区分。结合鼓励表达和情感支持的概念,对部分反应选项的文字表述进行修改,使题目更符合其对应维度的内涵。同时,为了减轻被试填写的作答负担,结合专家建议,删去了3个存在相似性的情境。考虑到CCNES和EAC都只考察了家长对子女基本情绪(悲伤、焦虑、生气)的应答,因此在正式施测时删去了预试问卷中的2个涉及复杂情绪的情境。

4.数据处理

运用Nvivo 12.0软件对访谈资料进行质性分析。采用SPSS 27.0、Mplus 8.3对数据进行项目分析、探索性因素分析、验证性因素分析、信度分析和效度分析。

3.1.4 结果分析

1.高、低情绪能力青少年父母情绪社会化行为的比较

父母情绪社会化行为是指家长在实施儿童情绪能力教育的过程中表现出的情绪相关教养行为。[②③] 通过对访谈资料的质性分析,本研究发现,当孩子产生消极情绪时,家长可能会出现行为指导、情感支持、鼓励表达、轻视/否定、责罚/训诫、情绪烦扰等六种行为反应。

(1)行为指导

行为指导是指家长通过理性分析和引导的方式,帮助子女解决引起他/她

[①] FABES R A, POULIN R E, EISENBERG N, et al. The Coping with Children's Negative Emotions Scale (CCNES): psychometric properties and relations with children's emotional competence[J]. Marriage & family review, 2002, 34(3-4): 285-310.

[②] EISENBERG N, CUMBERLAND A, SPINRAD T L. Parental socialization of emotion[J]. Psychological inquiry, 1998, 9(4): 241-273.

[③] 梁宗保,张光珍,陈会昌,等.父母元情绪理念、情绪表达与儿童社会能力的关系[J].心理学报, 2012, 44(2): 199-210.

消极情绪的事件或问题的行为。当发现孩子出现消极情绪时,高情绪能力青少年的家长会帮助孩子分析情绪事件的原因,为孩子提供有效的问题解决方案,或教给孩子有效的情绪调节策略(例如改变对诱发消极情绪的事件的认知);低情绪能力青少年的家长虽然也能给予孩子一定的行为指导,但父母双方的指导可能存在冲突,让孩子更加不知所措。

H01:"可能更多的还是给予方法,然后让你自己去调节。他们主要是教我方法怎样自己调控,然后你自己调控就好。"

H04:"比如有一次,我桌子旁边有张纸,卫生委员说那是我扔的,老师也说是我扔的,就说让我捡起来。我很生气,就觉得我为什么要捡不是我扔的垃圾呢。然后我爸爸就会说班级卫生是靠大家一起维护的,所以捡起来扔掉就是维护自己班级的荣誉。"

L04:"我爸是那种比较仁厚的人,然后我在学校肯定会跟同学发生摩擦。然后有的时候也会委屈。回家的苦水,我基本上都倒给他。然后,他都会告诉我:'嗯,这件事……'就会把事情先跟我分析一遍,然后再告诉我该怎么做。但是,有的时候他的做法跟我妈的一些做法是完全冲突的。像是他要我跟同学道歉,然后我妈就觉得有一些事就不需要那么计较。"

(2)情感支持

情感支持着眼于孩子的情绪感受本身,是指家长通过安慰、开导、鼓励或转移子女注意力的方式,帮助孩子恢复良好心情的行为。当孩子感到难过、焦虑或生气时,高情绪能力青少年的家长通常能敏感地觉察到孩子的情绪,并主动安慰孩子,或是带领孩子做一些轻松的事情,使孩子的注意力从消极情绪事件上转移出来;低情绪能力青少年的家长缺乏对孩子情绪的关注,也很少与孩子谈论彼此情绪情感方面的问题,当孩子情绪不好时,他们无法提供及时、有效的情感支持。

H07:"比如我很难过,他们就会安慰我这样。假如我很烦,他们就会跟我说,用其他事,要不然就是把我的注意力稍微往外面吸引一点,要不然就是跟我说你要自己调节呀,说一些轻松的事情。主要还是把我的注意力拉出来。"

H05:"期中考试的时候我就比较焦虑吧,完了之后那天跟我妈妈说特别害怕考试,妈妈就带我下楼走了几圈,完了之后我们俩晚上还喝了点酒,然后就觉得好很多。"

L03:"(在情绪问题上给我的支持)很少,因为很少在一块。就是晚上一块回来,一块睡觉。"

(3)鼓励表达

鼓励表达是指家长鼓励子女谈论和表达消极情绪的行为。高情绪能力青少年的家长更为接纳孩子的消极情绪,他们认为压抑情绪不利于孩子的身心健康,因此会鼓励孩子将不好的情绪说出来,或是与家人一起谈谈这种情绪;低情绪能力青少年的家长则认为消极情绪是有害的,他们抑制甚至禁止孩子表达这种情绪。

H03:"(家长)不会(让我压抑消极情绪),就是尽量心情不好的时候一定要说出来,然后说出来心情就会好一些。"

H08:"并不是说不开心就要表现出来。就比如说,我要是一个老师,我不开心了,他们并不会鼓励我不开心就要把情绪发泄给学生呀,发泄给其他同学,他们是不鼓励这样的。但是,因为他们觉得难过要是压抑了很长时间,对自己也不好,他们会鼓励我适当发泄。"

L03:"有时候她会说不要哭干吗的,因为她是做生意的,觉得哭也不好,但是有时候我真的不想憋在心里,然后我就只能哭出来,但是我妈不让我哭,有的时候我就直接憋心里了。你看我刚开始就一直在忍着,没有掉眼泪,就眼睛有点湿而已,我就是一直在憋着。有的时候会觉得发泄出来好一点,所以有的时候就等我妈睡着了以后躲在被窝里哭,要不然就是自己晚上闭着眼,然后躺那儿再想,然后慢慢哭出来,然后就睡着了。"

(4)轻视/否定

轻视/否定是一种最小化反应,是指家长轻视情绪事件的严重性、否定孩子情绪问题重要性的行为。在本次访谈中,情绪能力水平较高、较低的青少年的家长在面对孩子的情绪问题时都可能出现这种行为反应,主要表现为告诉孩子诱发他/她消极情绪的事情没什么大不了的,不需要小题大做。

H05:(会不会在父亲面前表现出不开心?)"会啊,他就会问我好几遍,我也不想告诉他。他会说这事没什么,这有什么可不开心的。"

L03:"但是有的时候父母也不理解,因为父母觉得我还小,想得太多,没有关系,因为那些事情只是你想想,然后觉得都没关系,有的时候就是不理解。"

(5)责罚/训诫

责罚/训诫是指家长采用惩罚或控制的方式来处理子女消极情绪的行为。高情绪能力青少年的家长不会或很少因为子女的消极情绪而给予批评或惩罚;

低情绪能力青少年的家长则常通过心理控制、言语责骂、身体惩罚的方式来应对子女的消极情绪。

H07:"他们也不会说因为你某次没考好,就把你胡乱地说一顿;他们也不会说因为你某次考得特别好,就过于表扬,从来不会说拿物质来奖励我。"

L05:"比如说这次考试考得不好,她就会说你这次考得太差了,也会有一些消极的情绪。她就说你这次没复习,当然考得差了。有时候会鼓励我,有时候也会带给我消极情绪,有时候也会责备我。"

L02:"我妈,平常不能跟她说考砸了……她在车上什么话都不说,到回家直接就把痒痒挠拿来打屁股,什么话都不说。"

(6)情绪烦扰

情绪烦扰是指家长因孩子的消极情绪导致自身产生消极情绪体验与表达的行为。在面对子女的消极情绪时,高情绪能力青少年的家长能保持理性和冷静,帮助子女处理问题和平复情绪;低情绪能力青少年的家长则不善于控制自己的情绪,他们会因孩子的不良情绪反应而变得烦躁、生气或难过。

L06:"我妈的情绪控制得不是特别好。然后,受她影响,我的情绪控制也不是特别好,我们俩就会经常因为一件小事闹别扭。在小学的时候吧,这情况挺多的。因为小学原来还有听写的作业。然后有的时候我就不耐烦,然后我妈又不会调节情绪。然后啦,我就听写,我妈说完一个,然后我说:'啊,你读快一点。'读快了的时候,我又说:'啊,你读慢一点。'然后我妈就不耐烦了,然后我妈就是说:'你到底是要读快还是读慢?'然后啪地把书拍那儿,然后她就走了。"

L03:"之前说过(让我难过的事情),之前说得太多了,所以我妈也很伤心,所以不想跟她再说了,不想让她再哭了,因为她哭的时候我也想哭,但是每次都会憋着,让她觉得我是个冷漠的人。"

2.自编青少年父母情绪社会化行为问卷的心理测量学指标检验

(1)项目分析

项目分析是检验问卷题项可靠度的一种方法。本研究采用题总相关系数(r)和临界比率值(CR)两个指标,分别对母亲问卷和父亲问卷的60个项目进行分析,来检验问卷题目的可靠度。考虑到本问卷同时包含积极行为与消极行为,因此在进行项目分析时,以每个项目在对应维度上的指标为依据。

由对母亲问卷的分析结果(表3-3)可知,所有项目的题总相关系数都在 0.52~0.87 之间($p < 0.001$)。将被试按各维度总分由高到低排列,取上下各

27%的被试分别作为高分组和低分组,使用 SPSS 比较高低分组被试在每个项目上的差异。结果表明,高分组在所有项目上的得分都显著高于低分组。

表3-3 母亲问卷项目分析结果

题项	r	t	题项	r	t
MR01i	0.70***	24.15***	MR01p	0.60***	22.13***
MR02i	0.66***	22.66***	MR02p	0.67***	25.35***
MR03i	0.76***	26.49***	MR03p	0.57***	15.71***
MR04i	0.77***	24.87***	MR04p	0.69***	15.85***
MR05i	0.80***	28.58***	MR05p	0.72***	18.70***
MR06i	0.75***	26.75***	MR06p	0.76***	20.76***
MR07i	0.78***	26.25***	MR07p	0.69***	17.40***
MR08i	0.77***	28.59***	MR08p	0.72***	24.10***
MR09i	0.79***	28.76***	MR09p	0.71***	15.45***
MR10i	0.77***	27.76***	MR10p	0.68***	15.80***
MR01c	0.75***	27.80***	MR01d	0.66***	26.70***
MR02c	0.72***	21.43***	MR02d	0.74***	29.83***
MR03c	0.71***	24.00***	MR03d	0.71***	16.64***
MR04c	0.75***	24.86***	MR04d	0.71***	15.35***
MR05c	0.77***	27.34***	MR05d	0.71***	25.16***
MR06c	0.71***	23.56***	MR06d	0.72***	18.44***
MR07c	0.73***	21.25***	MR07d	0.71***	16.48***
MR08c	0.74***	27.05***	MR08d	0.74***	21.24***
MR09c	0.78***	28.66***	MR09d	0.73***	16.59***
MR10c	0.76***	26.83***	MR10d	0.72***	16.06***
MR01e	0.75***	28.50***	MR01m	0.52***	15.29***
MR02e	0.78***	31.80***	MR02m	0.61***	17.87***
MR03e	0.77***	28.00***	MR03m	0.69***	26.28***

续表

题项	r	t	题项	r	t
MR04e	0.81***	37.81***	MR04m	0.77***	28.79***
MR05e	0.84***	40.60***	MR05m	0.72***	20.75***
MR06e	0.83***	39.44***	MR06m	0.79***	27.81***
MR07e	0.87***	47.43***	MR07m	0.75***	26.24***
MR08e	0.80***	32.54***	MR08m	0.76***	24.39***
MR09e	0.85***	39.22***	MR09m	0.78***	29.64***
MR10e	0.82***	35.02***	MR10m	0.71***	23.79***

注：r 表示题总相关系数；t 表示高低分组在每个题项上的差异情况。i 代表行为指导，c 代表情感支持，e 代表鼓励表达，p 代表责罚/训诫，d 代表情绪烦扰，m 代表轻视/否定。英文字母前的数字代表情境的序号。$p < 0.001$（下同）。

由对父亲问卷的分析结果（表3-4）可知，所有项目的题总相关系数都在 0.55~0.86 之间（$p < 0.001$）。将被试按各维度总分由高到低排列，取上下各 27% 的被试分别作为高分组和低分组，比较两组被试在每个项目上的差异。结果表明，高分组在所有项目上的得分都显著高于低分组。

表3-4 父亲问卷项目分析结果

题项	r	t	题项	r	t
FR01i	0.73***	27.11***	FR01p	0.61***	26.74***
FR02i	0.68***	21.94***	FR02p	0.68***	25.63***
FR03i	0.78***	30.53***	FR03p	0.57***	14.92***
FR04i	0.79***	31.38***	FR04p	0.72***	16.36***
FR05i	0.83***	32.27***	FR05p	0.75***	20.73***
FR06i	0.76***	28.83***	FR06p	0.75***	18.91***
FR07i	0.82***	34.42***	FR07p	0.66***	16.46***
FR08i	0.79***	31.60***	FR08p	0.74***	24.11***
FR09i	0.84***	35.57***	FR09p	0.73***	14.24***

续表

题项	r	t	题项	r	t
FR10i	0.80***	29.24***	FR10p	0.71***	17.09***
FR01c	0.76***	28.46***	FR01d	0.69***	24.72***
FR02c	0.74***	23.50***	FR02d	0.73***	27.77***
FR03c	0.73***	24.57***	FR03d	0.72***	17.55***
FR04c	0.78***	29.72***	FR04d	0.75***	16.11***
FR05c	0.76***	26.53***	FR05d	0.74***	24.37***
FR06c	0.75***	24.69***	FR06d	0.73***	19.14***
FR07c	0.77***	24.39***	FR07d	0.75***	17.36***
FR08c	0.76***	28.84***	FR08d	0.76***	20.83***
FR09c	0.82***	33.02***	FR09d	0.70***	16.97***
FR10c	0.77***	27.69***	FR10d	0.74***	16.66***
FR01e	0.74***	28.21***	FR01m	0.55***	16.21***
FR02e	0.78***	29.39***	FR02m	0.60***	19.30***
FR03e	0.79***	29.75***	FR03m	0.68***	25.33***
FR04e	0.83***	39.07***	FR04m	0.76***	26.98***
FR05e	0.86***	40.68***	FR05m	0.74***	21.50***
FR06e	0.85***	38.36***	FR06m	0.79***	26.17***
FR07e	0.86***	45.45***	FR07m	0.76***	25.92***
FR08e	0.82***	34.25***	FR08m	0.76***	23.43***
FR09e	0.86***	43.18***	FR09m	0.77***	28.17***
FR10e	0.83***	35.99***	FR10m	0.73***	23.18***

（2）探索性因素分析

对母亲数据、父亲数据分别进行随机分半，子样本1用于探索性因素分析，子样本2用于验证性因素分析。

采用母亲问卷样本1（$N=369$）的数据，运用主成分分析法，对问卷的60个项目进行探索性因素分析，做最大斜交旋转。如果依据特征根大于1的标准来提取公因子,则可抽取9个因子。但参考碎石图发现,第3个因子处存在明显的拐点,特征值曲线变得平滑,提示抽取3个因子。考虑到本问卷是基于6因子结构编制而成的,代表积极行为、消极行为的因子各有3个,且因子之间互有关联,因此实际数据支持的模型因子数可能在3~6之间。分别强制提取3、4、5、6个因子,进一步做探索性因素分析。结果发现,当抽取5或6个因子时,前4个因子是相对比较清晰的(只有个别项目上存在交叉载荷),而最后1或2个因子包含的题目量只有3~6个,且往往存在交叉载荷,也不易解释。当提取的因子数为3或4时,因素结构是非常清晰的。在3因子模型中,行为指导、情感支持、鼓励表达三个维度的30个项目聚集为因子1,责罚/训诫、情绪烦扰两个维度的20个项目聚集为因子2,轻视/否定维度的10个项目聚集为因子3。除情感支持维度的一个项目在因子1(0.55)和因子2(−0.39)上有双负载之外,其余59个项目的测量学指标均良好。在4因子模型中,行为指导、情感支持两个维度的20个项目聚集为因子1,责罚/训诫、情绪烦扰两个维度的20个项目聚集为因子2,轻视/否定维度的10个项目聚集为因子3,鼓励表达维度的10个项目聚集为因子4。除情感支持维度的一个项目在因子1(0.36)和因子2(−0.37)上有双负载、另一个项目在因子1(0.33)和因子4(−0.37)上有双负载之外,其余58个项目的测量学指标均良好。

由于本问卷是情境问卷,每个情境下均包括6个分别代表家长6种行为反应的题目,删去某个情境下的个别题目会影响问卷结构的整齐性,而若直接删掉问题项目所在情境下的全部题目又会造成较多指标良好项目的损失。因此,暂时保留母亲问卷的全部60个项目,在下一步的验证性因素分析中再做检验。在3因子模型中,各项目的因子载荷在0.46~0.77之间,3个因子的累计变异解释率为49.71%,3个因子分别被命名为鼓励/支持(30题)、惩罚/控制(20题)、轻视/否定(10题)。在4因子模型中,各项目的因子载荷在0.33~0.82之间,4个因子的累计变异解释率为53.21%,4个因子分别被命名为卷入/支持(20题)、惩罚/控制(20题)、轻视/否定(10题)、鼓励表达(10题)。

采用父亲问卷样本1($N=368$)的数据,运用主成分分析法,对问卷的60个项目进行探索性因素分析,做最大斜交旋转。如果依据特征根大于1的标准来提取公因子,则可抽取8个因子。但参考碎石图发现,第3个因子处存在明显的拐点,特征值曲线变得平滑,提示抽取3个因子。与母亲问卷的分析思路相同,接下来分别强制提取3、4、5、6个因子,进一步做探索性因素分析。分析结

第3章 中国文化下的青少年父母情绪社会化行为研究

果也与母亲问卷相似,当抽取5或6个因子时,前4个因子是相对比较清晰的(只有个别项目上存在交叉载荷),而最后1或2个因子包含的题目量只有1~5个,且部分项目存在交叉载荷,因子不易解释。当提取的因子数为3或4时,因素结构是非常清晰的,且与母亲问卷的结构完全相同。除鼓励表达维度的一个项目同时在两个因子上有较高载荷外(但交叉载荷之差大于0.2),其余59个项目的测量学指标均良好。综合考虑项目指标与问卷结构,暂时保留全部60个项目,在下一步的验证性因素分析中再做检验。在3因子模型中,各项目的因子载荷在0.54~0.79之间,3个因子的累计变异解释率为51.86%,因子命名同母亲问卷;在4因子模型中,各项目的因子载荷在0.41~0.88之间,4个因子的累计变异解释率为55.29%,因子命名同母亲问卷。

(3)验证性因素分析

采用Mplus 8.3分别对母亲问卷样本2($N=372$)、父亲问卷样本2($N=363$)的数据进行验证性因素分析,以验证不同因子模型的合理性。本研究采用χ^2/df、CFI、TLI、RMSEA和SRMR等指标评估模型的拟合情况。除了探索性因素分析中得到的3因子和4因子模型外,本研究也对问卷编制时采用的6因子模型进行了验证,3个模型的拟合指数见表3-5。可以看到,无论对于母亲问卷还是父亲问卷,4因子、6因子模型的各拟合指数都可以接受。但3因子模型的拟合指数不佳(CFI、TLI均小于0.85),且3因子模型保留的有价值的信息最少,因此将3因子模型排除。

表3-5 父母情绪社会化行为问卷验证性因素分析拟合指数

		χ^2/df	CFI	TLI	RMSEA	SRMR
母亲问卷	3因子	2.60	0.81	0.80	0.07	0.07
	4因子	2.15	0.86	0.86	0.06	0.06
	6因子	2.08	0.87	0.86	0.05	0.06
父亲问卷	3因子	2.60	0.82	0.81	0.07	0.07
	4因子	2.13	0.87	0.87	0.06	0.06
	6因子	2.05	0.88	0.87	0.05	0.06

与6因子模型相比,4因子模型中行为指导和情感支持两个维度下的题目聚集为一个新的因子"卷入/支持",责罚/训诫、情绪烦扰两个维度的题目聚集

为一个新的因子"惩罚/控制"。分别计算母亲问卷和父亲问卷中这两组维度的相关,结果表明,行为指导和情感支持(母亲问卷:$r=0.82,p<0.001$;父亲问卷:$r=0.84,p<0.001$)、责罚/训诫和情绪烦扰(母亲问卷:$r=0.87,p<0.001$;父亲问卷:$r=0.89,p<0.001$)的相关系数均达到高度相关的标准,进一步证明了两组行为各自具有密切关联。因此,排除6因子模型,最终确定4因子模型。母亲问卷各项目的标准化因子载荷在0.42~0.86之间,详见表3-6;父亲问卷各项目的标准化因子载荷在0.43~0.87之间,详见表3-7。

表3-6 母亲情绪社会化行为问卷各项目标准化因子载荷

卷入/支持		鼓励表达				惩罚/控制			轻视/否定		
项目	载荷	项目	载荷	项目	载荷	项目	载荷	项目	载荷	项目	载荷
01i	0.51	01c	0.66	01e	0.67	01p	0.44	01d	0.49	01m	0.42
02i	0.49	02c	0.65	02e	0.70	02p	0.50	02d	0.64	02m	0.50
03i	0.69	03c	0.65	03e	0.76	03p	0.57	03d	0.74	03m	0.64
04i	0.72	04c	0.68	04e	0.82	04p	0.73	04d	0.74	04m	0.73
05i	0.75	05c	0.72	05e	0.84	05p	0.70	05d	0.68	05m	0.66
06i	0.72	06c	0.62	06e	0.85	06p	0.77	06d	0.70	06m	0.76
07i	0.72	07c	0.70	07e	0.87	07p	0.57	07d	0.67	07m	0.76
08i	0.69	08c	0.69	08e	0.80	08p	0.66	08d	0.69	08m	0.75
09i	0.80	09c	0.72	09e	0.86	09p	0.70	09d	0.66	09m	0.75
10i	0.74	10c	0.75	10e	0.82	10p	0.65	10d	0.72	10m	0.68

表3-7 父亲情绪社会化行为问卷各项目标准化因子载荷

卷入/支持		鼓励表达				惩罚/控制			轻视/否定		
项目	载荷	项目	载荷	项目	载荷	项目	载荷	项目	载荷	项目	载荷
01i	0.59	01c	0.67	01e	0.64	01p	0.43	01d	0.53	01m	0.45
02i	0.58	02c	0.64	02e	0.75	02p	0.57	02d	0.64	02m	0.49
03i	0.73	03c	0.66	03e	0.76	03p	0.54	03d	0.69	03m	0.61
04i	0.75	04c	0.71	04e	0.83	04p	0.70	04d	0.74	04m	0.76

第3章 中国文化下的青少年父母情绪社会化行为研究

续表

卷入/支持		鼓励表达				惩罚/控制				轻视/否定	
项目	载荷	项目	载荷	项目	载荷	项目	载荷	项目	载荷	项目	载荷
05i	0.80	05c	0.67	05e	0.82	05p	0.69	05d	0.63	05m	0.75
06i	0.74	06c	0.64	06e	0.83	06p	0.78	06d	0.76	06m	0.77
07i	0.78	07c	0.72	07e	0.87	07p	0.62	07d	0.80	07m	0.73
08i	0.72	08c	0.74	08e	0.78	08p	0.66	08d	0.72	08m	0.77
09i	0.82	09c	0.79	09e	0.86	09p	0.73	09d	0.75	09m	0.76
10i	0.79	10c	0.76	10e	0.81	10p	0.74	10d	0.78	10m	0.73

(4) 信度检验

采用 Cronbach's α 系数作为问卷内部一致性信度的指标，对母亲和父亲情绪社会化行为问卷的可靠性进行检验。如果各维度的 Cronbach's α 系数在 0.7 以上，则表明该问卷具有较好的内部一致性信度。[①] 在本研究中，母亲、父亲问卷各维度的内部一致性信度均符合心理测量学的要求，具体结果见表 3-8。

表 3-8 父母情绪社会化行为问卷各维度的内部一致性信度

	卷入/支持	鼓励表达	惩罚/控制	轻视/否定
母亲问卷	0.95	0.94	0.93	0.89
父亲问卷	0.96	0.95	0.94	0.89

(5) 效度检验

母亲、父亲情绪社会化行为问卷各维度间的相关系数见表 3-9。可以看到，除轻视/否定维度与卷入/支持、鼓励表达两个维度的相关不显著或相关系数较低外，其余维度之间均呈中等以上的相关。其中，卷入/支持与鼓励表达显著正相关，二者均属于家长的积极行为反应。惩罚/控制是家长的消极行为反应，它与卷入/支持、鼓励表达均呈显著负相关，与轻视/否定呈显著正相关。不过，轻视/否定与鼓励表达呈显著正相关。总的来说，问卷的四个维度之间既相互联系又有所区别，表明问卷的结构效度良好。

---

① 吴明隆. 问卷统计分析实务：SPSS 操作与应用[M]. 重庆：重庆大学出版社, 2010.

表 3-9 父母情绪社会化行为问卷各维度间的相关

	卷入/支持	鼓励表达	惩罚/控制	轻视/否定
卷入/支持	1	0.75***	-0.42***	0.01
鼓励表达	0.77***	1	-0.25***	0.14***
惩罚/控制	-0.35***	-0.23***	1	0.45***
轻视/否定	0.05	0.12***	0.45***	1

注：以表格对角线为分界线，右上角为母亲问卷各维度间的相关，左下角为父亲问卷各维度间的相关。$^*p<0.05$，$^{**}p<0.01$，$^{***}p<0.001$（下同）。

至此，本研究确定了父母情绪社会化行为问卷的结构，各维度操作性定义见表 3-10。

表 3-10 父母情绪社会化行为问卷各维度操作性定义

维度	操作性定义
卷入/支持	家长通过理性引导和安慰鼓励的方式帮助子女解决当前问题并恢复良好心情的行为
鼓励表达	家长鼓励子女谈论和表达消极情绪的行为
惩罚/控制	家长采用惩罚或控制等严厉方式来处理子女消极情绪的行为
轻视/否定	家长轻视情绪事件的严重性、否定孩子情绪问题重要性的行为

3.1.5 讨论

1. 高、低情绪能力青少年父母情绪社会化行为的比较

本研究通过教师提名、同伴提名、情绪能力任务测验筛选出了情绪能力水平较高和较低的青少年，并对其进行半结构化访谈，了解受访者父母在面对孩子消极情绪时表现出的行为反应。通过对访谈资料的质性分析，本研究发现，青少年父母的情绪社会化行为包括行为指导、情感支持、鼓励表达、轻视/否定、责罚/训诫、情绪烦扰等六个方面。这六种行为分别与 Fabes 等人[1]提出的问题

---

[1] FABES R A, EISENBERG N, BERNZWEIG J. The Coping with Children's Negative Emotions Scale: procedures and scoring[R]. Phoenix: Arizona State University, 1990.

关注反应、情感关注反应、鼓励表达情绪、最小化反应、惩罚反应、痛苦反应一一对应,支持了前人研究①。同时,这些质性分析结果也为进一步编制青少年父母情绪社会化行为的测量工具提供了理论基础。

通过半结构化访谈和质性分析,本研究对情绪能力较高和情绪能力较低的青少年的父母情绪社会化行为进行了比较。结果发现,总体来说,相对于低情绪能力青少年的父母,高情绪能力青少年的父母在发现子女产生消极情绪时,更倾向于通过理性指导、开导安慰、鼓励谈论和沟通等方式为孩子提供支持,而较少表现出批评、惩罚和心理控制等行为来抑制子女的消极情绪。本研究发现的父母情绪社会化行为表现体现于高、低情绪能力青少年家长应对子女消极情绪的日常生活中。但是,研究结果并不意味着高情绪能力青少年的家庭环境是完全理想化的,其父母总是以积极行为来处理他们的消极情绪,而从不表现出任何消极的行为反应;也不意味着低情绪能力青少年的家庭环境是糟糕至极的,毫无有利于青少年情绪发展的因素可言。本研究提炼出的高、低情绪能力青少年父母情绪社会化行为特征是对所有受访学生家庭情况的综合。实际上,每个家庭都同时存在着青少年情绪能力发展的保护性因素和危险性因素,只是两类因素的数量不同、作用大小不同,这些因素的作用还可能受到青少年自身特质的影响。例如,青少年的父亲和母亲在子女情绪教育方面实际表现出的行为可能有所不同,如果与孩子沟通交流较多、承担主要抚养责任的一方家长能以积极的行为应对子女的消极情绪,同时孩子具备较高的自我调控能力,那么即使另外一位家长提供的支持较少,孩子仍然可能具有较高水平的情绪能力。这也提示实证研究者和教育实践者不能孤立地看待某个家庭因素的作用,而应该从家庭系统观的视角出发,综合考虑父亲、母亲的作用及其与青少年自身因素的交互作用。

2. 青少年父母情绪社会化行为问卷的结构和信效度分析

本研究在质性分析获得的父母情绪社会化行为核心要素的基础上,结合开放式问卷收集的典型情绪情境,并参考以往文献资料,编制了中国青少年父母情绪社会化行为问卷。经过项目分析和探索性因素分析,初步考察了问卷结构,并通过验证性因素分析最终确定了问卷的4因子结构,也即本研究编制的

---

① EISENBERG N, FABES R A. Mothers' reactions to children's negative emotions: relations to children's temperament and anger behavior[J]. Merrill-Palmer quarterly,1994,40(1):138-156.

青少年父母情绪社会化行为问卷包括卷入/支持、鼓励表达、惩罚/控制、轻视/否定等四个维度。验证性因素分析得到的各项拟合指数都可以接受,说明问卷结构良好。

需要指出的是,经过探索性因素分析后,原本的6因子结构变为4因子,主要变化是在于行为指导和情感支持维度合并为因子"卷入/支持",责罚/训诫和情绪烦扰维度合并为因子"惩罚/控制"。行为指导与情感支持两个维度的题目聚集为同一因子,这一结果与Fabes等人[1]的研究基本一致。他们发现,在预测学前儿童的情绪胜任力方面,家长的问题关注反应(行为指导)和情感关注反应(情感支持)具有高度的一致性。尽管从理论层面来说,行为指导、情感支持确实代表着不同的家长教养行为,前者关注的是家长帮助孩子解决诱发其消极情绪的事件或问题,后者是从情感上给予孩子安慰开导和温情关怀。两种行为之所以在因素分析中聚集到一起,可能是因为在实际的家庭教育中,两者在很大程度上是协同发生的。[2] 此外,行为指导和情感支持反映的都是父母支持性的情绪社会化行为,其目的在于帮助孩子缓解消极情绪。

不过,在父母非支持性的情绪社会化行为方面,本研究的因素分析结果与Fabes等人[3]的研究有所不同。他们通过探索性因素分析发现,惩罚反应(责罚/训诫)与最小化反应(轻视/否定)维度下的题目聚集为同一因子。研究结果间的不一致可能是以下两方面的原因造成的。首先,在西方文化中,轻视/否定被认为是一种典型的消极父母情绪社会化行为,会导致儿童的不良发展结果。[4][5]但在中国文化背景下,这种行为的性质是比较模糊的,对儿童社会适应影响的

---

[1] FABES R A, EISENBERG N, BERNZWEIG J. The Coping with Children's Negative Emotions Scale: procedures and scoring[R]. Phoenix: Arizona State University, 1990.

[2] FABES R A, POULIN R E, EISENBERG N, et al. The Coping with Children's Negative Emotions Scale (CCNES): psychometric properties and relations with children's emotional competence[J]. Marriage & family Review, 2002, 34(3-4): 285-285.

[3] FABES R A, EISENBERG N, BERNZWEIG J. The Coping with Children's Negative Emotions Scale: procedures and scoring[R]. Phoenix: Arizona State University, 1990.

[4] JONES S, EISENBERG N, FABES R A, et al. Parents' reactions to elementary school children's negative emotions: relations to social and emotional functioning at school[J]. Merrill-Palmer quarterly, 2002, 48(2): 133-159.

[5] SNYDER J, STOOLMILLER M, WILSON M, et al. Child anger regulation, parental responses to children's anger displays, and early child antisocial behavior[J]. Social development, 2003, 12(3): 335-360.

第3章 中国文化下的青少年父母情绪社会化行为研究

方向也具有不确定性。例如,Tao等人的研究就发现,尽管中国父母对小学儿童消极情绪的最小化反应与专制教养、惩罚反应均显著正相关,但这种反应方式与权威教养的相关却并不显著。[①] 此外,在Tao等人的研究中,最小化反应与三种支持性的父母情绪社会化行为(问题关注、情感关注、鼓励表达)呈现出了显著的正相关关系,虽然只达到低相关的水平。本研究也发现了相似的相关趋势,表现为父母的轻视/否定虽然与惩罚/控制这一消极的情绪社会化行为显著正相关($r_{母} = 0.45, p < 0.001; r_{父} = 0.45, p < 0.001$),但其与鼓励表达也存在低水平的显著正相关($r_{母} = 0.14, p < 0.001; r_{父} = 0.12, p < 0.001$),与卷入/支持则无显著相关。这些结果表明,轻视/否定在中国文化中并非绝对消极的教养行为,其性质与责罚/训诫、情绪烦扰均有所不同。其次,在儿童消极情绪应对量表(CCNES)中,父母的痛苦反应涉及了自身产生的生气、焦虑、紧张、尴尬、不适、恼怒等多种情绪化反应。[②] 而在本研究编制的中国青少年父母情绪社会化行为问卷中,情绪烦扰主要指家长因为孩子表现出的消极情绪而变得生气或烦躁,这种特定的情绪化反应与责罚/训诫具有较高的协同发生性,表现为家长烦躁和生气时更容易批评、惩罚孩子。因此,在本研究中,经过探索性因素分析,轻视/否定仍然是独立的因子,而责罚/训诫和情绪烦扰则合并为一个因子。

同样地,本研究采用Cronbach's α系数作为父母情绪社会化行为问卷内部一致性信度的指标,母亲、父亲问卷各维度的内部一致性信度分别在0.89 ~ 0.95、0.89 ~ 0.96之间,均达到了高信度的标准,表明问卷信度良好。综上,本研究编制的中国青少年父母情绪社会化行为问卷具有良好的信度和效度,可以作为未来相关研究的工具。

[①] TAO A, ZHOU Q, WANG Y. Parental reactions to children's negative emotions: prospective relations to Chinese children's psychological adjustment[J]. Journal of family psychology, 2010, 24(2):135 – 144.

[②] FABES R A, EISENBERG N, BERNZWEIG J. The Coping with Children's Negative Emotions Scale: procedures and scoring[R]. Phoenix: Arizona State University, 1990.

3.2 青少年父母情绪社会化行为的群体特征

青春期是个体情绪功能的快速转变期[①],这一时期个体的情绪体验和表达也可能因环境因素的影响而发生重大转变。进入初中后,青少年更加渴望自主和独立,希望父母减少对其学习和生活的监管和干涉。与此同时,父母对青少年子女能够按照社会文化规范合理表达情绪的期望也进一步增长。因此,在子女进入青春期后,父母可能会调整他们对子女消极情绪的反应方式。以往针对低龄儿童的研究已经证明,父母情绪社会化行为并非稳定不变的,而是处于动态变化中,父母对不同年龄段子女的消极情绪表达可能有不同的反应方式。[②] 本研究将进一步在青少年家庭中对父母情绪社会化行为的发展特点进行考察,分析初一、初二、高一和高二等4个年级学生父母情绪社会化行为的差异及变化趋势。

社会认知理论提出,儿童对性别角色一致性的认识是通过认知学习和社会化过程形成的。[③] 随着年龄的增长,儿童对自己的性别角色有更加清楚的认知,这可能导致男孩和女孩表现出更大的差异。例如,在情绪表达方面,男孩更可能表现出愤怒,而女孩更有可能表现出悲伤。同时,在儒家文化的影响下,中国女孩被期望表现出宽容和温和,男孩则被期望具备勇敢和坚强等特征,以符合社会期望的要求。受性别角色期待的影响,父母可能对男孩和女孩的消极情绪表达做出不同的回应。在实证研究方面,父母情绪社会化行为是否因子女性别而异尚未得到一致的研究结论。例如,李晓巍等人发现,母亲的非支持行为在幼儿性别上差异显著,母亲对男孩消极情绪表达的非支持反应显著高于女孩,但母亲对男孩和女孩的支持性反应则不具有显著差异。[④] 但另外一些研究则表

---

① BOOKER J A, DUNSMORE J C. Affective social competence in adolescence: current findings and future directions[J]. Social development, 2017, 26(1): 3 - 20.

② MIRABILE S P, OERTWIG D, HALBERSTADT A G. Parent emotion socialization and children's socioemotional adjustment: when is supportiveness no longer supportive?[J]. Social development, 2018, 27(3): 466 - 481.

③ LOCKE E A. Social foundations of thought and action: a social - cognitive view[J]. Academy of management review, 1987, 12(1): 169 - 171.

④ 李晓巍, 杨青青, 邹泓. 父母对幼儿消极情绪的反应方式与幼儿情绪调节能力的关系[J]. 心理发展与教育, 2017, 33(4): 385 - 393.

第3章 中国文化下的青少年父母情绪社会化行为研究

明,家长对儿童消极情绪的反应方式在子女性别上差异不显著。[①][②] 由此可见,父母情绪社会化行为是否受到性别的影响还需要进一步探讨,尤其是目前这一问题还缺乏在青少年家庭中的考察。

以往研究对母亲的情绪社会化行为给予了较多关注,但对父亲情绪社会化的研究不足。不过,随着近年来父亲参与子女教育频率的提高,越来越多的研究者也开始重视对父亲情绪社会化行为的考察[③],父亲和母亲的情绪社会化行为是否存在差异也成为实证研究需要探讨的问题之一。受性别角色与社会分工的影响,父亲和母亲在亲子情绪互动中也可能扮演着不同的角色。[④] 西方研究者指出,母亲是家庭情感功能的守门员,而父亲则是孩子的积极情感玩伴[⑤],这意味着父亲和母亲对子女的情绪可能产生不同的反应方式。有研究表明,母亲和父亲都倾向于对子女的消极情绪做出积极反应[⑥],但相较于母亲,父亲的反应方式更加平稳和温和[⑦],而母亲则因其较强的移情能力表现出与父亲不同的反应方式。不过,这些研究结果能否推广到我国青少年家庭中还需要进一步检验。

除此之外,父母的受教育水平也是其情绪社会化行为的潜在影响因素。受教育水平不同的家长对消极情绪的看法可能有所不同。高学历父母可能更加重视对子女情绪能力的培养,同时对子女的消极情绪表达也可能持有更加开放

---

① FABES R A,LEONARD S A,KUPANOFF K,et al. Parental coping with children's negative emotions:relations with children's emotional and social responding[J]. Child development,2001,72(3):907-920.

② 肖秦. 父母情绪社会化对青少年情绪调节和心理与行为适应的影响[D]. 上海:华东师范大学,2022.

③ CHRONIS-TUSCANO A,BUI H N T,LORENZO N E. Trans diagnostic implications of parental socialization of child and adolescent emotional development:commentary and future directions[J]. Research on child and adolescent psychopathology,2022,50:269-282.

④ 王涪蓉. 国外父母情绪回应对儿童情绪发展影响研究述评[J]. 陕西学前师范学院学报,2022,38(8):62-72.

⑤ DENHAM S A,BASSETT H,WYATT T M. Gender differences in the socialization of preschoolers' emotional competence[J]. New directions for child and adolescent development,2010,128:29-49.

⑥ STOCKER C M,RICHMOND M K,RHOADES G K,et al. Family emotional processes and adolescents' adjustment[J]. Social development,2017,16:310-325.

⑦ WANG M,LIANG Y,ZHOU N,et al. Chinese fathers' emotion socialization profiles and adolescents' emotion regulation[J]. Personality and individual differences,2019,137:33-38.

和接纳的态度,将子女的消极情绪视为一种正常现象。这种情绪理念可能进一步影响其情绪社会化行为,有助于高学历父母对子女的情绪发展给予更多关注和支持,在面对子女的消极情绪时更少表现出忽视和批评等行为,而更多采取安慰、疏导等方式进行回应。国外研究已经表明,受教育水平更高、家庭社会经济地位更高的父母更倾向于采取支持性的情绪社会化行为,而较少对子女的消极情绪表现出非支持性的反应。[1][2] 本研究将进一步在中国家庭中验证这些研究结果。

情绪社会化的探索模型指出,子女特征、父母特征都是父母情绪社会化的影响因素。[3] 本研究将从这一理论观点出发,检验中国青少年父母的情绪社会化行为如何受到子女特征(青少年年级和性别)和父母特征(家长性别和受教育水平)的影响。

3.2.1 研究目的

考察青少年父母情绪社会化行为的特点。具体来说,检验父母情绪社会化行为在子女年级、子女性别、家长性别、家长受教育程度上是否存在显著差异。

3.2.2 研究假设

(1)青少年父母情绪社会化行为各维度在子女年级上存在显著差异,高年级学生父母的支持性行为和非支持性行为均显著低于低年级学生父母。

(2)青少年父母情绪社会化行为各维度在子女性别上差异显著,具体表现为父母对女孩的卷入/支持和鼓励表达更多,对男孩的惩罚/控制和轻视/否定更多。

(3)父亲和母亲的情绪社会化行为存在显著差异,具体表现为母亲有更高水平的卷入/支持和鼓励表达行为,父亲有更高水平的惩罚/控制和轻视/否定行为。

---

[1] BENASICH A, BROOKS-GUNN J. Maternal attitudes and knowledge of child-rearing: associations with family and child outcomes[J]. Child development, 1996, 67(3): 1186-1205.

[2] TAŞDELEN A S, KUMRU A, ARIKAN G. The role of socio-economic status, mother's psychopathology, reflective functioning and emotion socialization on toddlers' behavior problems[J]. Cyprus Turkish journal of psychiatry & psychology (CTJPP), 2022, 4(1): 3-12.

[3] EISENBERG N, CUMBERLAND A, SPINRAD T L. Parental socialization of emotion[J]. Psychological inquiry, 1998, 9(4): 241-273.

(4) 不同受教育程度父母的情绪社会化行为差异显著,具体来说,相较于受教育程度较低的父母,高学历父母的卷入/支持和鼓励表达行为更多,惩罚/控制和轻视/否定行为更少。

3.2.3 研究方法

1. 被试

同 3.1 节正式被试。

2. 研究工具

青少年父母情绪社会化行为正式问卷,同 3.1 节。

3. 研究程序

同 3.1 节正式施测程序。

3.2.4 结果分析

1. 不同年级、性别青少年父母情绪社会化行为的差异

以父母情绪社会化行为问卷的四个维度(卷入/支持、鼓励表达、惩罚/控制、轻视/否定)得分为因变量,分别对母亲数据和父亲数据进行 4(年级)×2(性别)的多元方差分析。结果表明,年级的主效应显著,$F_{母}=4.30, p<0.001$,$F_{父}=2.51, p<0.01$;性别的主效应显著,$F_{母}=6.75, p<0.001$,$F_{父}=7.49, p<0.001$;性别和年级的交互效应不显著。

进一步单变量方差分析结果(表 3-11)表明,在年级方面,母亲卷入/支持得分在年级上具有显著差异,但父亲卷入/支持得分不具有显著的年级差异;不同年级学生的母亲、父亲在惩罚/控制维度上的得分差异显著;母亲、父亲在鼓励表达、轻视/否定两个维度上的得分不具有显著的年级差异。事后比较(Tukey)结果表明,初一学生母亲在卷入/支持维度上的得分显著高于高二学生的母亲,初一学生的母亲、父亲在惩罚/控制维度上的得分均显著高于高一、高二学生的母亲、父亲,其他年级之间不存在显著差异。不同年级青少年的母亲、父亲情绪社会化行为特点分别如图 3-1、图 3-2 所示。

在青少年性别方面,男孩父母和女孩父母在惩罚/控制和轻视/否定两个维度上的得分差异显著,表现为母亲、父亲对男孩的惩罚/控制和轻视/否定均显著高于女孩;父母卷入/支持和鼓励表达两个维度的分数在子女性别上差异不显著。

表3-11 不同年级、不同性别青少年父母情绪社会化行为的差异检验（平均数 ± 标准差）

类别	母亲 卷入/支持	母亲 鼓励表达	母亲 惩罚/控制	母亲 轻视/否定	父亲 卷入/支持	父亲 鼓励表达	父亲 惩罚/控制	父亲 轻视/否定
初一	3.75±0.92	3.11±1.18	2.07±0.83	2.32±0.96	3.53±1.00	2.95±1.23	1.99±0.86	2.27±0.98
初二	3.70±0.88	3.07±1.12	1.92±0.76	2.18±0.92	3.44±1.00	2.86±1.14	1.88±0.76	2.16±0.89
高一	3.60±0.88	3.06±1.13	1.78±0.67	2.23±0.87	3.48±0.91	2.89±1.07	1.74±0.63	2.24±0.87
高二	3.49±1.00	3.05±1.21	1.82±0.83	2.18±0.98	3.31±1.06	2.85±1.24	1.77±0.88	2.18±0.93
F	2.65*	0.10	5.23**	0.95	1.55	0.28	3.99**	0.62
男	3.58±0.94	3.05±1.16	2.04±0.81	2.39±0.94	3.43±1.00	2.90±1.18	1.99±0.82	2.39±0.94
女	3.70±0.91	3.09±1.16	1.78±0.73	2.10±0.93	3.46±1.00	2.87±1.16	1.72±0.75	2.06±0.89
F	3.30	0.20	20.94***	18.26***	0.15	0.13	21.59***	22.85***

注：*$p<0.05$，**$p<0.01$，***$p<0.001$，下同。

第 3 章 中国文化下的青少年父母情绪社会化行为研究

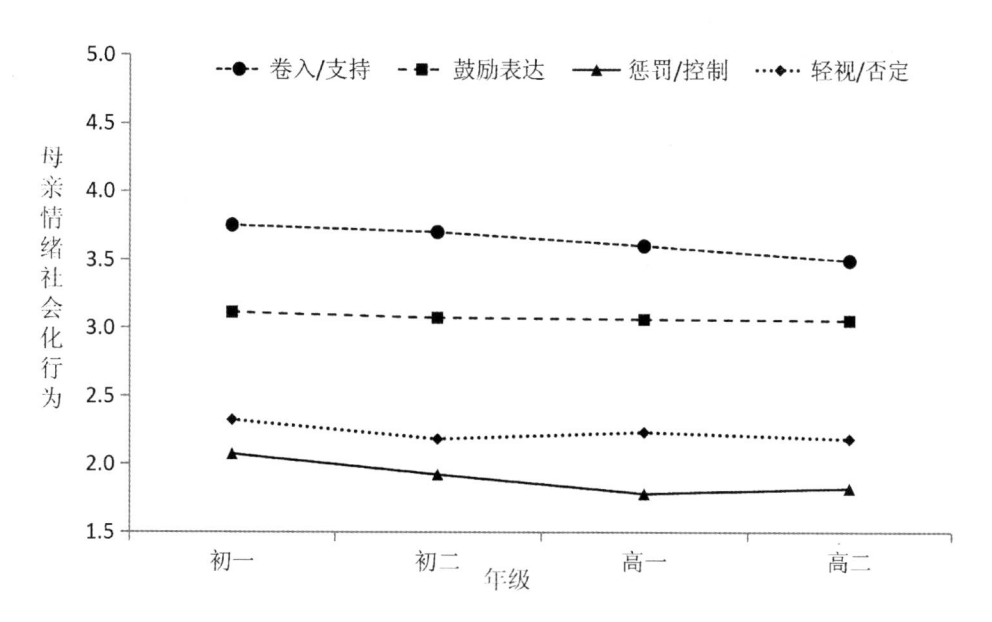

图 3-1 不同年级青少年在母亲情绪社会化行为上的分数

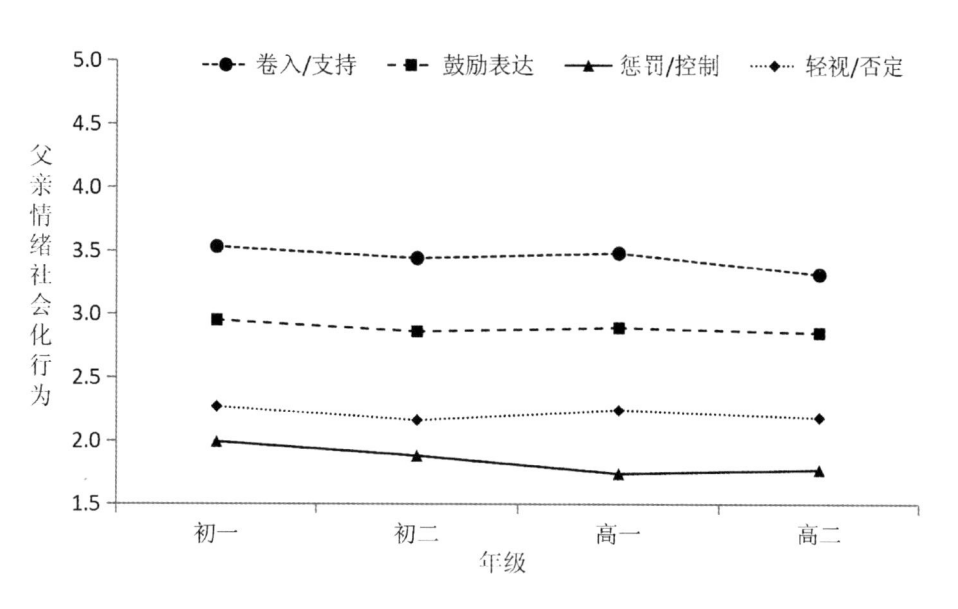

图 3-2 不同年级青少年在父亲情绪社会化行为上的分数

2. 母亲与父亲情绪社会化行为的差异

首先,采用重复测量方差分析分别对母亲、父亲情绪社会化行为四个维度的分数分别进行总体比较。结果表明(表3-12),青少年母亲情绪社会化行为四个维度的得分存在显著差异,$F_母 = 592.66$,$p < 0.001$;青少年父亲情绪社会化行为四个维度的得分也存在显著差异,$F_父 = 468.57$,$p < 0.001$。进一步成对比较结果表明,青少年母亲(父亲)情绪社会化行为四个维度的得分两两之间差异显著,各维度分数由高到低依次为卷入/支持、鼓励表达、轻视/否定、惩罚/控制,说明总体上父母的情绪社会化行为比较积极。

接着,对母亲和父亲在情绪社会化行为四个维度上的得分分别进行比较。结果表明,母亲和父亲在卷入/支持、鼓励表达和惩罚/控制三个维度上的得分存在显著差异,在轻视/否定维度上的得分差异不显著。具体来说,与父亲相比,母亲对孩子消极情绪反应的卷入/支持、鼓励表达和惩罚/控制均显著更高(表3-12)。

表3-12　母亲、父亲情绪社会化行为的差异检验(平均数±标准差)

	卷入/支持	鼓励表达	惩罚/控制	轻视/否定	F
母亲	3.66±0.92	3.09±1.15	1.90±0.78	2.23±0.93	592.66***
父亲	3.45±1.00	2.89±1.17	1.85±0.80	2.21±0.93	468.57***
F	82.73***	77.30***	9.39**	1.11	

3. 不同受教育程度父母情绪社会化行为的差异

以卷入/支持、鼓励表达、惩罚/控制、轻视/否定等四个维度的得分为因变量,分别以母亲受教育程度、父亲受教育程度为自变量,对母亲数据、父亲数据进行重复测量方差分析。结果表明,受教育程度不同的母亲、父亲的情绪社会化行为不存在显著差异,$F_母 = 1.53$,$p > 0.05$;$F_父 = 1.13$,$p > 0.05$。具体结果见表3-13。

表 3－13　不同受教育程度母亲、父亲情绪社会化行为的差异检验

		卷入/支持	鼓励表达	惩罚/控制	轻视/否定	F
母亲受教育程度	初中及以下	3.54±0.92	3.12±1.23	2.06±0.78	2.41±0.92	
	高中	3.75±0.84	3.17±1.06	1.88±0.74	2.28±0.95	
	大学	3.66±0.95	3.09±1.17	1.94±0.81	2.23±0.94	1.53
	研究生	3.58±0.90	2.75±1.17	1.77±0.74	2.02±0.80	
	F	0.92	1.92	1.57	1.80	
父亲受教育程度	初中及以下	3.30±1.02	2.95±1.30	2.02±0.66	2.23±0.85	
	高中	3.33±1.01	2.80±1.10	1.87±0.79	2.23±0.90	
	大学	3.46±1.01	2.92±1.19	1.88±0.81	2.23±0.97	1.13
	研究生	3.64±0.97	2.92±1.19	1.80±0.79	2.18±0.86	
	F	2.32	0.37	0.79	0.09	

3.2.5　讨论

1. 不同年级、性别青少年父母情绪社会化行为的差异

在年级差异方面,本研究发现,总体而言,青少年父母的支持性情绪社会化行为(卷入/支持)和非支持性情绪社会化行为(惩罚/控制)得分均有随着子女年级升高而逐渐下降的趋势。具体来说,在卷入/支持行为上,本研究发现初一学生母亲的得分显著高于高二学生母亲。这可能是因为,母亲作为子女的主要照料者,能够感知到孩子的情绪能力随着年龄的增长在不断发展和成熟,同时母亲也越来越期望子女发展出独立管理和解决自身消极情绪的能力。因此,高年级母亲会降低自己对子女的支持和监控[1][2],给予孩子充分的自主空间,将情绪能力发展的责任转交给青少年自身,要求孩子通过学习、模仿等方式来调节和管理情绪。另外,随着年龄增长,青少年在学校学习和生活的时间越来越长,

---

[1] 张文娟,邹泓,李晓巍.青少年的父母监控状况及其对社会适应的影响[J].心理发展与教育,2011(3):267-273.

[2] MILLER-SLOUGH R, WEST C, PARUNGAO D. Maternal and paternal emotion socialization relates to adolescent self-compassion[J]. Mental health & prevention, 2023, 200290.

青少年父母情绪社会化行为研究

学校教育对中学生的影响日益凸显,青少年的人际交往对象也从以父母为主转变为以教师和同伴为主,因此高年级学生的母亲与子女交往的机会有所减少,对子女情绪的关注与支持也相应地减少。在惩罚/控制行为上,本研究发现初一学生母亲和父亲的得分均显著高于高中学段学生的父母。这可能是因为初一学生刚进入青春期,与小学时期相比,他们的情绪突然变得冲动、不稳定,与家长的冲突也骤然增多,亲子关系变化迅速。[1] 因此初一家长会更多采取责罚等严厉管教的方式,要求孩子抑制消极情绪体验,减少消极情绪表达。此外,随着年级的升高,父母在应对子女消极情绪时所采用的惩罚、控制等消极行为可能逐渐失去良好的教育效果,反而可能导致子女出现过度自我批评、痛苦、挣扎等不良情绪和行为表现。因此,在应对子女的消极情绪时,高年级父母可能减少其惩罚和控制行为,以更好地适应子女的心理需求。

在青少年性别差异方面,部分西方研究没有发现父母对子女消极情绪的反应在儿童性别上的差异。[2][3][4][5] 但本研究结果表明,虽然青少年父母的两种支持性情绪社会化行为(卷入/支持、鼓励表达)在子女性别上不存在显著差异,但父母对男孩和女孩消极情绪的非支持性反应(惩罚/控制、轻视/否定)分数差异显著,表现为父母对男孩的非支持性反应显著高于女孩。这可能是因为以往西方研究关注的群体主要是学前儿童和低年级小学儿童,而家长对男孩和女孩在

---

[1] FUHRMANN D, KNOLL L J, BLAKEMORE S J. Adolescence as a sensitive period of brain development[J]. Trends in cognitive sciences, 2015, 19(10): 558-566.

[2] DENHAM S A, BASSETT H H, WYATT T M. Gender differences in the socialization of preschoolers' emotional competence[J]. New directions for child and adolescent development, 2010 (128): 29-49.

[3] MCELWAIN N L, HALBERSTADT A G, VOLLING B L. Mother- and father- reported reactions to children's negative emotions: relations to young children's emotional understanding and friendship quality[J]. Child development, 2007, 78(5): 1407-1425.

[4] WONG M S, MCELWAIN N L, HALBERSTADT A G. Parent, family, and child characteristics: associations with mother and father reported emotion socialization practices[J]. Journal of family psychology, 2009, 23(4): 452-463.

[5] MCKEE L G, DIMARZIO K, PARENT J, et al. Profiles of emotion socialization across development and longitudinal associations with youth psychopathology[J]. Research on child and adolescent psychopathology, 2022, 50(2): 193-210.

第 3 章　中国文化下的青少年父母情绪社会化行为研究

情绪唤醒情境中行为表现期望的差异可能是从孩子 10 岁左右时才逐渐产生的。[1] 实际上,Miller – Slough 和 Dunsmore 针对美国 13～18 岁青少年父母情绪社会化行为的研究结果与本研究基本一致。[2] Denham 等人曾经推断,父母对男孩和女孩情绪社会化行为的差异可能会随着孩子年龄的增长而减小或扩大,而变化方向究竟如何并未得到实证研究的充分考察。[3] 根据期望违背理论(expectancy – violation theory),当个体违反了大众对其身份的期望时,周围人对其行为的评判标准会变得更加严苛。据此可以推知,如果子女的情绪表达违反了社会对其性别角色的期望,那么家长可能产生消极的态度,并采取严厉的方式来应对子女的消极情绪。通常来说,女孩的情绪情感体验比男孩更加细致、敏感[4][5],因此女孩表达悲伤、焦虑等情绪被认为是符合其性别特征的,而男孩表达这类情绪则会被认为是多愁善感、不符合社会期待的。随着年龄的增长,情绪能力对青少年的重要性日益凸显,父母对孩子的情绪能力提出了更高的要求,这种性别角色期望也愈加强烈。因此,相较于对青春期女孩负面情绪表达的接纳,父母会以放大甚至严苛的态度关注青春期男孩的负面情绪。[6][7] 此外,有研究者指出,由于遗传和激素的差异,女孩的自我控制能力在幼儿时期便高于男孩。[8] 这意味着女孩通常可以较好地调节和控制自身情绪,而男孩则更

---

[1] SAARNI C. The development of emotional competence [M]. New York, NY: Guilford Press,1999.

[2] MILLER – SLOUGH R L,DUNSMORE J C. Parents' and friends' socialization of positive emotions: associations with adolescent emotion regulation[J]. Journal of applied developmental psychology,2023,88:101579.

[3] DENHAM S A, BASSETT H H, WYATT T M. Gender differences in the socialization of preschoolers' emotional competence [J]. New directions for child and adolescent development, 2010,128:29 – 49.

[4] SOTO C J,JOHN O P,GOSLING S D,et al. Age differences in personality traits from 10 to 65: big five domains and facets in a large cross – sectional sample[J]. Journal of personality and social psychology,2011,100(2):330 – 348.

[5] LÖCKENHOFF C E,CHAN W,MCCRAE R R,et al. Gender stereotypes of personality: universal and accurate[J]. Journal of cross – cultural psychology,2014,45(5):675 – 694.

[6] MILLER – SLOUGH R,WEST C,PARUNGAO D. Maternal and paternal emotion socialization relates to adolescent self-compassion[J]. Mental health & prevention,2023,200290.

[7] MCNEIL D,ZEMAN J. Adolescents' reluctance to express emotions: relations to parent emotion socialization[J]. Journal of child and family studies,2021,30:107 – 120.

[8] BRODY L. Gender,emotion,and the family[M]. Cambridge:Harvard University Press,1999.

可能出现不符合社会规范的消极情绪表达。在我国,基于"男儿有泪不轻弹"的观念,家长往往也会采用消极的教养方式处理男孩的痛苦、悲伤等消极情绪。同时,尽管男孩表达生气等具有敌意性的消极情绪是可被接纳的,但由此引发的攻击性则会引起家长的不满,导致父母采取惩罚、控制的方式来应对。

2. 母亲与父亲情绪社会化行为的差异

对父母情绪社会化行为总体情况的分析发现,母亲和父亲对青少年消极情绪的卷入/支持分数均位于理论中值"有些可能"和项目选项"比较可能"之间,鼓励表达分数均位于理论中值附近,惩罚/控制和轻视/否定分数均位于项目选项"不太可能"附近。这与 Tao 等人[1]以中国小学儿童家长为被试的研究结果相似,但总体上来说不如 Tao 等人报告的结果积极。这在一定程度上支持了 Denham 等人的推断,即父母的情绪社会化行为会随着儿童年龄的增长而发生变化[2]。青春期个体对学校和社会活动的参与程度增加,情绪能力的重要作用开始凸显,社会期望也对年长儿童在公共场合的情绪控制能力提出了更高的要求,因此家长处理青少年消极情绪的方式较之学前期和学龄期也有所改变。

对父母双方的比较分析发现,在应对子女的消极情绪时,母亲的卷入/支持和鼓励表达行为均显著比父亲更多,这与西方研究结果相一致。[3][4] 不过,大多数西方研究表明,母亲应对子女消极情绪时的非支持性行为(包括惩罚和最小

---

[1] TAO A, ZHOU Q, WANG Y. Parental reactions to children's negative emotions: prospective relations to Chinese children's psychological adjustment[J]. Journal of family psychology, 2010, 24(2): 135 – 144.

[2] DENHAM S A, BASSETT H H, WYATT T M. Gender differences in the socialization of preschoolers' emotional competence[J]. New directions for child and adolescent development, 2010, 128: 29 – 49.

[3] MCELWAIN N L, HALBERSTADT A G, VOLLING B L. Mother – and father – reported reactions to children's negative emotions: relations to young children's emotional understanding and friendship quality[J]. Child development, 2007, 78(5): 1407 – 1425.

[4] WONG M S, MCELWAIN N L, HALBERSTADT A G. Parent, family, and child characteristics: associations with mother – and father – reported emotion socialization practices[J]. Journal of family psychology, 2009, 23(4): 452 – 463.

第3章 中国文化下的青少年父母情绪社会化行为研究

化反应)显著少于父亲[1][2],而本研究则显示,母亲在惩罚/控制行为上的得分显著高于父亲。这可能是因为,尽管中国父亲越来越多地参与教养,但母亲始终是孩子的主要照料者,在养育子女、促进子女身心健康发展方面,母亲有着天性使然的责任感和义务感,在情绪教育方面也不例外。另外,有研究表明母亲的移情能力更强,相较于父亲,母亲更能够共情子女的情绪感受,或是将子女的负面情绪体验与自身类似的情绪反应进行联结。[3] 这就使得母亲能够更敏感地觉察到子女的消极情绪,并且投入更多的精力对孩子进行教导[4],因而在行为上表现出高支持与高责罚并存。

相对来说,在本研究中,青少年父亲的支持性和非支持性情绪社会化行为都显著低于母亲。以往研究也表明,父亲对子女情绪教育的参与程度不够,相较于母亲,父亲较少与孩子共同讨论情绪话题。[5] 此外,有研究指出,中国父亲长期以来对消极情绪持有一种"适度"的观念,认为对子女的消极情绪不应该过度关注[6],这导致父亲在应对子女的消极情绪时更可能选择忽视的策略,表现出行为上的低支持与低责罚。不过,鉴于越来越多的研究证明了父亲在子女情绪

---

[1] MCKEE L G, DIMARZIO K, PARENT J, et al. Profiles of emotion socialization across development and longitudinal associations with youth psychopathology[J]. Research on child and adolescent psychopathology, 2022, 50(2): 193-210.

[2] DENHAM S A, BASSETT H H, WYATT T M. Gender differences in the socialization of preschoolers' emotional competence[J]. New directions for child and adolescent development, 2010, 128: 29-49.

[3] BRISCOE C, STACK D M, DICKSON D J, et al. Maternal emotion socialization mediates the relationship between maternal and adolescent negative emotionality[J]. Journal of youth and adolescence 2019, 48: 495-509.

[4] PASALICH D S, WASCHBUSCH D A, DADDS M R, et al. Emotion socialization style in parents of children with callous-unemotional traits[J]. Child psychiatry & human development, 2014, 45: 229-242.

[5] DENHAM S A, BASSETT H H, WYATT T M. Gender differences in the socialization of preschoolers' emotional competence[J]. New directions for child and adolescent development, 2010, 128: 29-49.

[6] WANG M, LIANG Y, ZHOU N, ZOU H. Chinese fathers' emotion socialization profiles and adolescents' emotion regulation[J]. Personality and individual differences, 2019, 137: 33-38.

发展过程中发挥的关键作用[1],后续研究有必要进一步探索父亲和母亲情绪社会化行为的功能差异。此外,本研究还发现,在轻视/否定行为上,青少年母亲和父亲并没有表现出显著差异。这可能是因为我国文化强调对消极情绪表达的抑制和控制[2],当子女体验到消极情绪时,父母更可能采取一种大事化小、小事化了的态度,从而降低消极情绪诱发事件对子女的影响,帮助子女尽快恢复到平稳的情绪状态。

3. 不同受教育程度父母情绪社会化行为的差异

在受教育水平方面,本研究发现,受教育水平不同的家长在情绪社会化行为的四个维度上均未表现出差异,这与以往父母情绪社会化行为的研究结果不一致,与一般教养方式的研究结果也不一致。例如,有研究表明,相较于没有本科学历的父母,拥有大学及以上学历的父母在面对子女的消极情绪时会更多参与到子女的情绪教育中,受教育水平越高的父亲对于子女消极情绪的积极反馈也明显更高。[3] McKee等人[4]通过潜在剖面分析发现,父母受教育程度高的家庭对子女情绪教育进行"适度"参与的可能性较高,而频繁参与的可能性较低。研究者进一步从家庭经济资源的角度指出,高学历父母往往拥有较高的社会地位和较好的经济条件,这有利于他们获取到更多的外部资源,为子女的情绪发展提供额外的支持,如非家庭成员对子女教养的参与或课外辅导班中人际互动的机会。类似地,有研究发现,随着家庭社会经济地位的上升,青少年感知到的

---

[1] RAMAKRISHNAN J L, GARSIDE R B, LABELLA M H, et al. Parent socialization of positive and negative emotions: implications for emotional functioning, life satisfaction, and distress[J]. Journal of youth and adolescence, 2019, 28: 3455 – 3466.

[2] MATSUMOTO D, YOO S H, FONTAINE J. Mapping expressive differences around the world: the relationship between emotional display rules and individualism versus collectivism[J]. Journal of cross – cultural psychology, 2008, 39(1): 55 – 74.

[3] MILLER – SLOUGH R, WEST C, PARUNGAO D. Maternal and paternal emotion socialization relates to adolescent self-compassion[J]. Mental health & prevention, 2023, 200290.

[4] MCKEE L G, DIMARZIO K, PARENT J, et al. Profiles of emotion socialization across development and longitudinal associations with youth psychopathology[J]. Research on child and adolescent psychopathology, 2022, 50(2): 193 – 210.

家长积极教养行为(如规则引导、陪伴支持等)有所增加。[①][②] 也有研究发现,随着受教育水平的提高,父母对子女消极情绪的鼓励表达和问题关注反应会有所增加,而最小化反应和惩罚行为则有所减少。[③]

总体而言,以往研究支持了受教育水平对父母回应子女消极情绪方式的影响,但本研究并未发现父母情绪社会化行为在不同学历上的差异。造成这一结果的原因可能包括两个方面。首先,相较于情绪发展,中国家长普遍更看重孩子的学业发展,在面临升学压力的青少年阶段尤其如此。虽然受教育水平高的家长在认知层面上可能认同情绪能力对青少年成长的重要性,但在行为层面上,他们与受教育水平较低的家长一样,主要关注的仍然是孩子的学习成绩,在培养青少年的情绪能力方面投入的时间和精力则相对较少,对子女的情绪关注不够,因而未能表现出较高水平的支持性情绪社会化行为和较低水平的非支持性行为。其次,本研究的被试取样自北京城区学校,超过60%的父母都拥有大学或以上的学历,而受教育水平在初中及以下的父母占比不足10%。因此,本研究结果可能受到样本分布不均的影响。未来研究可以扩大取样范围,在不同城市、不同地区、不同层次的学校选取被试,从而进一步对这一问题进行考察。

3.3 青少年父母情绪社会化行为的类型

本研究3.1节明确了青少年父母情绪社会化行为的四个维度,包括卷入/支持、鼓励表达、惩罚/控制和轻视/否定,而3.2节则分析和讨论了青少年父亲、母亲在四种情绪社会化行为上的特点。然而,父母在应对子女的消极情绪时往往不是使用单一的反应方式,而是采取多种反应方式相结合的复杂模式。例如,针对印度母亲情绪社会化行为的质性分析发现,母亲会采用"主要反应行

---

① 许志星.父母教养方式的特点及其与青少年人格五因素、社会适应间的关系[D].北京:北京师范大学,2011.
② HE E,YE X,ZHANG W. The effect of parenting styles on adolescent bullying behaviors in China:the mechanism of interpersonal intelligence and intrapersonal intelligence [J]. Heliyon, 2023,9(4),e15299.
③ ALTAN - AYTUN Ö, YAGMURLU B, YAVUZ H M. Turkish mothers' coping with children's negative emotions:a brief report[J]. Journal of child and family studies,2013,22:437-443.

为+次要反应行为"的方法对子女的情绪做出回应,当主要反应行为未达到预期结果时便会采取次要反应行为,而次要反应行为往往是消极行为。[1] 也有研究表明,父母可能同时使用支持性和非支持性的情绪社会化行为来回应子女的消极情绪。[2][3] 这些研究结果说明了使用以个体为中心的方法(person-centered approach)来进一步考察父母情绪社会化行为的必要性,因为这种方法能够检验每位父母在四种情绪社会化行为上的反应模式,抽取反应模式相似的父母,据此将研究对象划分为不同亚组(子群体),使研究者能够描绘不同亚组父母的情绪社会化行为的综合特征。[4] 近年来,采用以个体为中心的方法研究父母情绪社会化行为的文献有所增加。[5][6][7][8][9] 但以中国文化为背景,同时考察父母双方情绪社会化行为亚组的研究仍然比较缺乏。因此,本节将采用以个体为中心的方法,通过潜在剖面分析,分别对中国青少年父亲和母亲情绪社会化行为的类型进行考察,以期了解青少年父母在应对子女消极情绪时的综合行为

---

[1] RAVAL V V, MARTINI T S. Making the child understand: socialization of emotion in urban India[J]. Journal of family psychology, 2011, 25(6): 847-856.

[2] LUNKENHEIMER E S, SHIELDS A M, CORTINA K S. Parental emotion coaching and dismissing in family interaction[J]. Social development, 2007, 16: 232-248.

[3] MILLER R L, DUNSMORE J C, SMITH C L. Effortful control and parents' emotion socialization patterns predict children's positive social behavior: a person-centered approach[J]. Early education and development, 2015, 26: 167-188.

[4] MAGNUSSON D. The person approach: concepts, measurement models, and research strategy[J]. New directions for child and adolescent development, 2003, 101: 3-23.

[5] TREVETHAN M, LIN K L, RAVAL V V, et al. Mothers' emotion socialization profiles and relation to adolescent socio-emotional functioning in China and India[J]. Journal of applied developmental psychology, 2021, 73, 101259.

[6] HOWE S L, ZIMMER-GEMBECK M J. Person-centered maternal emotion socialization and child temperament: relations to children's emotion regulation and anxiety and depressive symptoms[J]. Journal of child and family studies, 2022, 31: 2644-2659.

[7] KING G L, MACDONALD J A, GREENWOOD C J, et al. Profiles of parents' emotion socialization within a multinational sample of parents[J]. Frontiers in psychology, 2023, 14, 1161418.

[8] SOSA-HERNANDEZ L, SACK L, SEDDON J A, et al. Mother and father repertoires of emotion socialization practices in middle childhood[J]. Journal of applied developmental psychology, 2020, 69, 101159.

[9] MCKEE L G, DIMARZIO K, PARENT J, et al. Profiles of emotion socialization across development and longitudinal associations with youth psychopathology[J]. Research on child and adolescent psychopathology, 2022, 50(2): 193-210.

模式。

3.3.1 研究目的

采用潜在剖面分析,考察母亲与父亲情绪社会化行为的类型。

3.3.2 研究假设

根据母亲和父亲在四种情绪社会化行为(卷入/支持、鼓励表达、惩罚/控制、轻视/否定)上的分数,至少可以识别出以下三个亚组:①积极组,这类父母情绪社会化行为的特征是具有高水平的卷入/支持,低到中等水平的鼓励表达和惩罚/控制,以及中等到高水平的轻视/否定;②消极组,这类父母在卷入/支持和鼓励表达两种行为上的得分较低,在惩罚/控制和轻视/否定两种行为上的得分较高;③忽视组,其特点是在四种情绪社会化行为上的分数都较低。

3.3.3 研究方法

1. 被试

同3.1节正式被试。

2. 研究工具

青少年父母情绪社会化行为正式问卷,同3.1节。

3. 研究程序

同3.1节正式施测程序。

4. 数据分析

采用 Mplus 8.3 对数据进行分析,缺失值采用最大似然估计法进行处理。采用潜在剖面分析,根据母亲和父亲在卷入/支持、鼓励表达、惩罚/控制、轻视/否定四个维度上的分数,识别父母情绪社会化行为的亚组(剖面)。在确定最优剖面数量时,考虑的模型拟合度评价指标包括赤池信息准则(Akaike Information Criterion, AIC)、贝叶斯信息准则(Bayesian Information Criterion, BIC)、样本矫正的 BIC(aBIC)、似然比检验指标 LMRT(Lo-Mendell-Rubin Adjusted Likelihood Ratio Test)、基于 Bootstrap 的似然比检验(Bootstrap Likelihood Ratio Test, BLRT)和熵(Entropy)。其中,AIC 值、BIC 值和 aBIC 值越低,表明模型拟合越好。LMRT 和 BLRT 这两种似然比检验的 p 值显著时,表明 k 个类别的模型比 k−1 个类别的模型拟合更好。熵代表模型分类的精准性,分值越高,表示分类准确性越好;当熵值大于等于0.8时,代表分类的准确率超过90%。

3.3.4 结果分析

针对母亲和父亲,分别以其情绪社会化行为的四个维度(卷入支持、鼓励表达、惩罚/控制、轻视/否定)为指标,以一个类别的模型为基准,将家长情绪社会化行为依次分为2~5类,建立潜在剖面分析模型,母亲模型和父亲模型的拟合指数分别见表3-14和表3-15。结果显示,随着剖面数(类别)的增加,AIC、BIC、aBIC值均有所降低。二类别和三类别模型的熵值均未达到0.8,表明分类的准确性不高。虽然母亲组和父亲组的四类别模型和五类别模型的熵值都大于0.80,但LMRT的显著性检验在五类别模型时没有达到显著水平,表明增加第五个类别对模型拟合没有显著改善。而四类别模型的LMRT和BLRT显著性检验均达到显著水平,说明四类别模型的拟合显著优于三类别模型。综上,本研究认为母亲情绪社会化行为和父亲情绪社会化行为的最佳分类模型都是四类别模型。

表3-14 母亲情绪社会化行为的潜在剖面分析拟合指标

剖面数	AIC	BIC	aBIC	LMRT(p)	BLRT(p)	Entropy	类别概率
1	8050.37	8087.23	8061.63				
2	7510.86	7570.76	7529.48	<0.001	<0.001	0.78	38.19% / 61.81%
3	7309.56	7392.50	7335.34	<0.001	<0.001	0.78	18.98% / 43.61% / 37.42%
4	7184.91	7290.89	7217.86	<0.05	<0.001	0.80	43.73% / 13.63% / 36.30% / 6.34%
5	7053.21	7182.24	7093.33	0.14	<0.001	0.81	7.02% / 35.09% / 11.47% / 38.87% / 7.56%

表3-15 父亲情绪社会化行为的潜在剖面分析拟合指标

剖面数	AIC	BIC	aBIC	LMRT(p)	BLRT(p)	Entropy	类别概率
1	8101.22	8137.98	8112.57				
2	7588.87	7648.60	7607.32	<0.001	<0.001	0.75	42.95% / 57.50%
3	7349.86	7432.56	7375.41	<0.001	<0.001	0.79	33.65% / 22.30% / 44.05%

第3章 中国文化下的青少年父母情绪社会化行为研究

续表

剖面数	AIC	BIC	aBIC	LMRT(p)	BLRT(p)	Entropy	类别概率
4	7188.13	7293.80	7220.77	<0.001	<0.001	0.82	6.84% / 32.65% / 15.05% / 44.46%
5	7078.04	7206.68	7117.77	0.30	<0.001	0.82	13.68% / 31.74% / 6.98% / 6.98% / 40.22%

四类母亲在四种情绪社会化行为上的描述性统计及差异检验见表3-16和图3-3。第一组为积极组($N=269,36.30\%$),与假设相似,这类母亲在面对孩子的消极情绪时表现出了高水平的卷入/支持和鼓励表达,低水平的惩罚/控制,以及中等水平的轻视/否定。第二组在假设中并未被提出,但所占比例最大($N=324,43.72\%$),其特征表现为在卷入/支持、鼓励表达、惩罚/控制、轻视/否定四种行为上的分数都接近平均水平,也即该组父亲在支持性和非支持性家长情绪社会化行为上都具有中等水平的分数,因此将该组命名为平稳组。第三组被命名为忽视组($N=101,13.63\%$),这类母亲在卷入/支持、鼓励表达、惩罚/控制、轻视/否定四个维度上的得分均低于平均水平。第四组为消极组($N=47,6.34\%$),该组母亲在孩子出现消极情绪时会表现出低水平的卷入/支持和鼓励表达,以及高水平的惩罚/控制和最小化反应。方差分析表明,四类母亲在情绪社会化行为四个维度上的得分具有显著差异。事后检验(Tukey)表明,在卷入/支持维度,积极组显著高于其他三组,平稳组显著高于忽视组和消极组,消极组与忽视组的差异不显著;在鼓励表达维度,积极组显著高于其他三组,忽视组显著低于其他三组,平稳组显著高于消极组;在惩罚/控制维度,消极组显著高于其他三组,忽视组与积极组、平稳组的差异不显著,而积极组显著低于平稳组;在轻视/否定维度,忽视组显著低于其他三组,消极组显著高于其他三组,积极组和平稳组的差异不显著。

表3-16 四类母亲在情绪社会化行为上的差异分析

类型	卷入/支持	鼓励表达	惩罚/控制	轻视/否定
积极组($N=269$)	4.45(0.37)	4.27(0.53)	1.59(0.55)	2.29(1.01)
平稳组($N=324$)	3.60(0.51)	2.75(0.63)	1.94(0.65)	2.24(0.84)
忽视组($N=101$)	2.33(0.54)	1.49(0.44)	1.77(0.56)	1.72(0.66)

续表

类型	卷入/支持	鼓励表达	惩罚/控制	轻视/否定
消极组($N=47$)	2.12 (0.64)	1.80 (0.61)	3.70 (0.68)	2.93 (0.99)
F	667.43***	759.55***	163.07***	20.91***

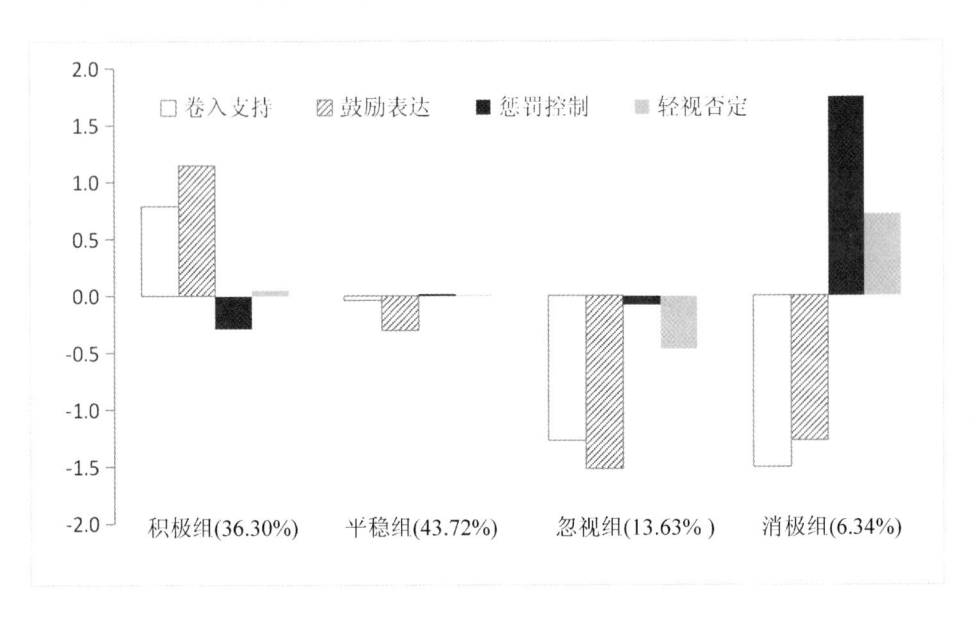

图 3-3 母亲情绪社会化行为的四类别潜在剖面分析图

注：图中显示的数值为标准化后的分数。

四类父亲在四种情绪社会化行为上的描述性统计及差异检验见表3-17和图3-4。与母亲的分类及命名相似，第一组父亲为积极组（$N=246$，33.65%），这类父亲的特征是在应对子女的消极情绪时会表现出较高水平的卷入/支持和鼓励表达，低水平的惩罚/控制，和中等水平的轻视/否定。第二组为平稳组（$N=325$，44.46%），这类父亲在样本中占比最高，在卷入/支持、惩罚/控制、轻视/否定三个维度上的得分均处于平均水平，在鼓励表达维度上的得分低于样本均值。第三组为忽视组（$N=110$，15.05%），该组父亲在情绪社会化行为四个维度上的得分都低于平均水平。第四组为消极组（$N=50$，6.84%），该组父亲具有较低水平的卷入/支持和鼓励表达，以及较高水平的惩罚/控制和轻视/否定。方差分析表明，四类父亲在情绪社会化行为四个维度上的得分具有显著差异。事后检验（Tukey）表明，在卷入/支持和鼓励表达两个维度，积极组均显著高于其他三组,平稳组均显著高于忽视组和消极组,忽视组和消极组之间则不具有显著差异;在惩罚/控制维度,消极组显著高于其他三组,平稳组显著高于积极组和忽视组,而积极组与忽视组的差异不显著;在轻视/否定维度,忽视组显著低于其他三组,消极组显著高于其他三组,积极组和平稳组之间不具有显著差异。

表 3-17 四类父亲在情绪社会化行为上的差异分析

类型	卷入/支持	鼓励表达	惩罚/控制	轻视/否定
积极组($N=246$)	4.41(0.40)	4.15(0.60)	1.52(0.55)	2.19(0.99)
平稳组($N=325$)	3.43(0.50)	2.63(0.67)	1.91(0.63)	2.31(0.88)
忽视组($N=110$)	1.97(0.52)	1.44(0.46)	1.57(0.50)	1.68(0.71)
消极组($N=50$)	2.08(0.62)	1.60(0.59)	3.70(0.68)	2.86(0.92)
F	806.56***	639.75***	198.52***	23.08***

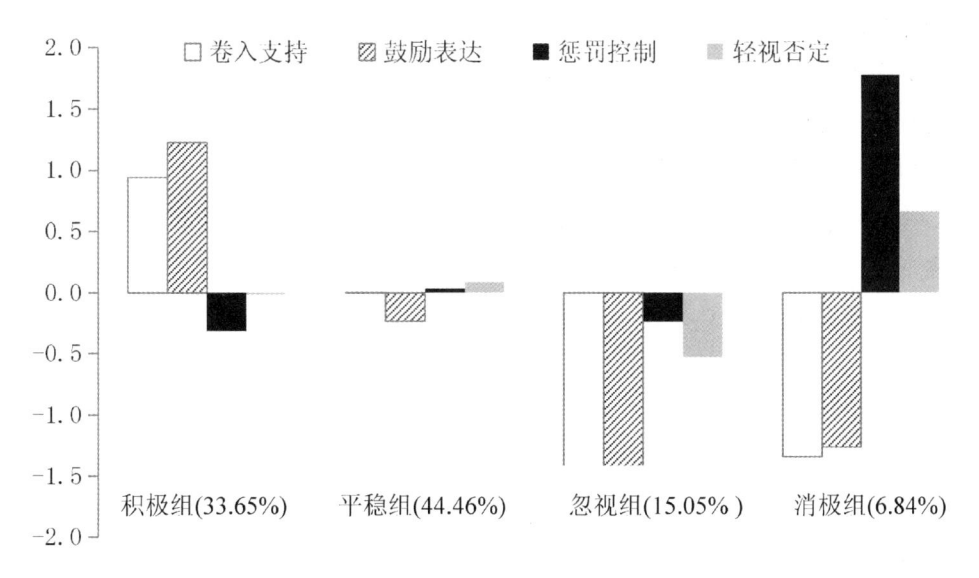

图 3-4 父亲情绪社会化行为的四类别潜在剖面分析图

注:图中显示的数值为标准化后的分数。

3.4.5 讨论

父母的情绪社会化行为具有综合性和复杂性。当孩子出现消极情绪时,家长往往同时采取多种反应方式来进行应对。为了考察青少年父母在卷入/支持、鼓励表达、惩罚/控制、轻视/否定四种情绪社会化行为上的综合模式及特征,本研究采用以个体为中心的方法,通过潜在剖面分析,识别母亲和父亲情绪社会化行为的类型(亚组)。结果表明,母亲和父亲的情绪社会化行为均可以被分为四组,包括积极组、平稳组、忽视组和消极组,与已有研究结果基本一致。[1][2]

大约三分之一的母亲(36.30%)和父亲(33.65%)被识别为积极组,这些家长表现出了高于平均水平的卷入/支持和鼓励表达行为,接近平均水平的轻视/否定行为,以及最低水平的惩罚/控制行为。该组父母情绪社会化行为的特征与Sosa-Hernandez等人[3]在加拿大家长中发现的支持组总体上较为相似。不过,在Sosa-Hernandez等人的研究中,支持组父母的最小化反应处于低水平,而在本研究中,积极组父母的最小化反应则处于中等水平。这一细微差别反映了东西方的文化差异,尽管最小化反应在西方文化中常被孩子理解为父母对自己情绪问题的不重视,但在中国文化中可能并不被视为一种绝对消极的教养行为。当面对子女的消极情绪时,在情绪社会化行为方面表现积极的中国父母同样会表现出中等水平的最小化反应,避免孩子放大其负面情绪体验。需要指出的是,本研究中积极组父母对子女消极情绪的鼓励表达反应也处于较高水平,这似乎与强调情绪表达抑制的东方文化并不一致。[4] 这可能是因为青少年父母的情绪社会化行为通常发生在家庭中,当子女在家庭这一具有私密性的场所中表现出负面情绪时,中国家长可能会告诉孩子不要将情绪闷在心里,并鼓励他们把情绪表达出来,达到宣泄和释放的效果,避免孩子产生更严重的心理问题。

---

[1] HOWE S L, ZIMMER-GEMBECK M J. Person-centered maternal emotion socialization and child temperament: relations to children's emotion regulation and anxiety and depressive symptoms[J]. Journal of child and family studies, 2022, 31(9): 2644-2659.

[2] MCKEE L G, DIMARZIO K, PARENT J, et al. Profiles of emotion socialization across development and longitudinal associations with youth psychopathology[J]. Research on child and adolescent psychopathology, 2022, 50(2): 193-210.

[3] SOSA-HERNANDEZ L, SACK L, SEDDON J A, et al. Mother and father repertoires of emotion socialization practices in middle childhood[J]. Journal of applied developmental psychology, 2020, 69: 101159.

[4] MATSUMOTO D, YOO S H, FONTAINE J. Mapping expressive differences around the world: the relationship between emotional display rules and individualism versus collectivism[J]. Journal of cross-cultural psychology, 2008, 39(1): 55-74.

第3章 中国文化下的青少年父母情绪社会化行为研究

不过,在家庭以外的公共场所或社交情境中,中国父母可能并不鼓励子女对消极情绪进行表达。事实上,以往研究已经指出,父母会根据情境要求的不同调整自身教养行为。[①]

在父母情绪社会化行为的四个分类中,平稳组父母所占比例最大(母亲43.72%,父亲44.46%)。该组父母在情绪社会化行为上的特征表现为中等水平的卷入/支持、惩罚/控制和轻视/否定,以及低于总样本均值的鼓励表达,与McKee等人在美国父母中发现的适度参与组[②]类似。这一研究结果表明,大多数中国父亲和母亲在应对子女的消极情绪时都倾向于在支持性行为和非支持性行为中寻求平衡,并通过低水平的鼓励表达行为向孩子传达负面情绪不应该被过度表达和过分关注的文化价值观。

本研究还发现了一组命名为忽视型的父母(母亲13.63%,父亲15.05%),其情绪社会化行为特征表现为在卷入/支持、鼓励表达、惩罚/控制和轻视/否定四个维度上的分数都处于较低水平。胡瑞等人在对父母情绪社会化的相关综述中指出,相较于西方国家,中国父母对孩子的消极情绪持有一种独特的情绪不干涉理念[③],也即对孩子的消极情绪没有明确的态度或反应倾向,不特别关注情绪,也不觉得自己能为子女的情绪发展提供帮助,认为顺其自然才最有利于儿童处理情绪问题,因此这类父母多数情况下会放任孩子表达负面情绪而不做出任何回应[④]。本节通过潜在剖面分析获得的忽视组父母可能就持有这种情绪不干涉理念。同时,国外也有相关研究划分出了情绪不参与(emotion disengaged)型的父母,并指出这类父母的特征为适度的情绪忽视和较低水平的情绪

[①] MILLER R L, DUNSMORE J C, SMITH C L. Effortful control and parents' emotion socialization patterns predict children's positive social behavior: a person – centered approach[J]. Early education and development, 2015, 26(2):167 – 188.

[②] MCKEE L G, DIMARZIO K, PARENT J, et al. Profiles of emotion socialization across development and longitudinal associations with youth psychopathology[J]. Research on child and adolescent psychopathology, 2022, 50(2):193 – 210.

[③] 胡瑞,梁宗保,张光珍,等.情绪教养视角:父母元情绪理念与儿童心理社会适应[J].心理科学进展,2017,25(4):599 – 608.

[④] 叶光辉.父母的后设情绪理念类型及测量[M]//胡台丽,许木柱,叶光辉.情感,情绪与文化:台湾社会的文化心理研究.台北:"中研院"民族学研究所,五南图书出版公司,2002.

教导。① 相关研究者还通过纵向研究进一步指出,虽然相较于表现出低支持性和高非支持性情绪社会化行为的父母来说,放任子女情绪不管的行为对子女当下情绪发展的负面影响更小,但对于子女情绪的长远发展来说,父母的忽视依然会产生不利影响。②

本研究发现的最后一类父母被命名为消极型,该组父母占比最少,其中母亲占6.34%,父亲占6.84%。消极型父母的特征表现为在支持性情绪社会化行为(卷入/支持、表达鼓励)上的分数显著低于平均水平,在非支持性行为(惩罚/控制、轻视/否定)上的分数显著高于平均水平。这类家长并未在Trevethan等人③针对中国和印度青少年母亲情绪社会化行为进行的潜在剖面分析中发现。Trevethan等人的研究仅识别出了青少年母亲情绪社会化行为的三个亚组,包括适应型、中度适应型和弥漫型,分别与本研究中的积极型、平稳型和忽视型相对应。其原因可能在于本研究采用子女报告的方式测量父母情绪社会化行为,而Trevethan等人的研究则采用家长自评的方式。受社会赞许性效应的影响,家长在进行自评时可能会避开那些不利于树立自身良好形象或不被社会认同的选项,因而该研究未能获取到报告了低支持性和高非支持性情绪社会化行为的母亲。

需要指出的是,在本研究中,忽视组和消极组父母的占比相对较低,而支持组父母的占比相对较高。其原因可能在于本研究的被试取样于北京,是中国最发达的城市之一。与我国其他地区的家长相比,北京家长的受教育程度更高,对子女情绪社会化的参与程度也就更高,且教养方式可能更为科学和积极。不过,相较于支持型,消极型与忽视型的父母情绪社会化行为在中国家长中可能更具有典型性。在强调对消极情绪进行抑制和控制的文化价值观下,中国父母通常倾向于以非支持性的方式对青少年的负面情绪做出反应,对孩子的消极情

---

① FROGLEY W J, KING G L, WESTRUPP E M. Profiles of parent emotion socialization: longitudinal associations with child emotional outcomes[J]. Mental health & prevention, 2023, 30: 200274.

② MCKEE L G, DIMARZIO K, PARENT J, et al. Profiles of emotion socialization across development and longitudinal associations with youth psychopathology[J]. Research on child and adolescent psychopathology, 2022, 50(2): 193-210.

③ TREVETHAN M, LIN K L, RAVAL V, et al. Mothers' emotion socialization profiles and relation to adolescent socio-emotional functioning in China and India[J]. Journal of applied developmental psychology, 2021, 73: 101259.

绪表现出忽视,或在孩子表达消极情绪时对他们进行批评和惩罚。未来研究应进一步扩大取样范围,在我国不同城市、不同地区(城市和乡村)选取被试,对青少年父母情绪社会化行为的类型进行更深入的考察。

3.4 父母情绪社会化行为对青少年情绪调节的作用及其机制

前文已经分析了青少年父母情绪社会化行为的特征和类型。那么,父母情绪社会化行为会如何影响青少年的情绪调节呢？根据Denham的情绪社会化模型[1]以及Morris等人的儿童情绪调节与适应的三重家庭影响因素模型[2],父母的情绪社会化行为会影响子女对情绪表达规则和情绪调节能力的习得。社会学习理论也指出,个体能够通过观察和模仿他人的情绪表现来学习情绪调节。不过,个体并非能够对观察到的所有行为进行学习,其行为学习的有效性在一定程度上会受到模仿对象权威性的影响。[3] 父母是子女的重要他人,对于子女来说是具有权威性的模仿对象。因此,子女在应对情绪问题时采取的情绪调节策略、表现出的情绪调节能力都可能受到父母情绪社会化行为的影响。西方研究者已经对父母情绪社会化行为与儿童情绪调节的关系进行了丰富的探讨,但以往研究存在至少两点不足。首先,相对于关注学前儿童和学龄儿童的研究,考察父母情绪社会化行为对青少年情绪调节影响的研究还相对较少。个体在青少年时期易出现情绪不稳、情绪两极化等问题,对有效情绪调节策略的掌握能够帮助青少年缓解负面情绪、避免极端情绪出现,促进青少年情绪平稳、健康地发展。在当代青少年心理健康状况不容乐观的情况下,考察其情绪调节的家庭影响因素,具有重要的实践意义。随着2022年《中华人民共和国家庭教育促进法》的出台,家庭教育越来越受到重视,父母共同参与子女养育的现象也更为常见。考察不同父母情绪社会化行为对青少年的作用效果,能够为父母科学、有效地开展家庭教育提供实证依据。其次,现有研究多在西方国家开展,而中国文化背景下的研究还比较有限。不同文化背景中的家庭互动模式和情绪价值

---

[1] DENHAM S A. Emotional development in young children[M]. Guilford:Guilford Press,1998.

[2] MORRIS A S,SILK J S,STEINBERG L,et al. The role of the family context in the development of emotion regulation[J]. Social development,2007,16(2):361-388.

[3] BANDURA A, WALTERS R H. Social learning theory[M]. Prentice Hall: Englewood Cliffs,1977.

观念都有所不同,因此父母情绪社会化对子女情绪调节的作用效果可能存在差异。在以西方家庭为样本的研究中,父母的鼓励表达、问题关注等情绪社会化行为往往与子女对积极情绪调节策略的使用以及高水平的情绪调节能力相关;而当父母采取惩罚和最小化的方式来应对孩子的负面情绪时,子女可能会感到无助和沮丧,并表现出情绪调节困难。[1][2] 不过,一项针对中国学龄儿童的研究则得到了与西方研究不一致的结果。具体来说,中国父母的惩罚反应与儿童更多的外化问题相关,情绪关注反应与儿童更少的内化问题相关,而最小化反应和鼓励表达行为则与子女的心理适应不存在显著关联。[3] 该研究提示,西方父母情绪社会化的部分研究结果在中国文化背景下可能不具有推广性。需要进一步丰富本土化的研究,考察父母情绪社会化行为对我国青少年情绪调节的影响。

以往研究虽然已经关注了父母情绪社会化行为对子女情绪发展的直接作用,但有关其作用机制的研究尚不够丰富。基于依恋理论[4],本研究提出亲子依恋可能是父母情绪社会化行为对青少年情绪调节产生影响的中介机制之一。亲子依恋是指子女与其照料者形成的紧密且持久的情感及身体联系。[5] 一方面,父母情绪社会化行为可能会影响亲子依恋。已有研究证明了教养行为与亲子依恋之间的关系。例如,有研究发现,父母的心理攻击和体罚等严厉管教行为会阻碍亲子之间良好依恋关系的形成[6],而父母温暖、自主支持等教养行为则

---

[1] PEISCH V, DAL C, PARENT J, et al. Parent socialization of coping and child emotion regulation abilities: a longitudinal examination[J]. Family process, 2020, 59(4): 1722-1736.

[2] MCKEE L G, DUPREY E B, O'NEAL C W. Emotion socialization and young adult internalizing symptoms: The roles of mindfulness and emotion regulation[J]. Mindfulness, 2019, 12(1): 53-60.

[3] TAO A, ZHOU Q, WANG Y. Parental reactions to children's negative emotions: prospective relations to Chinese children's psychological adjustment[J]. Journal of family psychology, 2010, 24(2): 135-144.

[4] BOWLBY J. The bowlby-ainsworth attachment theory[J]. Behavioral and brain sciences, 1979, 2(4): 637-638.

[5] BRETHERTON I. Attachment theory: retrospect and prospect[J]. Monographs of the society for research in child development, 1985, 50(1-2): 3-35.

[6] WANG F, WANG M, WANG T, et al. Harsh parental discipline, parent-child attachment, and peer attachment in late childhood and early adolescence[J]. Journal of child and family studies, 2021, 30: 196-205.

第3章　中国文化下的青少年父母情绪社会化行为研究

有助于亲子之间建立安全、稳定的依恋关系。由于父母在应对和处理子女的消极情绪反应时,可能会有意无意地向子女表达他们的情绪和感受,这种情感表达会影响子女对亲子之间情感关系的感知,从而对亲子依恋产生影响。[1] 因此,作为父母在日常亲子互动中表现出的与情绪相关的教养行为,父母情绪社会化行为也可能影响亲子依恋。然而,目前相关的实证研究较少,父母情绪社会化行为不同维度与亲子依恋间的关系究竟如何,还需要进一步检验。另一方面,依恋理论的内部工作模型指出,儿童对依恋对象可靠性的预期会影响他们的情绪反应和情绪表达。[2] 因此,安全的依恋关系可能更有利于个体情绪调节能力的发展。这一观点已经得到一些证据的支持。例如,有研究表明,亲子依恋会对个体的社会情绪功能产生影响[3],良好的亲子依恋关系与个体的非适应性情绪调节呈负相关,与个体有效的情绪调节呈正相关[4]。

综上所述,本研究将考察父母情绪社会化行为不同维度与中国青少年情绪调节的关系,并检验亲子依恋在其中的中介作用。本研究关注的青少年情绪调节指标包括三个,分别是认知重评、表达抑制和总体情绪调节能力。认知重评和表达抑制均属于情绪调节策略,前者指从认知上改变对情绪事件的理解从而调整自身情绪反应,是一种更具适应性的情绪调节策略;后者指个体在体验到消极情绪后采用压抑的方式避免情绪外露,其有效性相对欠佳。[5] 而总体情绪调节能力指个体在产生负面情绪体验时采取一定方法使自身情绪好转的一般能力。

---

[1] TANG Y,LI S,MA L,et al. The effects of mother – father relationships on children's social – emotional competence:the chain mediating model of parental emotional expression and parent – child attachment[J]. Children and youth services review,2023:107227.

[2] BOWLBY J. The bowlby – ainsworth attachment theory[J]. Behavioral and brain sciences,1979,2(4):637 – 638.

[3] ALI E,LETOURNEAU N,BENZIES K. Parent – child attachment:a principle – based concept analysis[J]. Sage open nursing,2021,7:1 – 18.

[4] GRESHAM D,GULLONE E. Emotion regulation strategy use in children and adolescents:the explanatory roles of personality and attachment[J]. Personality and individual differences,2012,52(5):616 – 621.

[5] GROSS J J,JOHN O P. Individual differences in two emotion regulation processes:implications for affect,relationships,and well – being[J]. Journal of personality and social psychology,2003,85(2):348 – 362.

3.4.1 研究目的

(1)考察母亲、父亲的四种情绪社会化行为与青少年情绪调节(认知重评、表达抑制、总体情绪调节能力)的关系。

(2)考察亲子依恋在父母情绪社会化行为与青少年情绪调节关系中的中介作用。

3.4.2 研究假设

(1)母亲、父亲的卷入/支持和鼓励表达行为与青少年的认知重评和总体情绪调节能力呈显著正相关,与青少年表达抑制呈显著负相关;母亲、父亲的惩罚/控制和轻视/否定行为与青少年的认知重评和总体情绪调节能力呈显著负相关,与青少年表达抑制呈显著正相关。

(2)亲子依恋在父母的四种情绪社会化行为和青少年情绪调节之间起中介作用。

3.4.3 研究方法

1.被试

同3.1节正式被试。

2.研究工具

1)青少年父母情绪社会化行为正式问卷

同3.1节。

2)青少年父母依恋问卷

采用由 Armsden 和 Greenberg 编制[1]、金灿灿等人修订[2]的父母同伴依恋问卷(inventory of parent and peer attachment,IPPA)中的父子依恋和母子依恋分量表,对青少年的亲子依恋进行测量。原问卷共81个条目,其中父子依恋和母子

---

[1] ARMSDEN G C,GREENBERG M T. The inventory of parent and peer attachment:individual differences and their relationship to psychological well – being in adolescence[J]. Journal of youth and adolescence,1987,16(5):427 – 451.

[2] 金灿灿,邹泓,曾荣,等.中学生亲子依恋的特点及其对社会适应的影响:父母亲密的调节作用[J].心理发展与教育,2010,26(6):577 – 583.

依恋分量表各 28 个题目,包括信任、沟通、疏离三个维度。经金灿灿等人修订并精简后,青少年的父子依恋与母子依恋分量表各由 15 个题目构成,每个维度 5 道题。该量表采用 5 点计分,从"从不"到"总是"依次计为 1~5 分。依恋质量总分的计算公式为:信任维度均分 + 沟通维度均分 − 疏离维度均分。本研究中,母子依恋、父子依恋各维度的 Cronbach's α 系数分别在 0.74~0.87、0.77~0.88 之间。

3)青少年情绪调节问卷

本研究考察的情绪调节指标包括认知重评、表达抑制和总体情绪调节能力。其中,认知重评和表达抑制采用 Gross 和 John[①] 编制的情绪调节问卷(emotion regulation questionnaire,ERQ)进行测量。该问卷共 10 个项目,其中认知重评维度包含 6 个项目,表达抑制维度包含 4 个项目。采用 7 点计分,从"非常不同意"到"非常同意"分别计为 1~7 分。此外,本研究使用情绪调节困难量表(difficulties in emotion regulation scale)[②]中的策略分量表,考察青少年使用有效策略应对自身情绪的总体能力,作为总体情绪调节能力的分数。该分量表共 10 个项目,采用 5 点计分,从"完全不符合"到"完全符合"分别计为 1~5 分。在本研究中,情绪调节三个指标的 Cronbach's α 系数分别为 0.86、0.80、0.87。

3. 研究程序

同 3.1 节正式施测程序。

4. 数据分析

使用 SPSS 27.0 对数据进行描述性统计和相关分析。根据研究假设,采用 Mplus 8.3 构建中介效应模型并进行分析。采用偏差校正百分位数的 Bootstrap 法对母子依恋和父子依恋的中介效应进行检验,采用 MLR(maximum likelihood robust)进行模型估计。

---

① GROSS J J,JOHN O P. Individual differences in two emotion regulation processes:implications for affect,relationships,and well-being[J]. Journal of personality and social psychology,2003,85(2):348-362.

② GRATZ K L,ROEMER L. Multidimensional assessment of emotion regulation and dysregulation:development,factor structure,and initial validation of the difficulties in emotion regulation scale[J]. Journal of psychopathology and behavioral assessment,2004,26:41-54.

3.4.4 结果分析

1. 共同方法偏差检验

由于本研究的问卷均由青少年报告,采用 Harman 单因素检测对数据进行共同方法偏差检验。结果显示,特征值大于 1 的因子共 33 个,第一个公因子的方差解释率为 24.78%,小于 40% 的临界标准,说明本研究不存在严重的共同方法偏差。

2. 各变量的描述性统计和相关分析

各变量的描述性统计和相关分析结果见表 3-18。在本研究中,母亲、父亲的卷入/支持和鼓励表达行为与青少年的认知重评和总体情绪调节能力均呈显著正相关;母亲卷入/支持与青少年表达抑制存在显著负相关,但父亲卷入/支持以及父母双方的鼓励表达与青少年表达抑制的相关均不显著。母亲、父亲的惩罚/控制行为与青少年的认知重评和总体情绪调节能力均呈显著负相关,与青少年表达抑制呈显著正相关。母亲、父亲的轻视/否定行为与青少年总体情绪调节能力均呈显著负相关,但与青少年的认知重评和表达抑制则不具有显著相关。父母双方的卷入/支持和鼓励表达与其各自的亲子依恋存在显著正相关;父母双方的惩罚/控制与其各自的亲子依恋具有显著负相关关系;母亲轻视/否定与母子依恋显著负相关,但父亲轻视/否定与父子依恋的相关则未达到显著水平。母子依恋、父子依恋与青少年的认知重评和总体情绪调节能力均呈显著正相关;母子依恋与青少年表达抑制具有显著负相关关系,但父子依恋与青少年表达抑制的相关不显著。

3. 父母情绪社会化行为对青少年情绪调节的预测作用

为了考察父母情绪社会化行为对青少年情绪调节的独特效应,本研究分别以父母情绪社会化行为四个维度为自变量,以认知重评、表达抑制和总体情绪调节能力为因变量,针对母亲和父亲分别建立回归模型,并在模型中纳入青少年性别和年龄作为控制变量。母亲模型结果和父亲模型结果分别如图 3-5 和图 3-6 所示。

第3章 中国文化下的青少年父母情绪社会化行为研究

表3-18 各变量相关及其描述性统计

	1	2	3	4	5	6	7	8	9	10	11	12	13
1. 母亲卷入/支持													
2. 母亲鼓励表达	0.75***												
3. 母亲惩罚/控制	−0.42***	−0.25***											
4. 母亲轻视/否定	0.01	0.14***	0.45***										
5. 父亲卷入/支持	0.79***	0.60***	−0.31***	0.01									
6. 父亲鼓励表达	0.66***	0.86***	−0.21***	0.11**	0.77***								
7. 父亲惩罚/控制	−0.33***	−0.17***	0.82***	0.40***	−0.35***	−0.23***							
8. 父亲轻视/否定	0.01	0.13***	0.40***	0.88***	0.05	0.12**	0.45***						
9. 母子依恋	0.70***	0.58***	−0.52***	−0.09**	0.54***	0.51***	−0.43***	−0.10**					
10. 父子依恋	0.52***	0.47***	−0.41***	−0.09**	0.72***	0.60***	−0.47***	−0.07	0.73***				
11. 认知重评	0.34***	0.30***	−0.08*	−0.01	0.35***	0.32***	−0.10*	−0.01	0.31***	0.34***			
12. 表达抑制	−0.07*	−0.03	0.09*	0.03	−0.06	−0.03	0.08*	0.01	−0.10**	−0.06	0.28***		
13. 总体情绪调节	0.26***	0.16***	−0.25***	−0.12***	0.24***	0.15***	−0.26***	−0.14***	0.30***	0.33***	0.39***	0.16***	
M	3.64	3.07	1.9	2.23	3.45	2.89	1.85	2.21	4.96	4.38	4.98	4.65	3.65
SD	0.92	1.16	0.78	0.93	1	1.17	0.79	0.94	2.59	2.74	1.2	1.37	0.79

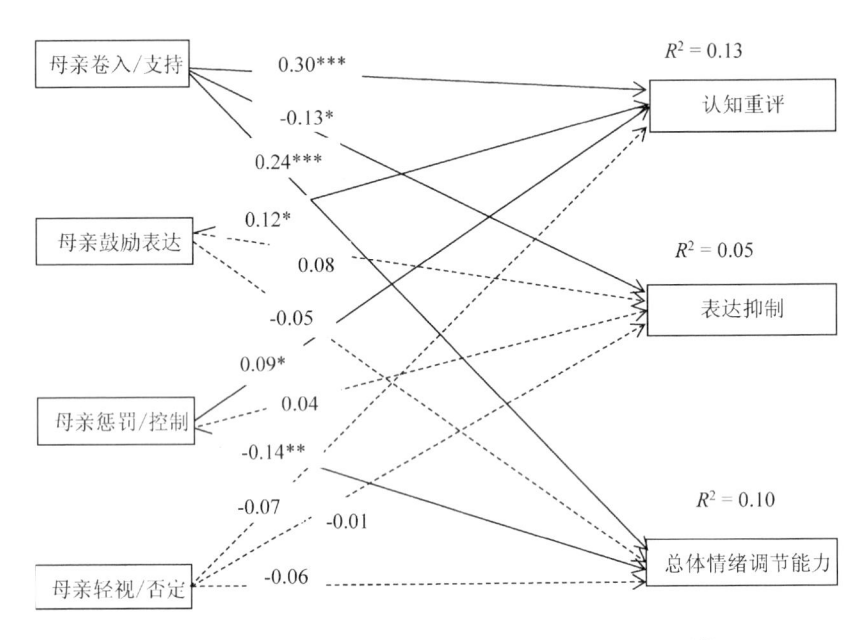

图 3-5 母亲情绪社会化对青少年情绪调节能力的预测作用

注：图中各路径系数为标准化系数。为了简化模型示意图，人口学变量（青少年性别、年龄）未在图中呈现。（下同）

结果显示，母亲、父亲的卷入/支持对青少年认知重评均具有显著的正向预测作用（$\beta_{母}=0.30,p<0.001;\beta_{父}=0.26,p<0.001$），对青少年总体情绪调节能力也具有显著正向预测作用（$\beta_{母}=0.24,p<0.001;\beta_{父}=0.22,p<0.001$）；母亲卷入/支持能显著负向预测青少年表达抑制（$\beta=-0.13,p<0.05$），但父亲卷入/支持对青少年表达抑制的预测作用不显著（$\beta=-0.10,p>0.05$）。父母双方的鼓励表达对青少年认知重评均具有显著正向预测作用（$\beta_{母}=0.12,p<0.05;\beta_{父}=0.14,p<0.05$），但对青少年表达抑制（$\beta_{母}=0.08,p>0.05;\beta_{父}=0.06,p>0.05$）和总体情绪调节能力（$\beta_{母}=-0.05,p>0.05;\beta_{父}=-0.05,p>0.05$）的预测作用均不显著。母亲和父亲的惩罚/控制均能显著负向预测青少年总体情绪调节能力（$\beta_{母}=-0.14,p<0.01;\beta_{父}=-0.17,p<0.001$），但对青少年表达抑制的预测作用均不显著（$\beta_{母}=0.04,p>0.05;\beta_{父}=0.04,p>0.05$）；母亲惩罚/控制对青少年认知重评表现出显著的正向预测作用（$\beta=0.09,p<0.05$），但父亲惩罚/控制对青少年认知重评的预测作用不显著（$\beta=0.05,p>0.05$）。父母双方的轻视/否定对青少年认知重评（$\beta_{母}=-0.07,p>0.05;\beta_{父}=$

第 3 章　中国文化下的青少年父母情绪社会化行为研究

$-0.07, p>0.05$)、表达抑制($\beta_{母}=-0.01, p>0.05;\beta_{父}=-0.03, p>0.05$)、总体情绪调节能力($\beta_{母}=-0.06, p>0.05;\beta_{父}=-0.08, p>0.05$)均不具有显著预测作用。

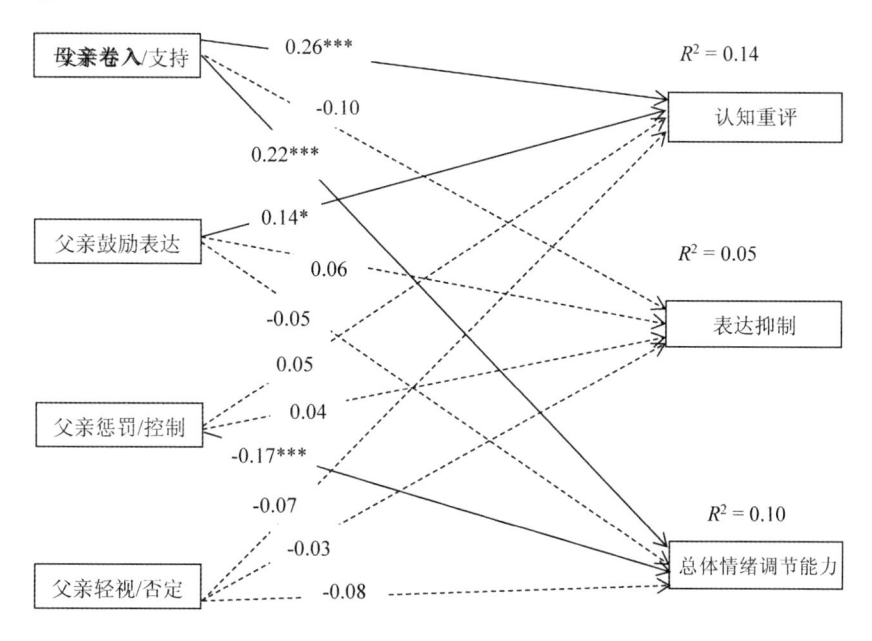

图 3-6　父亲情绪社会化行为对青少年情绪调节的预测作用

4. 亲子依恋在父母情绪社会化行为与青少年情绪调节之间的中介作用

为了考察母子依恋在母亲情绪社会化行为与青少年情绪调节关系中的中介作用,本研究针对青少年认知重评(图3-7)、表达抑制(图3-8)、总体情绪调节能力(图3-9)三个情绪调节指标分别构建一个中介模型,每个模型中纳入母亲情绪社会化行为四个维度作为自变量、母子依恋为中介变量、青少年情绪调节的一个指标为因变量,模型中对青少年性别和年龄进行了控制。结果表明,三个模型均拟合良好。总体来看,母亲卷入/支持($\beta=0.44, p<0.001$)、鼓励表达($\beta=0.17, p<0.001$)对母子依恋起显著正向预测作用,母亲惩罚/控制对母子依恋起显著负向预测作用($\beta=-0.30, p<0.001$),母亲轻视/否定对母子依恋的预测作用不显著($\beta=0.03, p>0.05$)。此外,母子依恋能显著正向预测青少年认知重评($\beta=0.19, p<0.001$)和总体情绪调节能力($\beta=0.19, p<0.001$),但对青少年表达抑制的预测作用不显著($\beta=-0.08, p>0.05$)。

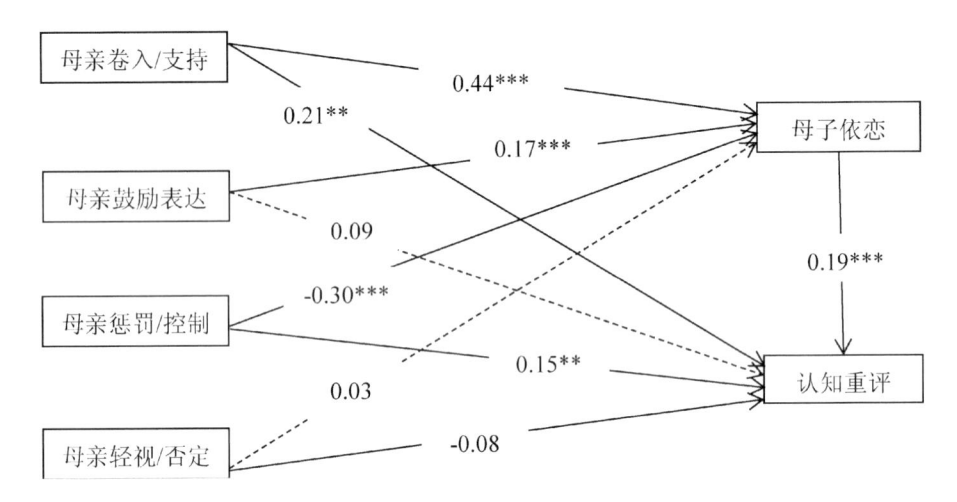

图 3-7 母子依恋在母亲情绪社会化行为与青少年认知重评之间的中介作用

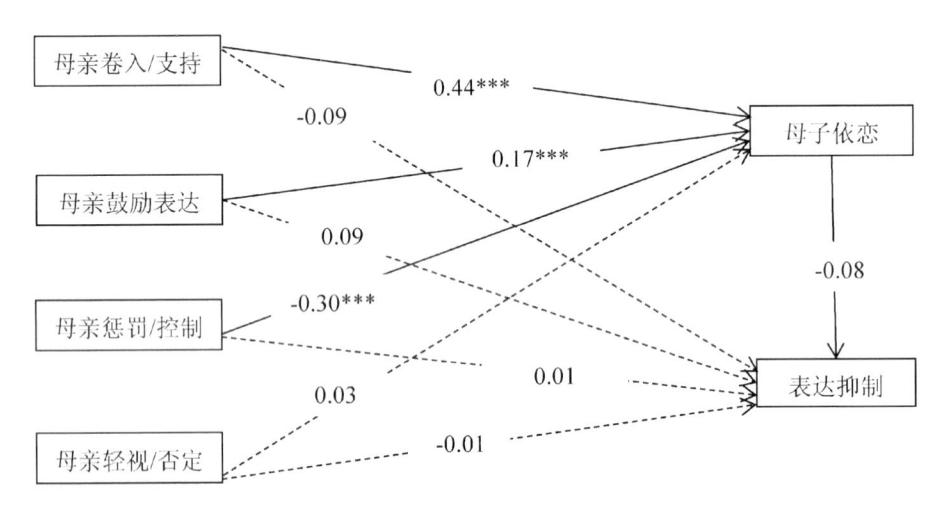

图 3-8 母子依恋在母亲情绪社会化行为和青少年表达抑制之间的中介作用

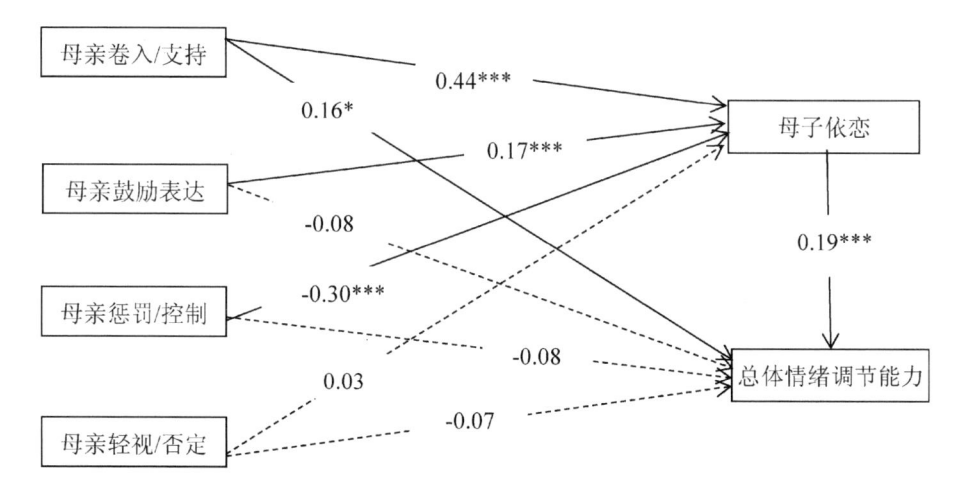

第3章 中国文化下的青少年父母情绪社会化行为研究

图3-9 母子依恋在母亲情绪社会化行为和青少年总体情绪调节能力之间的中介作用

采用 Bootstrap 法(抽样次数为5000)对母子依恋的中介效应进行检验,结果见表3-19。以认知重评为因变量的分析发现,母子依恋在母亲卷入/支持与青少年认知重评之间起显著的中介作用,中介效应值为0.08(95% CI = [0.04, 0.14]);母子依恋在母亲鼓励表达与青少年认知重评之间起显著的中介作用,中介效应值为0.03(95% CI = [0.01,0.06]);母子依恋在母亲惩罚/控制与青少年认知重评之间起显著的中介作用,中介效应值为 -0.06(95% CI = [-0.10, -0.03]);母子依恋在母亲轻视/否定与青少年认知重评之间的中介作用不显著(95% CI = [-0.01,0.02])。以表达抑制为因变量的分析发现,母子依恋在母亲卷入/支持与青少年表达抑制之间(95% CI = [-0.09,0.02])、在母亲鼓励表达与青少年表达抑制之间(95% CI = [-0.04,0.01])、在母亲惩罚/控制与青少年表达抑制之间(95% CI = [-0.01,0.06])、在母亲轻视/否定与青少年表达抑制之间(95% CI = [-0.01,0.01])均未起显著中介作用。以青少年总体情绪调节能力为因变量的分析发现,母子依恋在母亲卷入/支持与青少年总体情绪调节能力之间起显著的中介作用,中介效应值为0.09(95% CI = [0.04,0.14]);母子依恋在母亲鼓励表达与青少年总体情绪调节能力之间起显著的中介作用,中介效应值为0.03(95% CI = [0.01,0.06]);母子依恋在母亲惩罚/控制与青少年总体情绪调节能力之间起显著的中介作用,中介效应值为 -0.06(95% CI = [-0.10, -0.03]);母子依恋在母亲轻视/否定与青少年总体情绪调节能力之间的中介作用不显著(95% CI = [-0.01,0.02])。

表 3-19 母子依恋中介效应检验（标准化）

因变量	路径	效应值	Boot 95% CI Lower	Boot 95% CI Upper
认知重评	母亲卷入/支持→认知重评	0.21	0.08	0.34
	母亲鼓励/表达→认知重评	0.09	-0.02	0.20
	母亲惩罚/控制→认知重评	0.15	0.05	0.26
	母亲轻视/否定→认知重评	-0.08	-0.17	0.01
	母亲卷入/支持→母子依恋→认知重评	0.08	0.04	0.14
	母亲鼓励/表达→母子依恋→认知重评	0.03	0.01	0.06
	母亲惩罚/控制→母子依恋→认知重评	-0.06	-0.10	-0.03
	母亲轻视/否定→母子依恋→认知重评	0.01	-0.01	0.02
表达抑制	母亲卷入/支持→表达抑制	-0.09	-0.22	0.05
	母亲鼓励/表达→表达抑制	0.09	-0.02	0.20
	母亲惩罚/控制→表达抑制	0.01	-0.10	0.11
	母亲轻视/否定→表达抑制	-0.01	-0.10	0.08
	母亲卷入/支持→母子依恋→表达抑制	-0.04	-0.09	0.02
	母亲鼓励/表达→母子依恋→表达抑制	-0.01	-0.04	0.01
	母亲惩罚/控制→母子依恋→表达抑制	0.02	-0.01	0.06
	母亲轻视/否定→母子依恋→表达抑制	-0.00	-0.01	0.01
总体情绪调节能力	母亲卷入/支持→总体情绪调节能力	0.16	0.03	0.28
	母亲鼓励/表达→总体情绪调节能力	-0.08	-0.18	0.04
	母亲惩罚/控制→总体情绪调节能力	-0.08	-0.18	0.03
	母亲轻视/否定→总体情绪调节能力	-0.07	-0.15	0.01
	母亲卷入/支持→母子依恋→总体情绪调节能力	0.09	0.04	0.14
	母亲鼓励/表达→母子依恋→总体情绪调节能力	0.03	0.01	0.06
	母亲惩罚/控制→母子依恋→总体情绪调节能力	-0.06	-0.10	-0.03
	母亲轻视/否定→母子依恋→总体情绪调节能力	0.01	-0.01	0.02

第3章 中国文化下的青少年父母情绪社会化行为研究

同理,为了考察父子依恋在父亲情绪社会化行为与青少年情绪调节关系中的中介作用,本研究针对青少年认知重评(图3-10)、表达抑制(图3-11)、总体情绪调节能力(图3-12)三个情绪调节指标分别构建一个中介模型,每个模型中纳入父亲情绪社会化行为四个维度作为自变量、父子依恋为中介变量、青少年情绪调节的一个指标为因变量,模型中对青少年性别和年龄进行了控制。结果表明,三个模型均拟合良好。总体来看,父亲卷入/支持($\beta = 0.51, p < 0.001$)、鼓励表达($\beta = 0.14, p < 0.001$)对父子依恋起显著正向预测作用;父亲

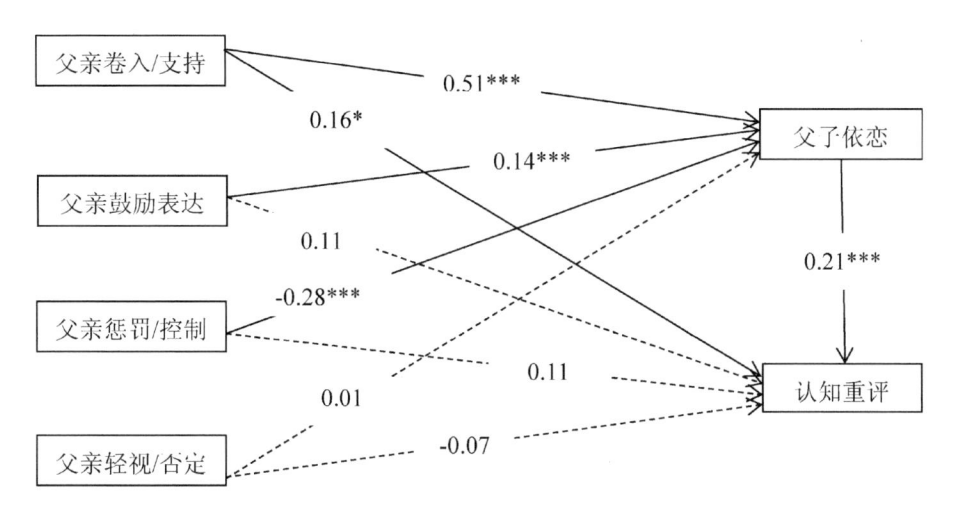

图3-10 父子依恋在父亲情绪社会化行为和青少年认知重评之间的中介作用

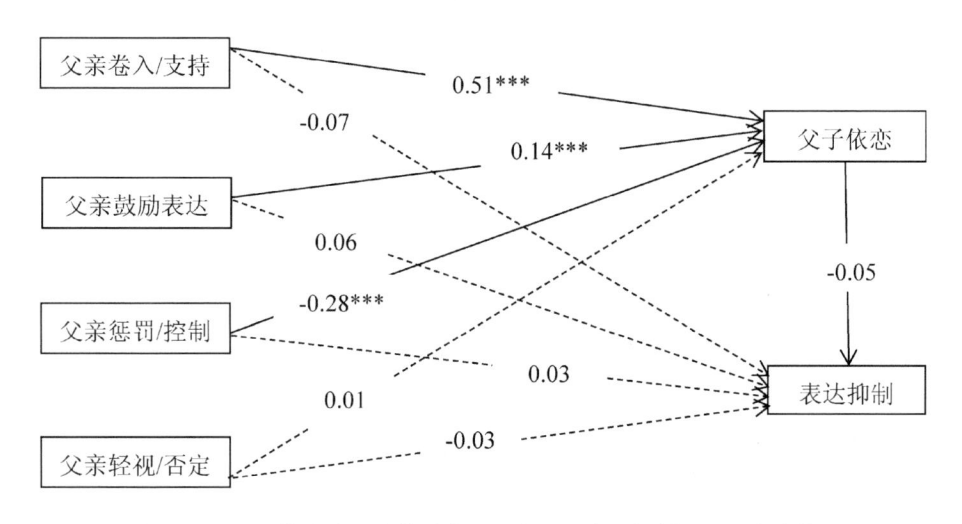

图3-11 父子依恋在父亲鼓励表达和青少年表达抑制之间的中介作用

惩罚/控制对父子依恋起显著负向预测作用($\beta=-0.28, p<0.001$);父亲轻视/否定对父子依恋的预测作用不显著($\beta=0.01, p>0.05$)。此外,父子依恋能显著正向预测青少年认知重评($\beta=0.21, p<0.001$)和总体情绪调节能力($\beta=0.28, p<0.001$),但对青少年表达抑制的预测作用不显著($\beta=-0.05, p>0.05$)。

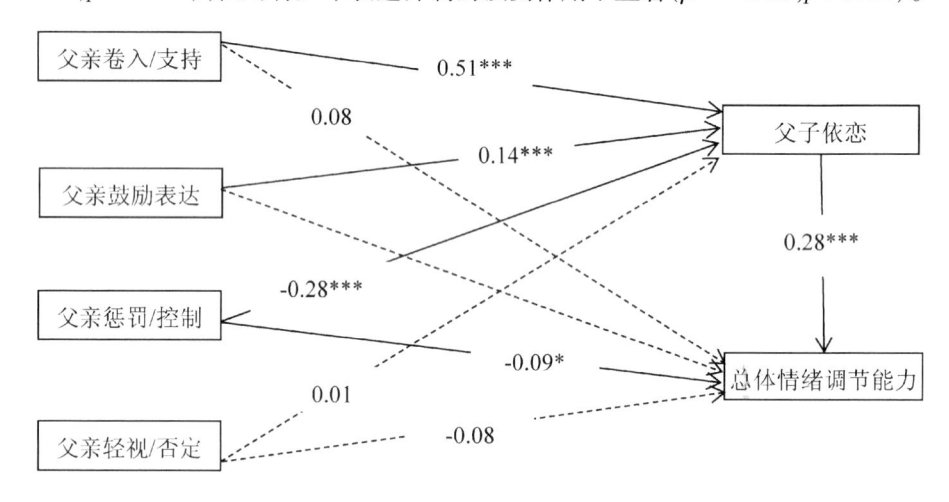

图3-12 父子依恋在父亲惩罚/控制和青少年总体情绪调节能力之间的中介作用

进一步采用Bootstrap法(抽样次数为5000)对父子依恋的中介效应进行检验,结果见表3-20。以认知重评为因变量的分析发现,父子依恋在父亲卷入/支持与青少年认知重评之间起显著的中介作用,中介效应值为0.11(95% CI = [0.05,0.17]);父子依恋在父亲鼓励表达与青少年认知重评之间起显著的中介作用,中介效应值为0.03(95% CI = [0.01,0.06]);父子依恋在父亲惩罚/控制与青少年认知重评之间起显著的中介作用,中介效应值为-0.06(95% CI = [-0.10,-0.03]);父子依恋在父亲轻视/否定与青少年认知重评之间的中介作用不显著(95% CI = [-0.01,0.02])。以表达抑制为因变量的分析发现,父子依恋在父亲卷入/支持与青少年表达抑制之间(95% CI = [-0.09,0.04])、在父亲鼓励表达与青少年表达抑制之间(95% CI = [-0.03,0.01])、在父亲惩罚/控制与青少年表达抑制之间(95% CI = [-0.02,0.05])、在父亲轻视/否定与青少年表达抑制之间(95% CI = [-0.01,0.00])均未起显著中介作用。以青少年总体情绪调节能力为因变量的分析发现,父子依恋在父亲卷入/支持与青少年总体情绪调节能力之间起显著的中介作用,中介效应值为0.14(95% CI =

[0.08,0.21]);父子依恋在父亲鼓励表达与青少年总体情绪调节能力之间起显著的中介作用,中介效应值为 0.04(95% CI = [0.02,0.07]);父子依恋在父亲惩罚/控制与青少年总体情绪调节能力之间起显著的中介作用,中介效应值为 −0.08(95% CI = [−0.12,−0.04]);父子依恋在父亲轻视/否定与青少年总体情绪调节能力之间的中介作用不显著(95% CI = [−0.02,0.02])。

表3−20 父子依恋中介效应检验(标准化)

因变量	路径	效应值	Boot 95% CI Lower	Boot 95% CI Upper
认知重评	父亲卷入/支持→认知重评	0.16	0.01	0.30
	父亲鼓励/表达→认知重评	0.11	−0.01	0.23
	父亲惩罚/控制→认知重评	0.11	−0.00	0.21
	父亲轻视/否定→认知重评	−0.07	−0.16	0.02
	父亲卷入/支持→父子依恋→认知重评	0.11	0.05	0.17
	父亲鼓励/表达→父子依恋→认知重评	0.03	0.01	0.06
	父亲惩罚/控制→父子依恋→认知重评	−0.06	−0.10	−0.03
	父亲轻视/否定→父子依恋→认知重评	0.01	−0.01	0.02
表达抑制	父亲卷入/支持→表达抑制	−0.07	−0.21	0.07
	父亲鼓励/表达→表达抑制	0.06	−0.06	0.19
	父亲惩罚/控制→表达抑制	0.03	−0.08	0.13
	父亲轻视/否定→表达抑制	−0.03	−0.12	0.06
	父亲卷入/支持→父子依恋→表达抑制	−0.03	−0.09	0.04
	父亲鼓励/表达→父子依恋→表达抑制	−0.01	−0.03	0.01
	父亲惩罚/控制→父子依恋→表达抑制	0.02	−0.02	0.05
	父亲轻视/否定→父子依恋→表达抑制	−0.00	−0.01	0.00

续表

因变量	路径	效应值	Boot 95% CI Lower	Boot 95% CI Upper
总体情绪调节能力	父亲卷入/支持→总体情绪调节能力	0.08	-0.07	0.21
	父亲鼓励/表达→总体情绪调节能力	-0.09	-0.20	0.03
	父亲惩罚/控制→总体情绪调节能力	-0.09	-0.19	0.01
	父亲轻视/否定→总体情绪调节能力	-0.08	-0.19	0.01
	父亲卷入/支持→父子依恋→总体情绪调节能力	0.14	0.08	0.21
	父亲鼓励/表达→父子依恋→总体情绪调节能力	0.04	0.02	0.07
	父亲惩罚/控制→父子依恋→总体情绪调节能力	-0.08	-0.12	-0.04
	父亲轻视/否定→父子依恋→总体情绪调节能力	0.00	-0.02	0.02

3.4.5 讨论

以往关于父母情绪社会化行为与儿童情绪调节关系的研究主要是在西方文化下进行的,中国文化背景下的研究还相对较少。本研究揭示了中国父母情绪社会化行为对青少年认知重评、表达抑制、总体情绪调节能力的作用,进一步验证了情绪社会化的相关理论,丰富了本领域的研究。此外,青少年的心理健康一直是学术研究领域和实践应用领域共同关注的重要问题,而适应性情绪调节策略的使用和高水平的情绪调节能力能够有效帮助个体缓解消极情绪带来的负面影响,是青少年心理健康发展的重要促进性因素。本研究结果为父母实施情绪社会化行为提供了具体的指导和建议,有助于促使青少年使用有效的情绪调节策略,从而促进青少年的健康成长。

1.父母情绪社会化行为与青少年情绪调节的关系

本研究发现,母亲和父亲的卷入/支持均能够显著正向预测青少年的认知重评和总体情绪调节能力,这与西方文化背景下的研究结果[1]基本一致。父母的卷入/支持作为支持性的情绪社会化行为,能够在孩子经历消极情绪体验时

---

[1] PEISCH V, DAL C, PARENT J, et al. Parent socialization of coping and child emotion regulation abilities: a longitudinal examination[J]. Family process, 2020, 59(4): 1722-1736.

第3章 中国文化下的青少年父母情绪社会化行为研究

为其提供关爱和温暖,使他们在面对情绪问题时能够更自信地进行调整,还有助于孩子了解和学习他人在情绪性情境中的感受、想法及行为[1],促进其情绪调节能力的提高。研究结果还表明,母亲的卷入/支持能够显著负向预测青少年的表达抑制。这可能是因为,当青少年面对消极情绪时,来自母亲的关注和支持能够增强他们的安全感,使他们更愿意表达自己的感受[2],减少对内心情绪的抑制。

与以往在西方样本中得到的研究结果相似,本研究表明母亲和父亲的鼓励表达对青少年认知重评的预测作用均达到显著水平,虽然相较于父母卷入/支持的预测作用而言,鼓励表达的预测作用相对较小。鼓励表达反映了家长对子女消极情绪表达的接纳,激励孩子将消极情绪说出来能促进亲子间的情绪讨论,而这一过程本身就隐含着对子女可以将寻求外部支持作为情绪调节策略的教导。然而,Tao等人在中国开展的一项研究并未发现父母的鼓励表达对小学儿童心理适应的积极作用。[3] 本研究之所以与Tao等人的研究结果不一致,可能是因为发展阶段的差异。在青少年阶段,中学生的情绪认知能力进一步提高,他们能够更深入地理解自身情绪,包括情绪产生的原因和后果。此时,如果父母鼓励他们表达情绪,他们会更加愿意去探索和理解情绪事件,这为他们学习认知重评策略提供了基础。而在学前期及小学期,儿童尚未充分习得情绪表达规则,家长经常采取鼓励表达的策略来处理孩子的负性情绪可能导致儿童过度的情绪表达,因而不利于其社会能力和适应性的发展。在本研究中,尽管母亲和父亲的鼓励表达能够显著预测青少年的认知重评,但鼓励表达对青少年的表达抑制和总体情绪调节能力的预测作用并未得到证实。表达抑制是一种通过抑制消极情绪表达来调节情绪的策略,这种策略的使用需要个体具备较高的自我控制能力。在青少年阶段,中学生的自我控制能力也获得了发展,能够以可被社会接纳的方式适度表达负性情绪。即使家长鼓励他们将消极情绪表达

---

[1] EISENBERG N, CUMBERLAND A, SPINRAD T L. Parental socialization of emotion[J]. Psychological inquiry, 1998, 9(4): 241-273.

[2] DENHAM S A, BASSETT, et al. Handbook of socialization: theory and research[M]. Guilford: Guilford Publications, 2014: 614-637.

[3] TAO A, ZHOU Q, WANG Y. Parental reactions to children's negative emotions: prospective relations to Chinese children's psychological adjustment[J]. Journal of family psychology, 2010, 24(2): 135-144.

出来,青少年通常也不会表现出过度的情绪宣泄。因此,父母鼓励表达可能并不直接影响青少年对表达抑制策略的使用。总体情绪调节能力是一个综合性的概念,涉及个体对自身情绪的综合管理。父母鼓励表达可能只对青少年情绪调节过程中的某一方面具有直接作用,对其他方面的作用并不明显。因此,父母的鼓励表达对青少年总体情绪调节能力的提升来说可能并不足够,Trevethan等人以中国和印度青少年为样本的研究[1]也证实了这一点。可见,父母鼓励表达对青少年不同发展结果的作用存在差异。后续研究应当进一步考察父母鼓励表达对中国青少年社会情绪适应的其他指标(如主观幸福感、积极情绪、抑郁、焦虑、人际关系等)是否存在显著影响。

研究结果还表明,父母的惩罚/控制能够显著负向预测青少年的总体情绪调节能力,但对青少年表达抑制的预测作用不显著。父母的惩罚/控制行为通常伴随着否定、威胁或强制性的要求[2],这些都可能导致青少年的情绪调节困难。在这种家庭环境的影响下,青少年可能难以有效地识别、理解和处理自身情绪,导致情绪调节能力下降。不过,尽管父母的惩罚/控制可能会使青少年在表达消极情绪时感到不安或害怕,但这并不意味着他们就会选择抑制自己的情绪表达。相反,他们可能会选择其他方式来应对这种压力,比如反抗或寻求其他支持。与假设不符的一个研究结果是,在控制了其他三种母亲情绪社会化行为(卷入/支持、鼓励表达和轻视/否定)后,母亲的惩罚/控制对青少年认知重评具有微弱的正向作用。对青少年来说,母亲的惩罚/控制可能是一种压力源,因此他们在面对这种压力时可能会发展出适应性的思考模式和认知过程,试图重新评估和理解这些情绪事件,以找到更好的应对方式,这一应对过程可能会促进青少年认知重评能力的发展。需要注意的是,这种正向作用是非常微弱的。这可能是因为惩罚/控制本身并不是一种积极的教养行为,它往往会导致子女

---

[1] TREVETHAN M,LIN K L,RAVAL V V,et al. Mothers' emotion socialization profiles and relation to adolescent socio-emotional functioning in China and India[J]. Journal of applied developmental psychology,2021,73,101259.

[2] EISENBERG N,FABES R A,MURPHY B C. Parents' reactions to children's negative emotions:relations to children's social competence and comforting behavior[J]. Child development,1996,67(5):2227-2247.

的负面情绪体验,如恐惧、愤怒和羞耻等。[1] 这些负面情绪可能会干扰青少年的认知重评过程,降低其有效性。

在轻视/否定方面,尽管西方研究者通常将轻视/否定视为十分消极的教养行为,会危害孩子的情绪健康[2],但与 Tao 等人的研究结果一致,本研究也发现母亲和父亲的轻视/否定对青少年的认知重评、表达抑制和总体情绪调节能力均未能起到显著的预测作用。这可能是由东西方儿童青少年对这种教养行为功能的不同看法引起的。西方儿童倾向于认为家长对自己消极情绪的轻视/否定是一种带有训斥性质的教养行为,这种行为压抑了自身的情绪表达,这与西方文化重视个体的个性化表达是背道而驰的。而东方儿童可能认为家长告诉自己"就这么大点事情,至于你难过/生气成这样吗"是为了帮助自己降低对消极情绪事件的负性评价,转移对当前情绪情境的过分关注,大事化小,小事化了,最终缓解自身的不良情绪体验。事实上,本研究中父母的轻视/否定对青少年的情绪调节存在微弱的消极作用。后续研究可以进一步考察这种父母情绪社会化行为与其他因素的交互作用。例如,良好的亲子关系可能对父母轻视/否定的消极作用具有缓冲作用。另外,如果子女认为家长对他们消极情绪的轻视/否定是为了促进其情绪健康,那么这种情况下,父母的轻视/否定对子女情绪调节的不利影响也可能会被削弱。

2. 亲子依恋在父母情绪社会化行为与情绪调节能力关系之间的中介作用

本研究发现,亲子依恋在母亲和父亲的卷入支持、鼓励表达、惩罚/控制行为与青少年的认知重评和总体情绪调节能力的关系中起中介作用,研究结果支持了依恋理论的内部工作模型[3][4]。

---

[1] EISENBERG N, FABES R A, SHEPARD S A, et al. Parental reactions to children's negative emotions: longitudinal relations to quality of children's social functioning[J]. Child development, 1999, 70(2): 513-534.

[2] JONES S, EISENBERG N, FABES R A, et al. Parents' reactions to elementary school children's negative emotions: relations to social and emotional functioning at school[J]. Merrill-palmer quarterly, 2002, 48(2): 133-159.

[3] BOWLBY J. The bowlby-ainsworth attachment theory[J]. Behavioral and brain sciences, 1979, 2(4): 637-638.

[4] MA C Q, HUEBNER E S. Attachment relationships and adolescents' life satisfaction: some relationships matter more to girls than boys[J]. Psychology in the schools, 2008, 45(2): 177-190.

在父母卷入/支持方面,本研究发现亲子依恋在"父母卷入/支持→青少年认知重评"和"父母卷入/支持→青少年总体情绪调节能力"两条路径中的中介作用均显著。这一研究结果佐证了前人的观点,即父母对子女的回应与支持是家庭亲密关系建立的前提。[①] 此外,良好的亲子关系能够为青少年情绪调节的发展提供情感保障。[②] 当父母与子女建立起高质量的依恋关系时,青少年会形成对环境的安全感以及对自我的积极表征[③],这有助于他们在产生消极情绪时以更乐观的态度对当前情境进行评估,调整自身对情绪事件的理解,并使用更具适应性的策略来调节自身情绪。相反,不安全的依恋关系可能导致青少年对环境的回避以及消极自我概念的形成,这会减少他们与周围人交往并学习情绪调节的机会,因而不利于其情绪调节能力的提高。

与卷入/支持相似,本研究还发现亲子依恋在父母鼓励表达与青少年认知重评和总体情绪调节能力的关系中起中介作用。也就是说,父母鼓励表达能通过促进亲子依恋质量的提高,从而对青少年情绪调节产生间接作用。这可能是因为父母鼓励子女将负性情绪表达出来的行为能够在一定程度上拉近亲子间的情感距离,使子女感受到关爱。不过,从研究结果来看,相较于父母对子女消极情绪的卷入/支持行为,父母鼓励表达对亲子依恋的促进作用相对较小,这可能是因为父母的鼓励表达行为并没有为子女情绪问题的解决提供建设性的指导,对子女的支持效果相对有限。而卷入/支持意味着父母对子女内心感受的深入倾听与积极回应,这有利于亲子之间建立起更为深厚与紧密的情感联系。此外,本研究发现,亲子依恋在父母鼓励表达与青少年总体情绪调节能力之间的中介效应显著且为正,但简单回归分析(加入亲子依恋作为中介变量之前)发现父母鼓励表达对青少年总体情绪调节能力的预测作用为负且不显著,这意味着出现了遮掩效应[④]。具体来看,这是中介变量(亲子依恋)和自变量(鼓励表

[①] 冯晓杭,高超越.父母教养方式对青少年自我同一性的影响:亲子关系的中介作用[J].现代职业教育,2022(41):76-79.

[②] BRUMARIU L E. Parent – child attachment and emotion regulation[J]. New directions for child and adolescent development,2015(148):31-45.

[③] BOWLBY J. The bowlby – ainsworth attachment theory[J]. Behavioral and brain sciences,1979,2(4):637-638.

[④] 温忠麟,叶宝娟.中介效应分析:方法和模型发展[J].心理科学进展,2014,22(5):731-745.

达)的关系、自变量(鼓励表达)和因变量(总体情绪调节能力)的关系方向相反而造成的。因此,需要解释"为何父母鼓励表达不能预测青少年总体情绪调节能力"的问题。这可能是因为父母鼓励表达与青少年情绪调节能力的关系中还存在其他中介变量。例如,父母鼓励子女表达情绪虽然能在一定程度上促进良好亲子依恋关系的形成,但这种情绪教养行为也可能导致子女对消极情绪的反复咀嚼(也即反刍),这会造成青少年消极情绪反应性的提高,不利于他们对情绪问题的有效解决。

本研究还发现,父母惩罚/控制能够通过亲子依恋的中介作用间接作用于青少年认知重评和总体情绪调节能力。这一研究结果表明,父母惩罚/控制会阻碍良好亲子依恋关系的建立。当父母采用惩罚/控制的方式应对子女的消极情绪时,子女会感知到自己的负面情绪体验是不被父母所接纳的。为了减少父母消极行为反应对自身的伤害,子女可能会主动疏远父母[1],从而导致亲子依恋质量的下降。当亲子依恋水平较低时,子女便难以从父母的教养过程中习得有效情绪调节策略,也不利于其情绪调节能力的提升。需要指出的是,亲子依恋在父母惩罚/控制与青少年认知重评的关系中出现了遮掩效应。具体表现为,在母亲模型中,惩罚/控制对青少年认知重评的总效应为正且显著,但加入母子依恋后,间接效应显著且符号为负,与直接效应方向相反;在父亲模型中,惩罚/控制对青少年认知重评的总效应不显著,但父子依恋的间接效应显著且为负,与直接效应符号相反。这可能是因为父母的惩罚/控制行为虽然会妨碍亲子之间亲密关系的建立[2],但这种教养行为也可能会在一定程度上促使子女尽快寻找应对情绪的方式,避免青少年沉溺于负性情绪中而无法解决情绪问题。

针对父母轻视/否定行为的分析发现,亲子依恋在这一情绪社会化行为与青少年认知重评、表达抑制、总体情绪调节能力的关系中均不起显著的中介作用,其主要原因在于中介模型的前半段路径不显著,也即父母轻视/否定不能显著预测亲子依恋。在本研究中,父母的轻视/否定虽然与其惩罚/控制(非支持性行为)显著正相关,但与其卷入/支持行为相关不显著。以往以中国家庭为被

---

[1] AGLLIAS K. Difference, choice, and punishment: parental beliefs and understandings about adult child estrangement[J]. Australian social work, 2015, 68(1): 115-129.

[2] PERRY N B, LEERKES E M, DUNBAR A S, et al. Gender and ethnic differences in young adults' emotional reactions to parental punitive and minimizing emotion socialization practices[J]. Emerging adulthood, 2017, 5(2): 83-92.

试的研究中也有类似发现,尽管中国父母对儿童消极情绪的最小化反应与其专制教养存在显著正向关系,但与其权威教养之间的关系没有达到显著水平。[1] 也就是说,父母的轻视/否定行为并不必然导致家长对子女关怀和支持的减少,因此对亲子依恋没有表现出显著的损害作用。总体而言,父母轻视/否定在我国家庭中可能不属于一种绝对消极的情绪社会化行为,后续研究可引入家长采取这种行为时的动机作为调节变量,澄清不同动机条件下(如以安慰孩子为目的和以控制孩子为目的)轻视/否定行为对亲子依恋质量的作用效果。

最后,本研究还发现,父母的四种情绪社会化行为均不能通过亲子依恋间接作用于青少年表达抑制,这主要是因为中介模型的后半段路径不显著,也即亲子依恋不能显著预测青少年的表达抑制。孙俊才等人对儿童青少年情绪表达的相关研究发现,相较于小学儿童,初中生在表达自身情绪时会更多考虑同伴接纳度和社会效益。[2] 随着年龄的增长,青少年追求独立自主的愿望增强,且能够逐渐内化与文化价值观相符的情绪表达规则。因此,进入青春期后,父母对子女表达抑制的影响可能逐渐降低。[3]

总之,本节内容探讨了父母情绪社会化行为对青少年情绪调节的作用及机制。研究结果表明,父母情绪社会化行为仍然对青春期子女的情绪调节具有显著作用,子女与父母之间的依恋质量在这一关系中发挥着中介作用。这些研究结果对改善家长教养行为、促进青少年情绪健康发展具有一定的实践价值。

3.5 母亲、父亲情绪社会化行为对青少年情绪调节的交互作用

尽管研究者开始逐渐重视父亲在子女情绪社会化过程中的作用,越来越多的研究同时对父亲和母亲的情绪社会化行为进行了考察,不过大多数研究仅探讨了父亲和母亲对子女情绪发展的单独作用,未能关注父亲和母亲情绪社会化

---

[1] TAO A, ZHOU Q, WANG Y. Parental reactions to children's negative emotions: prospective relations to Chinese children's psychological adjustment[J]. Journal of family psychology, 2010, 24 (2): 135 - 144.

[2] 孙俊才, 卢家楣, 郑信军. 中小学生的情绪表达方式认知及其与同伴接纳的关系[J]. 心理科学, 2007(5): 1052 - 1056.

[3] GALLARIN M, ALONSO - ARBIOL I. Parenting practices, parental attachment and aggressiveness in adolescence: a predictive model[J]. Journal of adolescence, 2012, 35(6): 1601 - 1610.

第3章 中国文化下的青少年父母情绪社会化行为研究

行为对子女情绪发展的潜在交互效应。家庭系统观强调家庭成员之间的相互影响[1]，母亲教养和父亲教养可能并非孤立地作用于儿童发展，而是对儿童情绪社会化产生联合效应。此外，Wagner等人指出，父母双方通过协同养育的方式教育子女更有利于培养出社会情绪能力发展良好的儿童。[2] 近年来的研究也表明，父母共同育儿对于促进儿童的情绪与社会性发展、提高儿童的心理适应水平具有现实意义。[3] 因此，相较于考察父亲或母亲情绪社会化行为对子女发展结果的单独效应，探究父亲和母亲情绪社会化行为对儿童发展的交互作用具有更强的现实价值。

本研究2.4节已经介绍了母亲和父亲情绪社会化行为交互效应的四种可能模型，包括累加模型、缓冲模型、分歧模型和增强模型。[4][5] 累加模型认为母亲和父亲情绪社会化行为对子女的作用效果是累加的，也即父母双方在回应子女情绪时的支持性行为越多，子女的社会情绪发展就越好。缓冲模型则认为父母一方的积极情绪社会化行为对另外一方消极情绪社会化行为所产生的负面影响具有削弱作用，例如母亲高水平的支持性行为能缓冲父亲低水平的支持性行为对子女带来的不利影响，父亲低水平的非支持性行为能削弱母亲高水平的非支持性行为对儿童发展的消极作用。分歧模型认为，当父母双方的情绪社会化行为存在差异时，儿童能获得更多理解和处理情绪的机会，因而有利于其情绪发展。也就是说，相较于父母双方均对子女情绪提供高支持的模式，父母一方表现出高支持性行为而另外一方表现出低支持性行为的模式更有利于子女的情绪发展。增强模型则认为，父母一方的高支持能够增强另外一方支持性行

---

[1] MCLOYD V C. The impact of economic hardship on Black families and children：psychological distress, parenting, and socioemotional development[J]. Child development, 1990, 61(2)：311-346.

[2] WAGNER B M, COHEN P, BROOK J S. Parent/adolescent relationships：moderators of the effects of stressful life events[J]. Journal of adolescent research, 1996, 11(3)：347-374.

[3] STALLMAN H, OHAN J. Parenting style, parental adjustment, and co-parental conflict：differential predictors of child psychosocial adjustment following divorce[J]. Behavior change, 2016, 33(2)：112-126.

[4] MCELWAIN N L, HALBERSTADT A G, VOLLING B L. Mother- and father-reported reactions to children's negative emotions：relations to young children's emotional understanding and friendship quality[J]. Child development, 2007, 78(5)：1407-1425.

[5] 田菲菲,田录梅.亲子关系、朋友关系影响问题行为的3种模型[J].心理科学进展,2014,22(6)：968-976.

为对子女发展的积极作用,也即随着一位家长支持性情绪社会化行为水平的提高,另外一位家长的支持性行为对子女发展所起的积极影响将逐渐增强。在以往实证研究中,四种模型均在一定程度上获得了研究结果的支持。不同研究发现的父母交互作用模式之所以存在差异,可能与样本所处文化背景、子女年龄段、儿童发展结果变量的不同有关。传统中国家庭呈现出严父慈母的特点,而当今中国家庭中父亲与母亲的角色正在发生改变,有研究者将中国母亲比喻为"虎妈",认为母亲更倾向于采取严苛的方式管教子女。① 那么,父母双方为子女情绪发展创造的有差异的环境将有助于青少年实现情绪调节的最佳发展,还是会使青少年感到不知所措因而不利于其情绪调节能力的提高? 父母一方的高支持性/低非支持性行为能否缓冲另一位家长的低支持性/高非支持性行为对子女情绪调节的不利影响? 为了探讨这一问题,本节将检验母亲、父亲情绪社会化行为对青少年情绪调节是否存在显著的交互作用,并考察交互作用的具体模式。

3.5.1 研究目的

考察母亲、父亲情绪社会化行为对青少年认知重评、表达抑制、总体情绪调节能力的交互作用,以检验中国青少年父母的情绪社会化行为对子女情绪调节的作用究竟符合累加模型、缓冲模型、分歧模型还是增强模型。

3.5.2 研究假设

母亲、父亲情绪社会化行为对青少年认知重评、表达抑制、总体情绪调节能力的交互作用显著。由于实证研究有限,且结果存在不一致,因此本研究对交互作用的具体模式不作假设。

3.5.3 研究方法

1. 被试

同 3.1 节正式被试。

2. 研究工具

(1) 青少年父母情绪社会化行为正式问卷,同 3.1 节。

---

① CHUA A. Battle hymn of the tiger mother[M]. New York:Penguin Press,2011.

(2)青少年情绪调节问卷,同3.4节。

3.研究程序

同3.2节正式施测程序。

4.数据分析

采用Mplus 8.3对数据进行路径分析。

3.5.4 结果分析

参考McElwain等人[①]的做法,本研究对父母支持性情绪社会化行为的交互作用、父母非支持性情绪社会化行为的交互作用分别进行分析。首先,为了考察母亲、父亲支持性情绪社会化行为对青少年情绪调节的交互作用,本研究针对青少年情绪调节的三个指标(认知重评、表达抑制、总体情绪调节能力)分别构建调节效应模型(图3-13~图3-15),每个模型中纳入母亲支持性行为、父亲支持性行为、母亲与父亲支持性行为的交互项作为自变量,并在模型中对青少年性别和年龄进行控制。由于卷入/支持和鼓励表达($r_{母}$ = 0.75, p < 0.001;$r_{父}$ = 0.77, p < 0.001)之间存在高水平的正相关,为了简化分析,将两个维度各项目的平均数作为支持性行为的得分,由此得到母亲支持性行为和父亲支持性行为两个变量。在构造交互项时,为了降低变量间的多重共线性,对母亲和父亲的支持性行为分数做标准化处理,然后再相乘,生成母亲支持性行为×父亲支持性行为这一交互作用项。以认知重评为因变量的分析表明(图3-13),母亲支持性行为(β = 0.22, p < 0.001)、父亲支持性行为(β = 0.19, p < 0.01)均能显著正向预测青少年认知重评,母亲与父亲支持性行为的交互项对青少年认知重评也具有显著的预测作用(β = 0.12, p < 0.01)。以表达抑制为因变量的分析显示(图3-14),母亲支持性行为(β = -0.07, p > 0.05)、父亲支持性行为(β = -0.01, p > 0.05)对青少年表达抑制的预测作用不显著,母亲与父亲支持性行为的交互项对青少年表达抑制的预测作用也不显著(β = -0.04, p > 0.05)。以总体情绪调节能力为因变量的分析结果显示(图3-15),母亲支持性行为对青少年总体情绪调节能力的预测作用显著(β = 0.20, p < 0.01),但父亲支持性行

---

① MCELWAIN N L, HALBERSTADT A G, VOLLING B L. Mother-and father-reported reactions to children's negative emotions: relations to young children's emotional understanding and friendship quality[J]. Child development, 2007, 78(5): 1407-1425.

为对青少年总体情绪调节能力不具有显著预测作用($\beta = 0.06, p > 0.05$),母亲与父亲支持性行为交互项的预测作用也不显著($\beta = 0.06, p > 0.05$)。

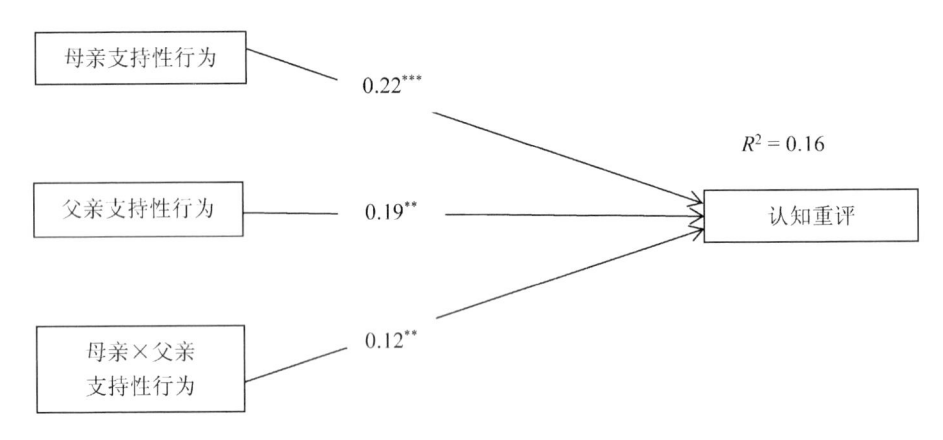

图 3-13 母亲与父亲支持性行为对青少年认知重评的交互作用

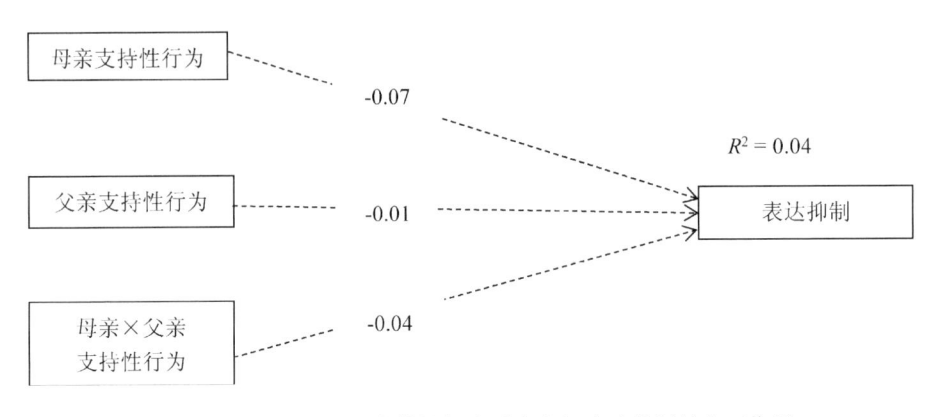

图 3-14 母亲与父亲支持性行为对青少年表达抑制的交互作用

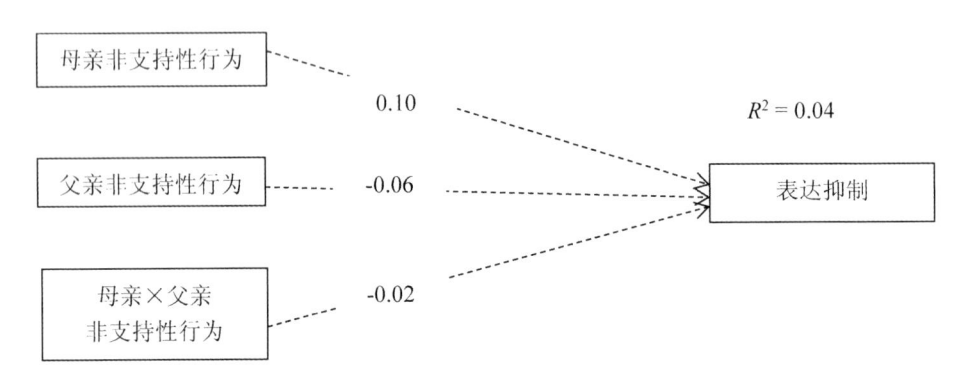

图 3-15 母亲与父亲支持性行为对青少年总体情绪调节能力的交互作用

第3章 中国文化下的青少年父母情绪社会化行为研究

其次,为了考察母亲、父亲非支持性情绪社会化行为对青少年情绪调节的交互作用,本研究针对青少年情绪调节的三个指标(认知重评、表达抑制、总体情绪调节能力)分别构建调节效应模型(图3-16~图3-18),每个模型中纳入母亲非支持性行为、父亲非支持性行为、母亲与父亲非支持性行为的交互项作为自变量,并在模型中对青少年性别和年龄进行控制。由于惩罚/控制和轻视/否定($r_母 = 0.45, p < 0.001; r_父 = 0.45, p < 0.001$)之间存在中等水平的正相关,为了简化分析,将两个维度各项目的平均数作为非支持性行为的得分,由此得到母亲非支持性行为和父亲非支持性行为两个变量。在构造交互项时,为了降低变量间的多重共线性,对母亲和父亲的非支持性行为分数做标准化处理,然后再相乘,生成母亲支持性行为×父亲支持性行为的交互作用项。以认知重评为因变量的分析表明(图3-16),母亲非支持性行为($\beta = -0.01, p > 0.05$)、父亲非支持性行为($\beta = -0.08, p > 0.05$)对青少年认知重评的预测作用均不显著,母亲与父亲非支持性行为的交互项对青少年认知重评的预测作用也不显著($\beta = 0.03, p > 0.05$)。以表达抑制为因变量的分析表明(图3-17),母亲非支持性行为($\beta = 0.10, p > 0.05$)、父亲非支持性行为($\beta = -0.06, p > 0.05$)对青少年表达抑制不具有显著预测作用,母亲与父亲非支持性行为的交互项对青少年表达抑制的预测作用也不显著($\beta = -0.02, p > 0.05$)。以总体情绪调节能力为因变量的分析表明(图3-18),父亲非支持性行为对青少年总体情绪调节能力具有显著的负向预测作用($\beta = -0.20, p < 0.01$),但母亲非支持性行为($\beta = -0.05, p > 0.05$)的预测作用不显著,母亲与父亲非支持性行为的交互项对青少年总体情绪调节能力的预测作用也不显著($\beta = 0.01, p > 0.05$)。

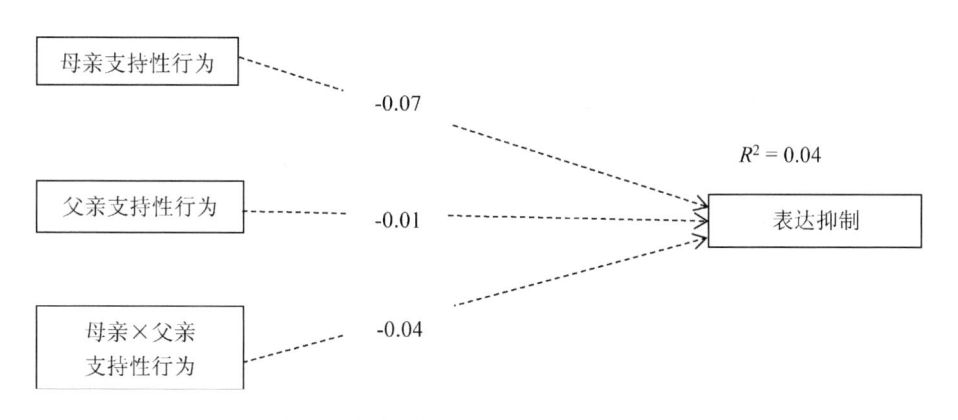

图3-16 母亲和父亲非支持性行为对青少年认知重评的交互作用

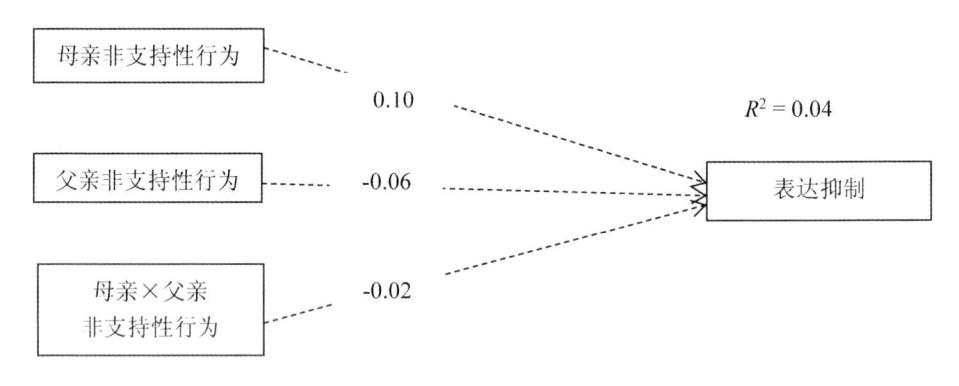

图 3-17 母亲和父亲非支持性行为对青少年表达抑制的交互作用

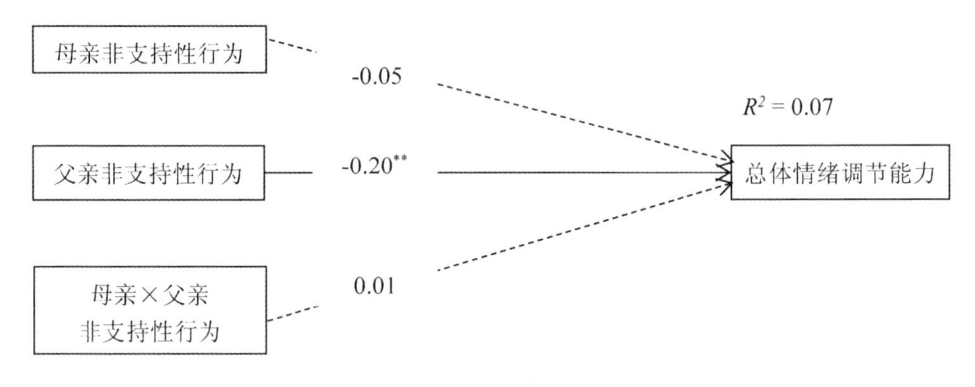

图 3-18 母亲和父亲非支持性行为对青少年总体情绪调节能力的交互作用

采用简单斜率检验(simple slope test),进一步分析母亲支持性行为与父亲支持性行为对青少年认知重评的交互作用。首先,考察当父亲支持性行为处于不同水平时,母亲支持性行为对青少年认知重评的作用。结果表明(图 3-19),当父亲支持性行为处于较低水平($\beta=0.15, p<0.05$)、中等水平($\beta=0.27, p<0.001$)、较高水平($\beta=0.39, p<0.001$)时,母亲支持性行为均能显著正向预测青少年认知重评。可以发现,随着父亲支持性行为水平的提高,母亲支持性行为对青少年认知重评的预测作用逐渐增强。其次,考察当母亲支持性行为处于不同水平时,父亲支持性行为对青少年认知重评的作用。结果表明(图 3-20),当母亲支持性行为处于较低水平时,父亲支持性行为对青少年认知重评的预测作用不显著($\beta=0.11, p>0.05$);当母亲支持性行为处于中等水平($\beta=0.23, p<0.01$)和较高水平($\beta=0.35, p<0.001$)时,父亲支持性行为均能显著

第3章 中国文化下的青少年父母情绪社会化行为研究

正向预测青少年认知重评。可以发现,随着母亲支持性行为水平的提高,父亲支持性行为对青少年认知重评的预测作用逐渐增强。这些结果表明,父母一方高水平的支持性行为能够增强另外一方支持性行为对青少年认知重评的作用,符合增强模型。

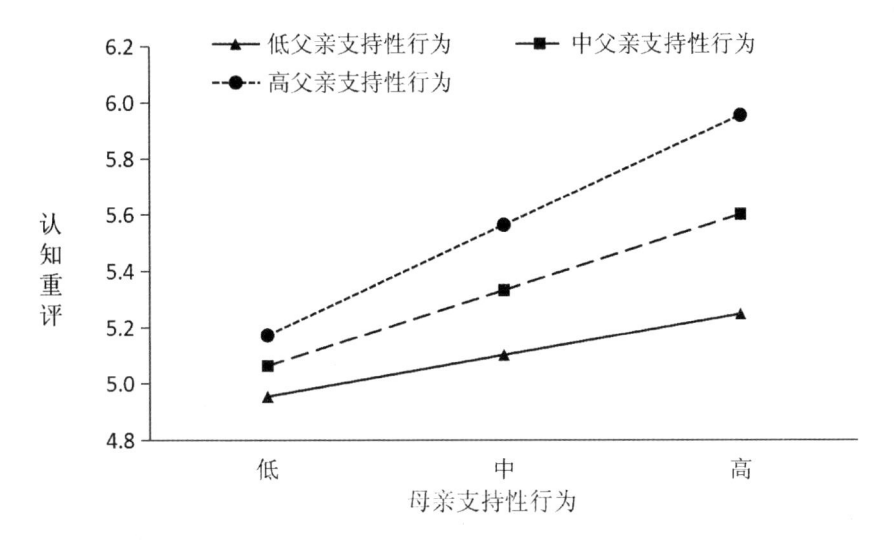

图3-19 父亲支持性行为在母亲支持性行为与青少年认知重评关系中的调节作用

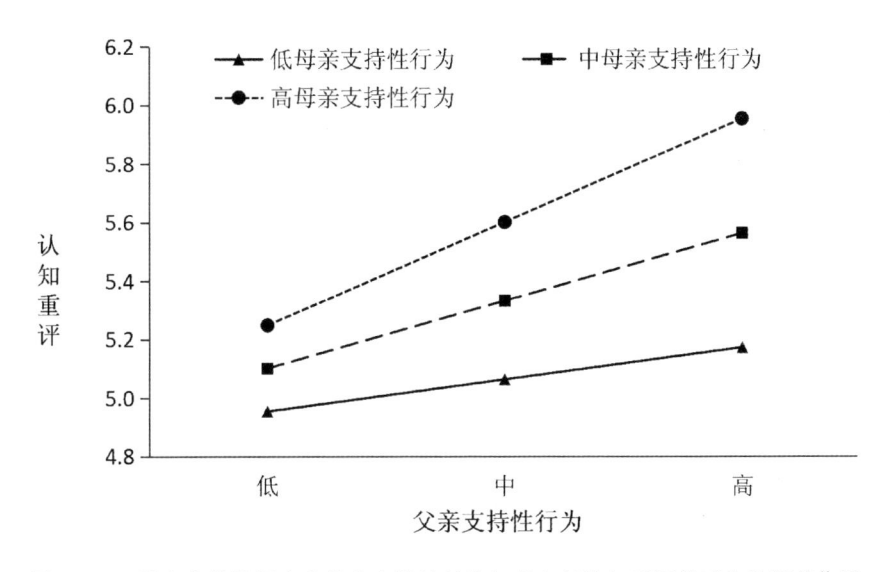

图3-20 母亲支持性行为在父亲支持性行为与青少年认知重评关系中的调节作用

3.5.5 讨论

在家庭系统观的基础上,本节进一步将母亲和父亲情绪社会化行为纳入同一模型中进行分析,考察二者对青少年情绪调节的各个指标(认知重评、表达抑制、总体情绪调节能力)是否存在交互作用以及交互作用的具体模式。研究结果显示,母亲和父亲的支持性行为对青少年认知重评具有显著的交互作用,表现为增强模式。而其他交互效应不显著,表现为独立作用模式。

1. 母亲、父亲情绪社会化行为对青少年认知重评的交互作用

本研究发现,母亲和父亲支持性行为对青少年认知重评的主效应显著,这与以往的研究结果一致。例如,Cabecinha - Alati 等人发现,父母支持性的情绪社会化行为对个体儿童期、青春期乃至成年期的认知重评调节策略都具有显著的预测作用。[1] 这可能是因为父母的支持性行为向子女传达了他们的情绪是合理的,并且这些情绪本身值得被关注和讨论,在这种情况下,孩子会感受到被父母接纳和理解。这有助于他们调整自己对情绪事件的理解和解释,缓解消极情绪,减少情绪带来的负面影响。

同时,母亲和父亲支持性行为对青少年认知重评的交互作用显著。具体而言,随着父母一方支持性行为的增加,另外一位家长的支持性行为对青少年认知重评的促进作用有所提高。这一研究结果验证了增强模型[2],也即父母一方高水平的支持性行为能够增强(放大)另外一方支持性行为对青少年认知重评的正向作用。这可能是因为父亲和母亲对子女情绪发展进行支持的具体方式有所不同,如果父母一方在应对子女消极情绪时展示出处理和解决问题的冷静态度,而另一方对子女提供情感上的安慰和鼓励,那么两者之间的结合有利于子女从不同角度看待问题和处理情绪,因此父母各自提供的支持对子女认知重评策略的发展产生了放大效果。不过,在 McElwain 等人[3]针对幼儿的研究中发

---

[1] CABECINHA - ALATI S, O'HARA G, KENNEDY H, et al. Parental emotion socialization and adult outcomes: the relationships between parental supportiveness, emotion regulation, and trait anxiety[J]. Journal of adult development, 2020, 27(4): 268 - 280.

[2] 田菲菲,田录梅. 亲子关系、朋友关系影响问题行为的3种模型[J]. 心理科学进展, 2014, 22(6): 968 - 976.

[3] MCELWAIN N L, HALBERSTADT A G, VOLLING B L. Mother - and father - reported reactions to children's negative emotions: relations to young children's emotional understanding and friendship quality[J]. Child development, 2007, 78(5): 1407 - 1425.

第3章 中国文化下的青少年父母情绪社会化行为研究

现,母亲和父亲的支持性行为对幼儿情绪理解和同伴冲突的交互作用表现为分歧模型,也即当一方家长提供高支持而另外一方提供低支持时,幼儿的情绪理解能力发展最好、同伴冲突水平更低。这可能是因为情绪理解和同伴关系的发展更依赖于儿童储存的情绪图式和认知图式的多样性,而父亲和母亲有差异的情绪社会化行为为子女提供了更丰富的学习机会,能够促进儿童复杂图式的发展。① 但认知重评策略的发展更依赖于家长示范,当父母双方都提供高支持时,青少年才有机会学习看待问题的多种方式。

此外,研究结果还表明,父母双方的非支持性行为对青少年认知重评的主效应和交互作用均不显著,这一结果在以往的研究中也得到了证实。作为一种正向的、具有积极适应功能的情绪调节策略,认知重评更多受到父母支持性行为的影响。② 而父母的非支持性行为(如惩罚、否定)虽然能在一定程度上抑制子女的消极情绪表达,但这些行为并未对儿童进行任何有效情绪调节方法的示范,因此父母非支持性行为更多被发现与子女的情绪调节困难和适应不良的消极情绪调节策略相关。③

2. 母亲、父亲情绪社会化行为对青少年表达抑制的交互作用

针对青少年表达抑制的分析发现,父母双方的支持性行为、非支持性行为对青少年表达抑制的主效应及交互效应均不显著,这与西方的研究结果并不一致。一些研究已经发现,父母情绪社会化行为在儿童表达抑制策略的发展中起着关键作用。例如,针对德国家庭的研究发现,父母的非支持性情绪社会化行为对5岁儿童的表达抑制具有促进作用。④ 类似地,针对澳大利亚青少年家庭的研究表明,父母对子女积极情绪的支持性反应与青少年表达抑制存在显著的

---

① DUNSMORE J C,HALBERSTADT A G. How does family emotional expressiveness affect children's schemas?[M]//BARRETT K C. The communication of emotion:current research from diverse perspectives. San Francisco:Jossey – Bass,1997,45 – 68.

② DI GIUNTA L,LUNETTI C,FIASCONARO I,et al. COVID – 19 impact on parental emotion socialization and youth socioemotional adjustment in Italy[J]. Journal of research on adolescence,2021,31(3):657 – 677.

③ HALE M E,PRICE N N,BOROWSKI S K,et al. Adolescent emotion regulation trajectories:the influence of parent and friend emotion socialization[J]. Journal of research on adolescence,2023,33(3):735 – 749.

④ GUNZENHAUSER C,FÄSCHE A,FRIEDLMEIER W,et al. Face it or hide it:parental socialization of reappraisal and response suppression[J]. Frontiers in psychology,2014,4:992.

负向关系。[1]

然而,在我国,一些研究者得到了与本研究相似的结果,也即父母的情绪社会化行为与青少年表达抑制不存在显著相关。[2] 上述研究结果之间的不一致可能源于不同地区文化价值观念的不同。中国文化重视人际和谐,而对消极情绪的表达可能不利于良好人际关系的建立与维持,且与我国强调抑制情绪的价值观念相悖。[3] 因此,中国父母可能从小教导子女在人际交往过程中减少负面情绪的表露,这可能导致中国儿童在幼年时期就已经学会使用表达抑制策略。因此,进入青春期后,父母对青少年表达抑制策略的影响将明显减弱。[4] 后续研究可以在不同年龄段的儿童中(如幼儿期、学龄期、青少年早期)比较父母情绪社会化行为与子女表达抑制的关系,对这一问题进行更深入的考察与探讨。

3. 母亲、父亲情绪社会化行为对青少年总体情绪调节能力的交互作用

首先,在支持性情绪社会化行为方面,本研究发现仅母亲支持能显著正向预测青少年总体情绪调节能力,但父亲支持对青少年总体情绪调节能力不具有独特的预测作用。父亲在子女情绪社会化的过程中通常扮演"导师"角色,他们倾向于采用理性引导的方法协助孩子深入分析问题,教授子女如何面对和化解诱发负性情绪的事件。[5] 他们不仅从行为层面给予孩子明确的指导和支持,还教会孩子在将来遇到类似问题时应当如何应对。然而,在我国文化中,父亲通常被塑造成严肃且注重纪律的形象,这使得他们的支持性行为在影响孩子情绪

---

[1] JAFFE M, GULLONE E, HUGHES E K. The roles of temperamental dispositions and perceived parenting behaviors in the use of two emotion regulation strategies in late childhood[J]. Journal of applied developmental psychology, 2010, 31(1):47 – 59.

[2] DING R, WU N, TANG S, et al. Relations between parental response to children's negative emotions and suicidal ideation in Chinese adolescents: internalizing problems, emotion regulation, and perceived relationship quality with parents as mediators[J]. Journal of affective disorders, 2022, 301:205 – 216.

[3] TREVETHAN M, LIN K L, RAVAL V V, et al. Mothers' emotion socialization profiles and relation to adolescent socio – emotional functioning in China and India[J]. Journal of applied developmental psychology, 2021, 73:101259.

[4] WANG M, LIANG Y, ZHOU N, et al. Chinese fathers' emotion socialization profiles and adolescents' emotion regulation[J]. Personality and individual differences, 2019, 137:33 – 38.

[5] DENHAM S A, BASSETT H H, WYATT T M. Gender differences in the socialization of preschoolers' emotional competence[J]. New directions for child and adolescent development, 2010(128):29 – 49.

发展方面的作用相对有限。与父亲不同,母亲通常扮演着"情绪守门人"的重要角色。她们能更加敏锐地察觉孩子的情绪需求,通过鼓励、开导和陪伴等方式,从情感层面为孩子提供安慰和支持。[1] 这种支持不仅帮助孩子更深入地理解自己的情绪,还教会他们如何妥善地处理情绪。[2] 总体而言,母亲提供支持的方式可能更符合青春期子女的心理需求,且母子之间可能具有更积极的依恋关系,这导致母亲的支持性行为对青少年总体情绪调节能力表现出了更加显著的影响力。

其次,在非支持性情绪社会化行为方面,本研究发现母亲的非支持性行为对青少年总体情绪调节能力不具有独特的预测作用,而父亲的非支持性行为能显著负向预测青少年总体情绪调节能力。这可能是因为母亲的非支持性行为往往表现为对孩子情绪的漠视或否定[3],且母亲在对子女消极情绪做出非支持性反应时往往还伴随着积极教养行为的出现[4],这就削弱了母亲非支持性行为的消极作用。相比之下,父亲的非支持性行为常常体现为惩罚、批评或其他较为激烈的负面反应。[5] 对于正处在青春期的青少年而言,这种行为反应的伤害性更强,因此可能会对子女的情绪调节能力产生明显的负面影响。这一结果也进一步验证了父亲的非支持性行为对子女情绪发展的阻碍作用更强的观点[6]。

最后,本研究发现,父母双方的支持性行为、非支持性行为对青少年总体情绪调节能力的交互效应均不显著。也就是说,父亲和母亲对青少年总体情绪调

---

[1] CHUANG S S, GLOZMAN J, GREEN D S, et al. Parenting and family relationships in Chinese families: a critical ecological approach[J]. Journal of family theory & review, 2018, 10(2): 367–383.

[2] EISENBERG N, FABES R A, CARLO G, et al. The relations of maternal practices and characteristics to children's vicarious emotional responsiveness[J]. Child development, 1992, 63(3): 583–602.

[3] LORBER M F. The role of maternal emotion regulation in overreactive and lax discipline[J]. Journal of family psychology, 2012, 26(4): 642–647.

[4] ZHANG N, CHENG F, WU X, et al. Mothers' negative expressivity and children's emotion dysregulation: mediating effect of discipline[J]. Children and youth services review, 2023, 155: 107158.

[5] BROWN G L, CRAIG A B, HALBERSTADT A G. Parent gender differences in emotion socialization behaviors vary by ethnicity and child gender[J]. Parenting, 2015, 15(3): 135–157.

[6] RAMAKRISHNAN J L, GARSIDE R B, LABELLA M H, et al. Parent socialization of positive and negative emotions: implications for emotional functioning, life satisfaction, and distress[J]. Journal of youth and adolescence, 2019, 28(12): 3455–3466.

节能力的影响呈现出相互独立的作用模式。这与李晓巍等人[1]针对幼儿家庭的研究结果并不一致。正如前文提到的,母亲和父亲在面对孩子消极情绪时所采取的支持性反应和非支持性反应的具体方式可能有所不同,这种差异性的反应方式可能导致父母双方独立地对青少年的总体情绪调节能力产生影响。

3.6 青少年父母情绪社会化行为的影响因素

以往关于父母情绪社会化的研究主要关注父母情绪社会化行为对子女发展的影响,而考察父母情绪社会化行为影响因素的实证研究则相对较少。Eisenberg等人提出的情绪社会化探索模型指出,父母的情绪社会化行为会受到环境因素(如环境中的情绪强度、伤害他人的可能性等)的影响。[2] 家庭是父母与儿童共同生活的主要环境,家庭成员的互动过程也可能对父母的情绪社会化行为产生影响。根据家庭系统理论[3],家庭是由夫妻子系统、亲子子系统、同胞子女子系统共同组成的系统,每个子系统间既密切联系又相互制约,共同作用于家庭系统的运转,以实现家庭功能的发挥。同时,某一子系统内成员之间的互动情况也会对其他子系统产生影响。父母婚姻冲突是反映夫妻子系统关系质量的重要指标,它是指夫妻之间由于意见不一致或其他原因而产生的语言或身体的攻击与争执。[4] 溢出假说(spillover hypothesis)认为,父母间的冲突会"外溢"影响亲子间的关系和互动,父母经常发生冲突会使其形成负面情绪的堆积,导致父母在面对孩子的需求时表现出消极的应对和处理方式。[5] 夫妻之间常常会因为受教育程度不同、生活习惯及理念不一致、生活压力大等因素而发生矛盾。有调查显示,随着人们婚姻观念的改变以及社会结构的变迁,近年来我国

---

[1] 李晓巍,杨青青,邹泓.父母对幼儿消极情绪的反应方式与幼儿情绪调节能力的关系[J].心理发展与教育,2017,33(4):385-393.

[2] EISENBERG N,SPINRAD T L,CUMBERLAND A. The socialization of emotion:reply to commentaries[J]. Psychological inquiry,1998,9(4):317-333.

[3] COX M J,PALEY B. Families as systems[J]. Annual review of psychology,1997,48(1):243-267.

[4] 池丽萍,辛自强.儿童对婚姻冲突的认知加工和情绪反应的发展研究[J].中华女子学院学报,2003(4):45-49.

[5] EREL O,BURMAN B. Interrelatedness of marital relations and parent-child relations:a meta-analytic review[J]. Psychological bulletin,1995,118(1):108-132.

第3章 中国文化下的青少年父母情绪社会化行为研究

离婚率不断攀升[1]。离婚率升高的背后反映出夫妻冲突的增加,家庭情绪情感氛围变得消极。Finger等多位学者们也提出,夫妻冲突的频发在一定程度上会降低父母对儿童的关注度,从而潜移默化地影响家庭养育质量。[2] 一些实证研究已经证明,父母婚姻冲突会对其教养行为产生影响。例如,有研究者发现父母婚姻冲突与其专制型教养方式呈显著正相关,也即婚姻冲突发生的频率越高,父母越容易对其子女采用专制教养。[3] 还有研究发现婚姻冲突会降低父母对儿童的支持和关爱,频繁与配偶发生冲突的家长无法对儿童的需要做出及时反馈,并对孩子表现出缺乏温情、忽视甚至无视。[4] 不过,以往研究主要关注的是父母冲突对其一般性教养行为的影响,但少有研究考察父母冲突对其情绪相关教养行为(父母情绪社会化行为)的作用。因此,本节的研究目的之一在于探讨婚姻冲突对不同父母情绪社会化行为的影响。

根据Eisenberg等人提出的情绪社会化探索模型,父母情绪社会化行为还受到子女特征的影响,例如子女的年龄、性别、气质等。[5] 以往研究已经考察了子女年龄、性别等人口学因素与父母情绪社会化行为的关系,但子女的个性特征(如气质)如何作用于父母情绪社会化行为还需要实证研究的进一步探索。气质是先天形成的,个体在情感、活动水平和注意力方面的反应性和自我调节存在显著的个体差异。反应性是个体对内外环境变化的反应,而自我调节是个体对注意力和行为的定向和执行控制。[6] 意志控制(effortful control)是自我调节的重要内容,代表个体主动克制自身本能性或抑制优势行为反应的能力,以

---

[1] 杨菊华.中国离婚潮的变动轨迹与性别模式:经验数据中的理论逻辑[J].探索与争鸣,2023(9):111-124.

[2] FINGER B,EIDEN R D,EDWARDS E P,et al. Marital aggression and child peer competence:a comparison of three conceptual models[J]. Personal relationships,2010,17(3):357-376.

[3] 王明珠,邹泓,李晓巍,等.幼儿父母婚姻冲突与教养方式的关系:父母情绪调节策略的调节作用[J].心理发展与教育,2015(3):279-286.

[4] 夏艳雨,李丹,马艳歌,等.高中生父母婚姻冲突、焦虑与教养方式:主客体互倚调节模型[J].心理发展与教育,2024(3):335-345.

[5] EISENBERG N,CUMBERLAND A,SPINRAD T L. Parental socialization of emotion[J]. Psychological inquiry,1998,9(4):241-273.

[6] ROTHBART M K,BATES J E,DAMON W,et al. Social,emotional,and personality development[M]//DAMON W,LERNER R M,EISENBERG N. Handbook of child psychology,New Jersey:John Wiley & Sons,2006:99-166.

促使自身调整反应倾向,执行劣势反应,并更好地觉察出错误[1],包括控制激活、注意和抑制控制等方面。愤怒/挫折(anger / frustration)是指个体在进行一项任务的过程中因受到阻碍或任务中断导致任务不能完成时产生的消极情绪。[2] 有研究指出,儿童努力控制和积极情绪低下会引发父母对其情绪表达的抑制反应。[3] Davenport等人发现,努力控制低、消极情绪多的儿童会使母亲产生更多的轻蔑、不愉快等消极情绪。[4] 也有纵向研究表明,儿童的消极情绪性(愤怒/挫折)能够预测父母对子女消极情绪的非支持性反应。[5][6] 由此可见,儿童的意志控制、愤怒/挫折等气质特征与父母情绪社会化行为之间存在关联。然而,以往对两者关系进行考察的研究大多以年幼儿童及其父母为对象,缺乏对青少年家庭的关注。同时,青少年气质对母亲和父亲情绪社会化行为的作用是否存在差异也未可知。因此,本节的另一个研究目的在于明晰青少年意志控制、愤怒/挫折这两种气质如何作用于母亲和父亲的情绪社会化行为。

3.6.1 研究目的

(1)考察父母婚姻冲突与父母情绪社会化行为各维度的关系。

(2)考察青少年气质(意志控制、愤怒/挫折)与父母情绪社会化行为各维度的关系。

---

[1] ROTHBART M K, POSNER M I. Genes and experience in the development of executive attention and effortful control[J]. New directions for child and adolescent development, 2005(109): 101-108.

[2] ROTHBART M K, BATES J E, DAMON W, et al. Social, emotional, and personality development[M]//DAMON W, LERNER R M, EISENBERG N. Handbook of child psychology. New Jersey: John Wiley & Sons, 2006:99-166.

[3] NYQUIST A C, FREDRICK J W, LUEBBE A M. Adolescent temperament, but not age or gender, is associated with parental socialization of positive affect[J]. Journal of child and family studies, 2019, 28:1524-1536.

[4] DAVENPORT E, YAP M B H, SIMMONS J G, et al. Maternal and adolescent temperament as predictors of maternal affective behavior during mother-adolescent interactions[J]. Journal of adolescence, 2011, 34(5):829-839.

[5] ANSARI A, CROSNOE R. Children's elicitation of changes in parenting during the early childhood years[J]. Early childhood research quarterly, 2015, 32:139-149.

[6] STEPP S D, WHALEN D J, SCOTT L N, et al. Reciprocal effects of parenting and borderline personality disorder symptoms in adolescent girls[J]. Development and psychopathology, 2014, 26(2):361-378.

3.6.2 研究假设

(1)婚姻冲突能够显著负向预测母亲和父亲的卷入/支持和鼓励表达,显著负向预测母亲和父亲的惩罚/控制和轻视/否定。

(2)青少年意志控制能够显著正向预测母亲和父亲的卷入/支持和鼓励表达,显著负向预测母亲和父亲的惩罚/控制和轻视/否定;青少年愤怒/挫折能够显著负向预测父母双方的卷入/支持和鼓励表达,能够显著正向预测父母双方的惩罚/控制和轻视/否定。

3.6.3 研究方法

1. 被试

同 3.1 节正式被试。

2. 研究工具

(1)青少年父母情绪社会化行为正式问卷

同 3.1 节。

(2)青少年早期气质问卷

本研究考察的青少年气质特征包括意志控制和愤怒/挫折两个方面,采用由 Ellis 和 Rothbart 编制[1]的青少年早期气质问卷中的意志控制分问卷和愤怒/挫折分问卷分别对两者进行测量,该问卷的中文版由 Li 等人[2]修订。修订后的意志控制分问卷包括控制激活、注意和抑制控制三个维度,共 16 个项目,例如"我越想阻止自己做某些不该做的事,就越有可能去做(反向计分)"。愤怒/挫折分问卷包含 8 个题目,例如"父母答应我的事情没有兑现会让我非常生气"。问卷采用李克特六点计分,从"完全不符合"到"完全符合"分别计为 1~6 分,得分越高代表个体的意志控制或愤怒/挫折水平越高。该问卷已在我国青少年群

---

[1] ELLIS L K, ROTHBART M K. Revision of the early adolescent temperament questionnaire [C]. Poster presented at the 2001 biennial meeting of the society for research in child development, Minneapolis, Minnesota. 2001.

[2] LI D, ZHANG W, LI X, et al. Stressful life events and problematic Internet use by adolescent females and males: a mediated moderation model[J]. Computers in human behavior, 2010, 26 (5):1199-1207.

体中得到应用,问卷具有良好的信度和效度。[1] 在本研究中,意志控制、愤怒/挫折的 Cronbach's α 系数分别为 0.88、0.79。

(3) 父母冲突儿童知觉量表

采用由 Grych 等人编制[2]、池丽萍和辛自强修订[3]的父母冲突儿童知觉量表(children's perception of interparental conflict scale,CPIC)中的冲突特征分量表测量父母的婚姻冲突。该分量表包括婚姻冲突频率、婚姻冲突强度和婚姻冲突解决三个维度,共 19 个项目。采用 4 点计分,从"完全不符合"到"完全符合"分别计为 1~4 分,分数越高代表父母的婚姻冲突水平越高。在本研究中,婚姻冲突频率、婚姻冲突强度和婚姻冲突解决的 Cronbach's α 系数分别为 0.87、0.86 和 0.88,总问卷的 Cronbach's α 系数为 0.94。

3. 研究程序

同 3.1 节正式施测程序。

4. 数据分析

使用 SPSS 27.0 进行描述性统计和相关分析;使用 Mplus 8.3 进行路径分析。

3.6.4 结果分析

1. 各变量间的描述统计和相关分析

对父母情绪社会化行为四个维度、父母婚姻冲突总分、青少年意志控制和愤怒/挫折进行 Pearson 相关分析,各变量间的描述性统计以及相关分析结果见表 3-21。在本研究中,青少年感知的父母婚姻冲突、青少年自我报告的意志控制和愤怒/挫折与父母双方的四种情绪社会化行为之间两两相关显著。具体而言,父母婚姻冲突以及青少年愤怒/挫折与母亲、父亲的卷入/支持和鼓励表达行为均存在显著负相关,与母亲、父亲的惩罚/控制和轻视/否定行为均存在显著正相关。青少年意志控制与父母双方的卷入/支持和鼓励表达行为均呈显著正相关,与父母双方的惩罚/控制和轻视/否定行为均存在显著负相关。

---

[1] 李董平,张卫,李丹黎,等. 教养方式、气质对青少年攻击的影响:独特、差别与中介效应检验[J]. 心理学报,2012,44(2):211-225.

[2] GRYCH J H,SEID M,FINCHAM F D. Assessing marital conflict from the child's perspective:the children's perception of interparental conflict scale[J]. Child development,1992,63(3):558-572.

[3] 池丽萍,辛自强. 儿童对婚姻冲突的感知量表修订[J]. 中国心理卫生杂志,2003(8):554-556.

第3章 中国文化下的青少年父母情绪社会化行为研究

表3-21 各变量描述性统计和相关分析

	1	2	3	4	5	6	7	8	9	10	11
1. 母亲卷入/支持											
2. 母亲鼓励表达	0.75***										
3. 母亲惩罚/控制	-0.42***	-0.25***									
4. 母亲轻视/否定	0.01	0.14***	0.45***								
5. 父亲卷入/支持	0.79***	0.60***	-0.31***	0.01							
6. 父亲鼓励表达	0.66***	0.86***	-0.21***	0.11**	0.77***						
7. 父亲惩罚/控制	-0.33***	-0.17***	0.82***	0.40***	-0.35***	-0.23***					
8. 父亲轻视/否定	0.01	0.13***	0.40***	0.88***	0.05	0.12***	0.45***				
9. 父母婚姻冲突	-0.37***	-0.25***	0.40***	0.12**	-0.39***	-0.29***	0.39***	0.10**			
10. 意志控制	0.30***	0.19***	-0.23***	-0.08*	0.31***	0.19***	-0.22***	-0.87**	-0.36***		
11. 愤怒/挫折	-0.20***	-0.17***	0.26***	0.14***	-0.21***	-0.19***	0.23***	0.11**	-0.52***	0.31***	
M	3.62	3.03	1.94	2.23	3.44	2.86	1.89	2.21	4.05	3.73	1.98
SD	0.92	1.15	0.78	0.91	1.01	1.16	0.8	0.92	0.84	0.95	0.64

2. 父母婚姻冲突对父母情绪社会化行为的预测作用

为了考察婚姻冲突对父母双方情绪社会化行为的预测作用,本研究以父母婚姻冲突为自变量,家长情绪社会化行为四个维度为结果变量,针对母亲和父亲分别建立回归模型,模型中对青少年性别和年龄进行了控制。母亲模型结果和父亲模型结果分别如图 3-21 和 3-22 所示。结果显示,婚姻冲突对母亲、父亲的卷入/支持($\beta_母 = -0.37, p < 0.001; \beta_父 = -0.39, p < 0.001$)和鼓励表达($\beta_母 = -0.26, p < 0.001; \beta_父 = -0.29, p < 0.001$)均存在显著的负向预测作用,对母亲、父亲的惩罚/控制($\beta_母 = 0.42, p < 0.001; \beta_父 = 0.41, p < 0.001$)和轻视/否定($\beta_母 = 0.13, p < 0.01; \beta_父 = 0.12, p < 0.01$)均存在显著的正向预测作用。

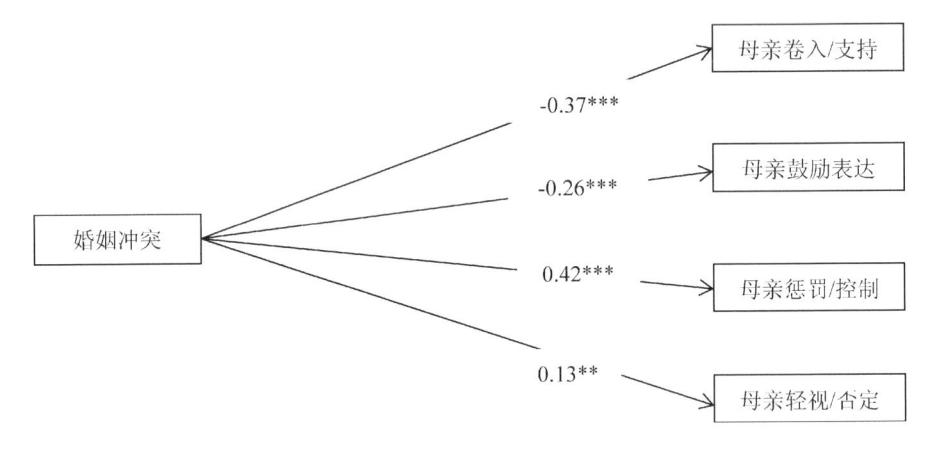

图 3-21 婚姻冲突对母亲情绪社会化行为的预测作用

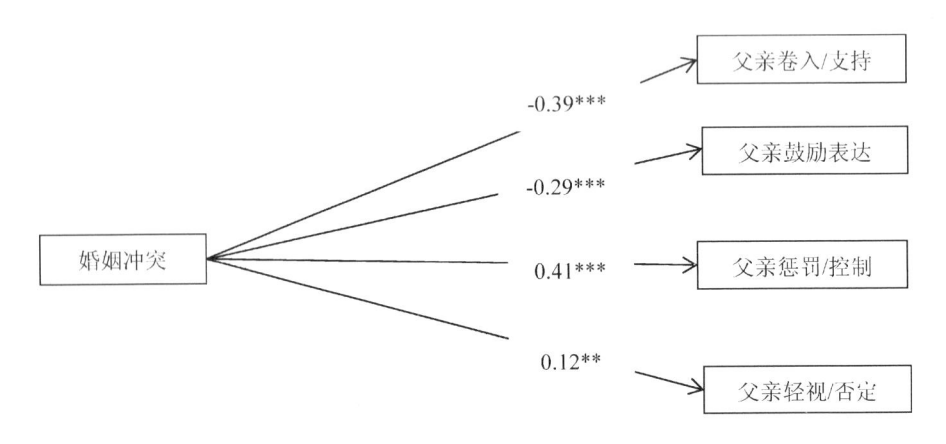

图 3-22 婚姻冲突对父亲情绪社会化行为的预测作用

第3章　中国文化下的青少年父母情绪社会化行为研究

3. 青少年气质对父母情绪社会化行为的预测作用

本研究还考察了青少年气质对父母情绪社会化行为的预测作用。以青少年意志控制和愤怒/挫折为自变量，家长情绪社会化行为四个维度为因变量，针对母亲和父亲分别建立回归模型，模型中对青少年性别和年龄进行了控制。母亲模型和父亲模型的结果分别如图3-23和图3-24所示。结果表明，青少年意志控制能够显著正向预测母亲、父亲的卷入/支持（$\beta_母=0.25,p<0.001$；$\beta_父=0.27,p<0.001$）和鼓励表达（$\beta_母=0.14,p<0.01$；$\beta_父=0.13,p<0.01$），显著负向预测母亲和父亲的惩罚/控制（$\beta_母=-0.15,p<0.001$；$\beta_父=-0.15,p<0.001$），但对母亲、父亲轻视/否定（$\beta_母=-0.01,p>0.05$；$\beta_父=-0.03,p>0.05$）的预测作用不显著。青少年愤怒/挫折显著负向预测母亲和父亲的鼓励表达（$\beta_母=-0.10,p<0.05$；$\beta_父=-0.12,p<0.01$），显著正向预测母亲、父亲的惩罚/控制（$\beta_母=0.18,p<0.001$；$\beta_父=0.15,p<0.001$）和轻视否定（$\beta_母=0.14,p<0.01$；$\beta_父=0.09,p<0.05$），对母亲、父亲卷入/支持（$\beta_母=-0.07,p>0.05$；$\beta_父=-0.07,p>0.05$）的预测作用不显著。

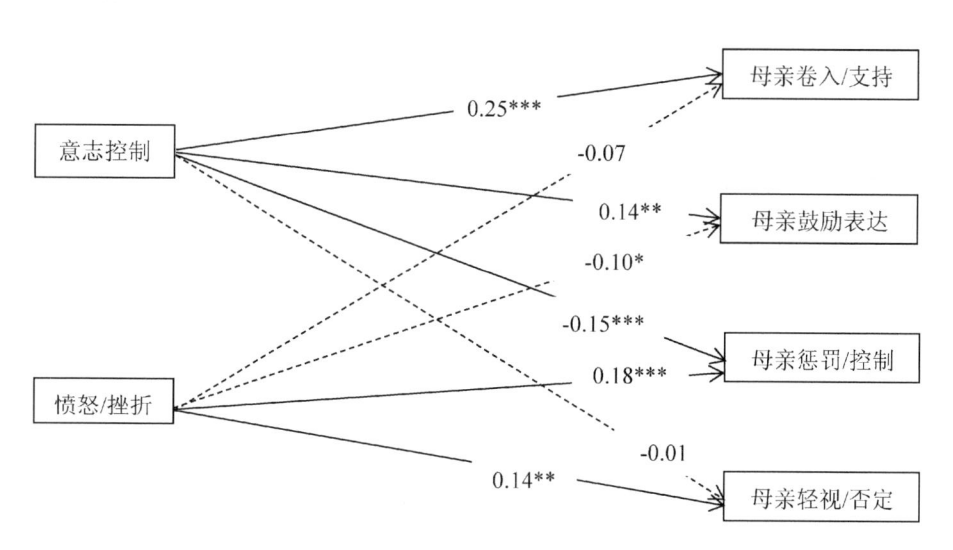

图3-23　青少年意志控制和愤怒/挫折对母亲情绪社会化行为的预测作用

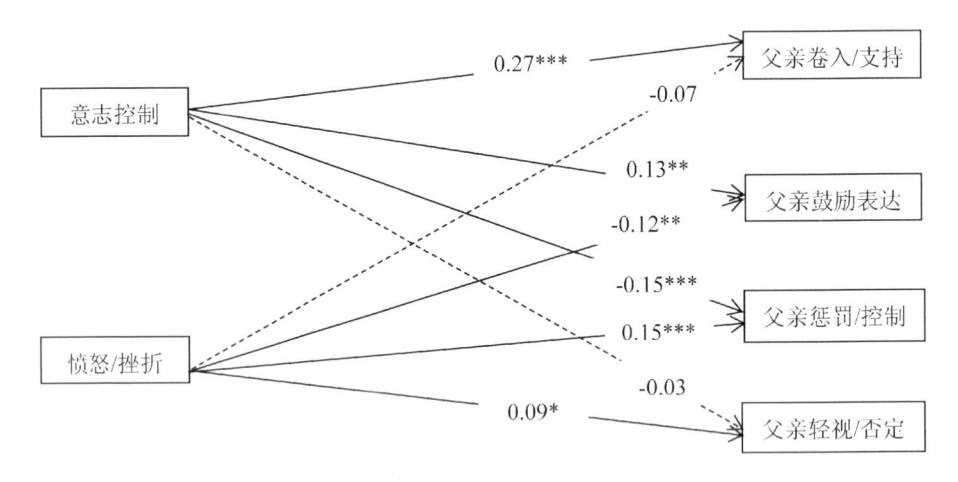

图 3-24　青少年意志控制和愤怒/挫折对母亲情绪社会化行为的预测作用

3.6.5　讨论

1. 婚姻冲突对父母情绪社会化行为的预测作用

基于家庭系统理论[1]的观点,本节内容首先检验了婚姻冲突对母亲和父亲情绪社会化行为的作用。与假设一致,本研究发现,婚姻冲突能显著负向预测母亲和父亲在应对青少年消极情绪时的卷入/支持和鼓励表达行为,显著正向预测母亲和父亲的惩罚/控制及轻视/否定行为。研究结果进一步支持了溢出假说[2]的观点,当婚姻冲突和矛盾加剧时,父母在夫妻关系中的消极互动会耗损其教养精力,导致他们在面对子女的消极情绪时,难以持续投入饱满的情感并表现出积极的教养行为[3],因而出现卷入/支持和鼓励表达等积极情绪社会化行为显著下降。但当父母之间建立起良好的婚姻关系并从中获得安全感和满足感时,这种积极的情绪状态会溢出到亲子关系系统中,使父母能够敏感地感受到子女的情绪情感需求,并积极地引导和塑造子女的情绪发展。此外,当父母

---

[1] COX M J, PALEY B. Families as systems[J]. Annual review of psychology, 1997, 48(1): 243-267.

[2] EREL O, BURMAN B. Interrelatedness of marital relations and parent-child relations: a meta-analytic review[J]. Psychological bulletin, 1995, 118(1): 108-132.

[3] SKINNER O D, SUN X, MCHALE S M. Links between marital and parent-child relationship in African American families: a dyadic approach[J]. Journal of family psychology, 2021, 35(8): 1086-1096.

第3章　中国文化下的青少年父母情绪社会化行为研究

在婚姻关系中出现冲突和矛盾时,为了避免正面争吵带来的负面影响,并宣泄自身在冲突过程中体验到的消极情绪,父母会将矛盾转移到教养子女的过程中来,从而在应对子女的消极情绪时表现出惩罚/控制和轻视/否定等消极反应。[①][②] 这些结果拓展了有关婚姻冲突与教养行为关系的研究。以往研究已经证明了婚姻冲突对家长的权威教养、专制教养等一般性教养方式的影响,而本研究则证明了婚姻冲突对父母在子女情绪社会化这一特定领域的教养行为的作用。父母之间不健康的婚姻关系会导致父母对子女消极情绪有效应对方式的缺乏,并可能进一步对青少年的情绪健康产生影响。

需要指出的是,本研究发现婚姻冲突对母亲和父亲情绪社会化行为的预测作用具有相似性,这与Ponnet等人[③]的研究结果相似。该研究也发现,婚姻冲突对教养行为的预测作用并不存在显著的父母性别差异。不过,Gao等人[④]的研究则发现,婚姻冲突与母亲教养过程中的惩罚行为和最小化反应显著正相关,但对父亲教养行为不具有显著预测作用。这可能是因为Gao等人关注的是幼儿父母的婚姻关系及其教养行为,该阶段的父亲可能对自身在育儿过程中的角色定位还不够清晰,因此其教养行为尚未受到婚姻关系的影响。

2. 青少年意志控制、愤怒/挫折对父母情绪社会化行为的预测作用

本节内容还探讨了青少年意志控制和愤怒/挫折两种气质特征对母亲和父亲情绪社会化行为的预测作用。结果显示,总体而言,青少年意志控制与母亲和父亲的支持性情绪社会化行为存在显著正相关,与母亲和父亲的非支持性情绪社会化行为呈显著负相关。而青少年的愤怒/挫折与父母双方的支持性行为呈显著负相关,与父母的非支持性行为呈显著正相关。这些研究结果支持了情

---

① YU J J, GAMBLE W C. Pathways of influence: marital relationships and their association with parenting styles and sibling relationship quality[J]. Journal of child and family studies, 2008, 17: 757 – 778.

② TAVASSOLIE T, DUDDING S, MADIGAN A L, et al. Differences in perceived parenting style between mothers and fathers: implications for child outcomes and marital conflict[J]. Journal of child and family studies, 2016, 25: 2055 – 2068.

③ PONNET K, MORTELMANS D, WOUTERS E, et al. Parenting stress and marital relationship as determinants of mothers' and fathers' parenting[J]. Personal relationships, 2013, 20(2): 259 – 276.

④ GAO M, DU H, DAVIES P T, et al. Marital conflict behaviors and parenting: dyadic links over time[J]. Family relations, 2019, 68(1): 135 – 149.

绪社会化探索模型[1],表明子女的个性特征能够唤醒父母的特定养育行为[2][3]。以往研究也发现,儿童积极的气质特征更容易激发父母的积极教养行为,消极气质特征容易激发父母的消极教养行为。[4]

首先,本研究发现,意志控制能够显著正向预测父母双方的卷入/支持和鼓励表达行为,显著负向预测父母双方的惩罚/控制行为。这一结果与以往有关青少年气质与母子关系、母亲教养行为的研究发现[5]基本一致。这些结果表明,当青少年对自身行为反应具有较好的自我控制能力时,父母也能够以相对积极的方式应对他们的消极情绪。而当子女意志控制水平较低时,父母更可能采取严厉的方式应对孩子的消极情绪,促使子女迅速恢复平静。不过,也有研究发现,青少年意志控制对父母支持性情绪社会化行为的预测作用不显著。[6] 这可能是因为该研究关注的是父母对青少年积极情绪的反应,当父母认为子女能够较好地调控自身行为时,他们可能会有意降低自身支持性情绪社会化行为的水平,以避免产生过度反应。本研究着眼于父母对子女消极情绪的反应,即使面对意志控制水平较高的子女,父母可能仍然认为需要为子女提供支持,以帮助子女有效纾解消极情绪。此外,本研究发现青少年意志控制与父母轻视/否定行为不具有显著关联。这可能是因为对消极情绪的轻视/否定在中国家庭中具有一定的普遍性,无论子女意志控制水平高低,父母都可能在一定程度上采用这种行为来应对孩子的情绪问题。

另外,本研究发现青少年愤怒/挫折能够显著负向预测父母鼓励表达,显著

---

[1] EISENBERG N,CUMBERLAND A,SPINRAD T L. Parental socialization of emotion[J]. Psychological inquiry,1998,9(4):241-273.

[2] BELSKY J. The determinants of parenting:a process model[J]. Child development,1984,55(1):83-96.

[3] LENGUA L J. Growth in temperament and parenting as predictors of adjustment during children's transition to adolescence[J]. Developmental psychology,2006,42(5):819-832.

[4] 李航,王美萍.气质与青少年早期抑郁:父母教养行为的中介作用[J].青少年学刊,2016(2):44-48.

[5] DAVENPORT E,YAP M B H,SIMMONS J G,et al. Maternal and adolescent temperament as predictors of maternal affective behavior during mother-adolescent interactions[J]. Journal of adolescence,2011,34(5):829-839.

[6] NYQUIST A C,FREDRICK J W,LUEBBE A M. Adolescent temperament,but not age or gender,is associated with parental socialization of positive affect[J]. Journal of child and family studies,2019,28:1524-1536.

正向预测父母的惩罚/控制和轻视/否定行为。以往研究也发现,儿童的负性情绪表现会导致父母消极教养行为的增加[1]。这可能是因为愤怒/挫折水平高的孩子更难内化社会规则,父母认为这类孩子较难管理。并且有研究表明,父母认为愤怒水平较高的儿童在社交过程中会表现出较低的沟通交流能力,亲社会行为和社会合作水平也较低[2]。由此可见,父母对愤怒/挫折水平较高的子女存在较多的负面评价和不认可,这会增加父母在养育过程中的挫败感,导致父母采用高惩罚、高最小化、低鼓励表达等方式抑制这类孩子过度的消极情绪反应。需要指出的是,本研究发现青少年愤怒/挫折与母亲和父亲的卷入/支持行为均不存在显著关联,这说明父母并不必然降低对消极情绪反应性水平较高的子女的支持。家长可能同时采用高水平的非支持性情绪社会化行为和适度水平的支持,帮助这类子女调控情绪。

总之,本研究验证了青少年气质和父母情绪社会化行为之间的关系,并发现这种关系对于父亲和母亲而言具有相似性。这些结果支持了青少年个性特征是父母情绪社会化行为的重要影响因素的理论观点。不过,本研究仅对意志控制和愤怒/挫折这两种气质特征进行了分析,缺乏对其他青少年个性特征的探讨,未来研究可考察更丰富的青少年个性特征,以弥补现有研究的不足。此外,未来研究可采用追踪设计,进一步考察青少年特征与父母情绪社会化行为之间是否存在双向的相互作用。

3.7 研究反思与展望

首先,本研究采用的是横断设计,无法得出因果关系结论。一方面,亲子互动和家庭教养是动态变化的过程,父母的情绪社会化行为可能会根据儿童的情

---

[1] DAVENPORT E, YAP M B H, SIMMONS J G, et al. Maternal and adolescent temperament as predictors of maternal affective behavior during mother – adolescent interactions[J]. Journal of adolescence, 2011, 34(5): 829 – 839.

[2] LAIBLE D, CARLO G, MURPHY T, et al. Predicting children's prosocial and co – operative behavior from their temperamental profiles: a person – centered approach[J]. Social development, 2014, 23(4): 734 – 752.

绪调节能力发展和社会需求的发展而改变。① 在不同时间点对父母情绪社会化行为和青少年情绪调节进行测量,能够提供更多有关家庭情绪教养与青少年情绪发展的信息。因此,未来研究可采用追踪设计,进一步明确父母情绪社会化行为与青少年情绪调节间的纵向关系。同时,也可以扩大被试的年龄范围,追踪考察学前期、学龄期、青春期等不同阶段的父母情绪社会化理念与行为的影响,综合比较不同时期家庭环境的作用路径和影响大小。

其次,本研究在一线城市内取样,被试的家庭社会经济地位普遍较高。而对于经济发展水平较低的家庭来说,家庭的经济压力会影响父母的情绪,并进一步影响他们在面对子女消极情绪事件时的教养行为。同时,情绪教育在我国是相对比较新鲜的话题,来自发达城市、一般城镇、偏远农村的家庭在本研究考察的变量和探讨的问题上可能呈现出较大差异。因此,应谨慎推广本研究的结论。未来研究可扩大取样范围,通过比较不同地区的差异,更全面地考察中国父母情绪社会化行为的特点及其对子女情绪调节的影响。

再次,本研究在评定主体和评定方式方面仍然比较单一。为了更好地避免共同方法偏差和社会赞许效应的影响,后续研究可采用多主体评定的方式,由学生和家长同时报告父母情绪社会化行为和学生发展结果变量,也可以采用实验室任务的方式,由研究者观察并评估家长在面对子女消极情绪时的反应,以获取更丰富的数据资料,对本研究关注的问题进行更加深入、细致的探讨。

另外,本研究在考察青少年家长的情绪社会化行为时,未能对具有敌意性的消极情绪(如生气)和非敌对性的消极情绪(如悲伤、焦虑)进行区分。后续研究可考察家长对不同类型的消极情绪持有的理念以及应对孩子不同类型的消极情绪时可能表现出的行为反应的异同,以深化该领域的研究。

---

① MIRABILE S P, OERTWIG D, HALBERSTADT A G. Parent emotion socialization and children's socioemotional adjustment:when is supportiveness no longer supportive? [J]. Social development,2018,27(3):466 – 481.

第 4 章
父母情绪社会化行为的干预及改进

众多研究表明,父母情绪社会化在子女的情绪发展中起着核心作用。青少年时期是个体心理问题频发的时期,如果父母不能为子女的情绪健康保驾护航,那么青少年很可能产生一系列情绪问题。在青春期,个体的心理功能会发生重大变化,这些变化对父母的教养实践提出了新的要求。因此,父母需要根据子女的心理变化调整自己的教养行为。然而,有些父母拒绝针对新的要求做出改变,这是造成青少年心理问题增加的重要因素。因此,学术界开始关注父母情绪社会化的干预,开展了各种以情绪为中心的教养干预项目,以促进亲子关系和儿童情绪的健康发展。在 Web of Science 上进行检索发现,自 2009 年墨尔本大学发展健康训练和研究中心 Havighurst 等人进行了"关注儿童(tuning in to kids)"干预项目至今,以"parental emotion socialization + parenting intervention"为关键词的干预研究文献共有 28 篇,许多针对父母情绪社会化的干预措施已被证明是有效的。目前,有关父母情绪社会化的干预项目在西方已有相对成熟的方案,但在中国,相关研究才刚刚起步。

本章从已有实证研究出发,对父母情绪社会化的主要干预项目进行回顾,介绍这些项目的主要干预内容和干预过程,阐述与情绪相关的教养行为对儿童情绪发展的重要意义。此外,立足于第 3 章的实证研究结果,参考现有的父母情绪社会化干预项目,本章将为我国父母的情绪教养实践提出建议。

4.1 父母情绪社会化干预项目

本节将围绕父母情绪社会化的四个干预项目进行介绍。第一部分重点介绍了"关注儿童"干预试验。首先,描述了"关注儿童"干预项目的干预步骤、课程内容及干预结果,以及该干预项目对之后父母情绪社会化干预研究的贡献。其次,介绍了研究者对"关注儿童"干预项目的应用和扩展,包括该项目在中国的应用,以及对该项目的改编试验。第二部分聚焦于"关注青少年(Tuning in to Teens)"干预项目,该研究将干预对象由学龄前儿童转向青少年。首先分析了青春期的特殊性以及青少年情绪发展的变化,其次对"关注青少年"干预项目的干预方式及内容进行阐述和分析,随后介绍了该项目在美国收养家庭中的应用,以及在新西兰儿童与青少年心理健康服务机构的试验。第三部分关注"父母的友谊指导(Parental Friendship Coaching)"干预项目,通过描述该项目的干预内容与干预过程,并分析其干预结果,阐述"父母的友谊指导"在特殊儿童社会性发展方面的重要作用,对特殊儿童父母在促进子女友谊发展方面的指导提出切实可行的建议。第四部分介绍了"让我们联系(Let's Connect)"干预项目,重点描述了该项目的干预内容,分析其对儿童情绪健康发展的重要性,为未来的研究提供新的思路和方向。

4.1.1 "关注儿童"干预项目

"关注儿童(Tuning in to Kids,TIK)"项目是由 Havighurst 等人开发的有关父母情绪社会化的干预项目。[1] 该项目是在"Essential Parenting:Raising Emotionally Intelligent Children"项目[2]的基础上修订和改进而来。项目内容的优化重点在于增加对儿童情绪调节策略的指导,以及提升家长的情绪觉察和自我调节能力。这些关键性的调整赋予了该项目全新的内涵,使其更贴近实际需求,因而得以更名为更具针对性和指导意义的"Tuning in to Kids:Emotionally Intelligent Parenting"。

Havighurst 等人通过在澳大利亚学前儿童家长中开展一项随机对照试验,对"关注儿童"干预项目进行了初步评估。该研究从 28 所由地方政府管理的幼儿园中招募了参与家庭,并将他们随机分为干预组和对照组。干预组共有 15

---

[1] HAVIGHURST S S,WILSON K R,HARLEY A E,et al. Tuning in to kids:an emotion-focused parenting program – initial findings from a community trial[J]. Journal of community psychology,2009,37(8):1008 – 1023.

[2] HAVIGHURST S S,HARLEY A,PRIOR M. Building preschool children's emotional competence:a parenting program[J]. Early education & development,2004,15(4):423 – 448.

个学前儿童及其家长,而对照组则有10个学前儿童及其家长。儿童接受第一次评估时的年龄在4.0~5.11岁之间。干预课程为期6周,每周2小时。课程内容涵盖心理教育、情感指导视频观看、范例学习以及日常练习等方面,旨在提升亲子间的沟通与情感交流。课程的核心是教授父母对子女进行情绪指导的5个步骤[①],分别是:(1)父母要觉察子女的情绪,特别是在子女情绪强度较低的情况下;(2)父母将子女的低情绪状态当作一次教学和亲密互动的机会;(3)父母把自身对情绪的感受和理解传递给子女;(4)父母帮助子女用语言描述他们的感受;(5)必要时,父母协助孩子解决问题。正式的干预课程结束后,干预组还有两次后续巩固课程。研究人员在干预前后对父母情绪社会化行为、父母的情绪能力和幸福感以及儿童的问题行为进行评估,以衡量干预效果。研究结果表明,参与"关注儿童"项目的父母在干预后更擅长处理孩子的情绪,表现为情绪引导的增加和情绪忽视的减少。孩子的问题行为也有所改善,尤其是原本问题行为水平较高的儿童。因此,研究结果证明了"关注儿童"干预项目的有效性,即关注并教授父母有效的情绪社会化技巧有助于子女的情绪发展。

一个项目是否具有可行性和推广性还需要在不同的文化背景下进行检验。Havighurst等人使用定性研究评估了"Tuning in to Kids"项目在德国、土耳其、伊朗和中国等不同文化背景下的适用性。[②] 研究结果显示,尽管"Tuning in to Kids"项目在不同文化背景下可以实施,但也都面临一定的挑战,包括理解项目概念、翻译和使用情绪语言、基本育儿概念的补充以及文化适应性。就翻译和使用情绪语言来说,土耳其和伊朗的父母在理解和使用情感词汇时可能会遇到障碍,因为这些词汇在当地语言中没有直接对应的概念。在中国,某些情绪(如愤怒)的表达可能受到文化规范的限制。因此,这要求研究者在实施干预时提供更详细的描述。再就文化适应性来讲,德国和土耳其的父母更容易接受"关注儿童"的理念,因为他们所处的社会文化更倾向于个人主义。然而,伊朗和中国的父母在改变传统观念和接纳情绪表达的独立性方面可能面临更多挑战。这些挑战要求研究者在实施"关注儿童"项目时,不仅要考虑到文化差异,还要

---

① GOTTMAN J M, KATZ L F, HOOVEN C. Meta-emotion: how families communicate emotionally[M]. London: Routledge, 1997.

② HAVIGHURST S S, CHOY R, ULKER A, et al. A preliminary evaluation of the cultural appropriateness of the Tuning in to Kids parenting program in Germany, Turkey, Iran and China[J]. International journal of environmental research and public health, 2022, 19(16): 10321.

采取相应的策略来促进项目在不同文化背景下的有效性。总的来说,"关注儿童"干预项目在跨文化背景下具有一定的适用性,但需要针对每个国家的文化特点进行调整,以确保其有效性和接受度。

Qiu 和 Shum 在中国对"关注儿童"干预项目进行了实践,旨在验证情绪指导对中国学龄前儿童母亲的干预效果。[①] 该研究深入探讨了在中国文化背景下,情绪指导干预对促进中国母亲与学前儿童之间互动的有效性。值得一提的是,这可能是首次在非西方文化背景下通过随机对照试验来检验"关注儿童"项目有效性的研究。研究选取了 89 位 3~6 岁儿童的母亲,并将她们随机分配到干预组和对照组。干预组的母亲参加了为期 6 周、每周 2 小时的情绪指导策略训练,对照组在干预组完成训练后也接受了相同的训练。研究者在干预前、干预后以及随访时这 3 个时间点,对参与者的各项指标进行了评估,包括育儿实践、情绪反应、家庭沟通、儿童行为问题和父母的心理健康等。研究结果显示,经过情绪指导干预,中国母亲在积极参与育儿、运用情绪指导技巧以及妥善处理孩子负面情绪等方面取得了显著进步。她们增加了鼓励表达和情绪关注反应的行为,同时减少了惩罚反应和情绪忽视行为。儿童的情绪和行为问题在母亲完成训练后也有所减少。总体来说,这项研究初步证实了情绪指导干预在非西方文化背景下对于改善父母情绪社会化实践的有效性。该项目的有效性在香港地区的学龄前儿童及其父母中也得到了证实[②],进一步填补了中国父母情绪指导教养干预的空白。

目前大多数"关注儿童"干预研究使用的是小组式的团体辅导,但有些父母由于隐私顾虑或时间安排的问题可能无法参加。因此,提供一对一的"关注儿童"干预可以增加干预的可及性,满足那些更倾向于个性化指导的父母的需求。Mastromanno 等人通过 3 个案例研究展示了"关注儿童"干预项目实施的过程、挑战和成果。[③] 每个案例都展示了父母接受一对一"关注儿童"干预之后在情

---

① QIU C, SHUM K K. Emotion coaching intervention for Chinese mothers of preschoolers: a randomized controlled trial[J]. Child psychiatry & human development, 2022, 53(1): 61-75.

② CHAN R F Y, QIU C, SHUM K K. Tuning in to kids: a randomized controlled trial of an emotion coaching parenting program for Chinese parents in Hong Kong[J]. Developmental psychology, 2021, 57(11): 1796-1809.

③ MASTROMANNO B K, KEHOE C E, WOOD C E, et al. Tuning in to kids: clinical case studies from one-to-one delivery[J]. Clinical case studies, 2021, 20(4): 267-282.

绪识别、情绪调节、情绪社会化实践和情绪反应方面的变化，以及儿童问题行为的改善。具体来讲，参与一对一"关注儿童"干预课程的父母在情绪社会化信念和行为方面都有所改善，儿童的情绪和行为问题也有所减少。

也有研究将"关注儿童"干预项目应用于有行为问题的儿童父母，对其进行一对一干预指导，旨在评估一对一模式的"关注儿童"干预项目对有行为问题的儿童及其父母是否有效。[①] 研究选取了107名4~10岁儿童及其父母，这些儿童患有孤独症、注意力缺陷多动障碍、焦虑症和感觉加工障碍等。研究者采用随机对照试验，分别在基线期和6个月后对父母的情绪社会化行为、儿童的行为问题进行了评估。研究结果表明，干预组父母在情绪社会化行为方面有显著改善，他们减少了对孩子消极情绪的惩罚和忽视反应，孩子的焦虑和外化问题也得到了显著改善。该研究进一步验证了一对一干预课程对有行为问题的儿童及其父母是有效的，可以改善父母的情绪社会化实践和孩子的情绪问题，为父母和儿童提供了新的干预选择。

4.1.2 "关注青少年"干预项目

情绪发展在个体成长的各个阶段都扮演着重要角色。进入青春期，青少年面临着生理、心理以及社会角色的多重变化，这些变化给他们带来了情绪波动和挑战。在这个阶段，青少年的情绪调节和理解能力尤为重要。有研究表明，良好的情绪理解和调节能力能够有效预防焦虑、抑郁等内化问题的产生，而父母的情绪社会化行为对青少年的情绪发展具有深远影响。[②] 目前，有关父母情绪能力和情绪社会化的研究项目较少。"关注青少年（Tuning in to Teens）"干预项目根据墨尔本大学团队针对学前儿童家庭研发的"关注儿童"教养项目改编而成[③]，是一项专门为青少年父母提供的以情绪为中心的干预项目，

---

① MASTROMANNO B K, KEHOE C E, WOOD C E, et al. A randomized-controlled pilot study of the one-to-one delivery of Tuning in to Kids: impact on emotion socialization, reflective functioning, and childhood behavior problems[J]. Emotional and behavioral difficulties, 2021, 26(4): 359-374.

② MORRIS A S, SILK J S, STEINBERG L, et al. The role of the family context in the development of emotion regulation[J]. Social development, 2007, 16(2): 361-388.

③ KEHOE C E, HAVIGHURST S S, HARLEY A E. Tuning in to Teens: improving parent emotion socialization to reduce youth internalizing difficulties[J]. Social development, 2014, 23(2): 413-431.

旨在通过提高父母的情绪社会化能力来减少青少年的内化问题。

"关注青少年"干预项目于2008—2010年在澳大利亚墨尔本开展。研究以学校为单位进行，共有55所学校参与其中。招募的研究对象为225名即将升入中学的10~13岁青少年及其家长，其中母亲200名、父亲25名。参与的家长被随机分配到干预组和对照组，干预组进一步被划分为12个小组，以小组形式对干预组父母进行了每周2小时、每学期6周共4个学期的干预课程。课程活动包括心理教育、观看情绪指导的视频范例、阅读课程材料、角色扮演、日常练习和小组讨论等，核心是教授父母情绪指导的方式（同"关注儿童"干预课程的5个步骤）。父母和青少年在干预前和随访中两次填写问卷，问卷结果用于评估干预前后的变化及干预组和对照组之间的差别。首先，研究者采用情绪调节困难量表（DERS）评估父母的情绪调节能力在干预前后的变化。研究结果显示，在干预结束后，干预组的父母在情绪觉察和情绪管理方面遇到的困难有所减少，而对照组则无明显变化，证实了干预对提升父母情绪调节能力的有效性。其次，研究者采用儿童期情绪量表（EAC）对父母的情绪社会化行为进行测量。结果发现，干预组的父母对子女消极情绪的忽视等非支持性行为有所减少。最后，对青少年消极情绪症状的评估显示，干预组青少年的焦虑和抑郁症状也得到了缓解。并且，对于基线时焦虑症状较高的青少年来说，在父母参与干预后他们的焦虑症状明显减弱。这些研究结果都证明了"关注青少年"干预项目的有效性。作为首个利用大规模社区样本来评估"关注青少年"项目有效性的研究，该研究采用了随机对照试验和长期随访相结合的方法，深入探讨了父母情绪社会化行为与青少年情绪发展之间的紧密关联，并将父母情绪社会化的理论成功地转化为实际干预措施。这一研究不仅为后续的相关研究提供了宝贵的研究范例，而且引发了学术界对"关注青少年"干预项目的广泛关注，越来越多的研究者进一步对该项目进行了实践，并深入探讨了这些干预措施在促进青少年情绪健康发展方面的作用。

在美国，"关注青少年"干预项目也被应用于收养或寄养家庭。随着社会环境的变迁，领养家庭的数量逐渐增加。青春期作为个体发展的关键时期，对领养家庭来说充满了挑战。领养父母在这一时期可能会遇到子女的身份认同问题、情绪波动以及行为挑战，这些问题如果处理不当，可能会导致家庭关系紧张，甚至导致子女无法继续留在领养家庭中生活。Ocasio等人分析了"关注青少年"干预项目在领养家庭中的复制实施保真度(即项目在实际执行中与原设计的一致性)。[1] 结果显示,虽然对该项目进行了适应性修改,但干预活动仍保持了较高的保真度,且参与者对干预反应积极。该研究为"关注青少年"项目的复制和推广提供了有益的借鉴,对该项目在后续研究中复制成功率的提升具有重要启示。

Rolock等人也针对美国特定的文化背景,对"关注青少年"干预项目进行了调整,将其应用于收养或寄养家庭,旨在评估该项目对收养或寄养家庭中的青少年是否有益,对青少年的养父母或监护人是否有帮助。[2] 研究者采用随机对照实验设计,将在美国新泽西州招募的养父母及监护人随机分配到干预组和对照组。干预组的家长接受了"关注青少年"项目的相关训练,而对照组的家长则继续接受常规服务。研究者分别在基线期和干预后6~8个月这两个时间点收集了家庭教养和青少年发展的相关数据。结果表明,与对照组相比,接受了干预训练的干预组父母更可能成功地管理孩子的行为问题,同时,干预组的家庭互动和亲子关系质量有了显著提升。这种提升不仅增强了家庭内部的凝聚力和稳定性,还有助于减少青少年的行为问题和心理健康问题。此外,研究还发现,经过干预训练后的青少年在自尊、社交技能和学业表现等方面也有明显的改善。这些结果再次证明了"关注青少年"干预项目的有效性,也为未来相关干预项目的设计和实施提供了有价值的参考。

新西兰的儿童与青少年心理健康服务机构也曾应用"关注青少年"项目的干预方案开展相关实践。新西兰儿童与青少年心理健康服务机构是一个专门为患有中度或重度心理健康问题的青少年提供公费护理的服务机构。近些年,随着新西兰儿童青少年出现心理健康问题的比率不断上升,机构的服务也面临着日益增长的需求。在过去,该机构对心理健康问题的干预往往针对儿童青少年进行,但忽视了父母作为干预目标的作用。家庭系统理论指出,家庭是一个复杂的系统,各个成员之间相互依存、相互作用,父母的教养方式、家庭氛围、亲子

---

[1] OCASIO K, ROLOCK N, GREENFIELD B, et al. Implementation fidelity in the replication of Tuning in to Teens (TINT) adapted for adoptive parents and guardians in the US[J]. Journal of evidence-based social work, 2021, 18(5): 550-565.

[2] ROLOCK N, OCASIO K, WHITE K, et al. Tuning in to Teens (TINT) with adoptive parents and guardians in the US: the replication phase of intervention research[J]. Journal of public child welfare, 2021, 15(1): 22-51.

关系等都会对青少年的情绪发展产生深远影响。例如,父母的过度保护或对子女情绪的忽视都可能导致青少年出现焦虑和抑郁等内化问题。[1] 这提示心理健康工作者,在对青少年的情绪和心理问题进行干预时,不能仅仅关注青少年本身,还需要关注他们所处的家庭环境。因此,Mansoor 等人将"关注青少年"干预项目应用于新西兰的儿童与青少年心理健康服务机构,并开展研究以评估在机构中实施"关注青少年"干预项目的可行性和有效性。[2] 该研究采用混合方法设计,将整个研究过程划分为两个阶段进行。在第一阶段中,研究者通过严格的抽样程序在惠灵顿地区招募了 6~10 名 10~14 岁的青少年及其父母作为研究样本。随后,研究者又采用协同设计方法,与研究对象密切合作,共同确定了用于评估"关注青少年"项目效果的关键指标。在此基础上,研究者进一步与惠灵顿的儿童青少年心理健康服务机构建立合作关系,组织了一系列的协同设计研讨会,以确保所开发的评估工具能够准确反映干预项目对目标人群的实际影响。第二阶段的研究设计为随机对照试验,旨在通过科学严谨的方法验证"关注青少年"项目的有效性。在这一阶段,研究者计划招募 50 名符合纳入标准的青少年家庭,并将他们随机分配到干预组和对照组,以确保研究结果的可靠性和有效性。干预组将接受"关注青少年"项目的全面干预,父母以小组形式参与每周 2 小时、共计 8 周的干预课程,学习对子女进行情绪指导的技巧以及调节自身情绪的策略,而对照组仅接受机构提供的常规心理健康服务。通过对比两组被试在干预前后的心理健康状况变化,研究者期望能够识别出"关注青少年"项目的核心优势及其对青少年心理健康的促进作用。该研究是第一个在新西兰儿童与青少年心理健康服务机构进行的干预评估研究,研究目前正在进行中,"关注青少年"项目的有效性能否在实践中被证明,还需进一步分析后续试验结果。

---

[1] YAP M B H, PILKINGTON P D, RYAN S M, et al. Parental factors associated with depression and anxiety in young people:a systematic review and meta – analysis[J]. Journal of affective disorders,2014,156:8 – 23.

[2] MANSOOR Z, STANLEY J, FORTUNE S, et al. Evaluating an emotion coaching programmer for parents of young adolescents attending Child Adolescent Mental Health Services (CAMHS) in New Zealand:protocol for a multi – site feasibility trial including co – design with service users [J]. Pilot and feasibility studies,2023,9(1):70.

4.1.3 "父母的友谊指导"干预项目

以往还有研究针对特殊儿童的情绪发展开展干预项目。"父母的友谊指导(Parental Friendship Coaching,PFC)"干预项目旨在教授父母对患有注意力缺陷多动障碍(ADHD)的儿童进行友谊技巧方面的指导[1],并评估父母友谊指导对多动症儿童的情绪影响。由于ADHD儿童在社交互动中往往表现出注意力不集中、冲动和过度活跃等问题行为,这些行为常常导致他们在同龄人中的社交地位降低、朋友较少且社交互动质量不高。通过对父母的指导和训练,"父母的友谊指导"项目希望能够间接地改善儿童的这些社交缺陷。该干预项目的核心理念是认为父母可以通过学习特定的策略和技巧,有效地支持孩子在社交场景中的行为和情绪反应,从而促进儿童在同伴群体中的适应性和社交成功。实证研究表明,该干预项目不仅对父母的情绪社会化实践具有积极作用,同时也能提升多动症儿童的友谊质量、社交技能和社交地位。[2][3]

一项大型随机对照试验研究考察了"父母的友谊指导"干预项目对改善父母情绪社会化行为及ADHD儿童社会情感功能的作用。[4] 研究包含"父母的友谊指导"(PFC)和"父母的积极治疗"(CARE)两个干预组。PFC小组的父母接受训练以支持孩子的友谊发展,包括教授孩子如何管理情绪并促进孩子与同龄人建立真实的友谊关系,培训内容涵盖情绪识别、情绪表达、积极亲子互动等方面。CARE小组的父母接受有关ADHD的心理教育和社交支持,这是一种父母通过教育和人际关系积极应对多动症儿童的干预方式(coping with ADHD

---

[1] SMIT S,MIKAMI A Y,NORMAND S. Effects of the Parental Friendship Coaching intervention on parental emotion socialization of children with ADHD[J]. Research on child and adolescent psychopathology,2022,50(1):101-115.

[2] MIKAMI A Y,LERNER M D,GRIGGS M S,et al. Parental influence on children with attention-deficit/hyperactivity disorder:II. Results of a pilot intervention training parents as friendship coaches for children[J]. Journal of abnormal child psychology,2010,38(6):737-749.

[3] MIKAMI A Y,NORMAND S,HUDEC K L,et al. Treatment of friendship problems in children with attention-deficit/hyperactivity disorder:initial results from a randomized clinical trial[J]. Journal of consulting and clinical psychology,2020,88(10):871-885.

[4] SMIT S,MIKAMI A Y,NORMAND S. Effects of the parental friendship coaching intervention on parental emotion socialization of children with ADHD[J]. Research on child and adolescent psychopathology,2022,50(1):101-115.

through relationships and education,CARE)。研究者在基线阶段、治疗后以及随访阶段(治疗结束后 8 个月)收集数据,以评估干预效果。被试通过学校、医院门诊和专业医疗机构招募,所有参与的儿童均符合 ADHD 的诊断标准。干预项目以小组形式进行,每个小组由 6~7 个家庭组成,共设有 28 个小组,包括 14 个 PFC 小组和 14 个 CARE 小组。父母在为期 10 周的干预课程中,每周参加一次持续 90 分钟的会议。所有提供干预的专业人员均接受了系统的培训,以确保他们能够有效地传授 PFC 和 CARE 的核心内容。此外,在干预的实施过程中,研究团队严格监控干预质量和一致性,确保所有家庭接受到标准化和高质量的支持。

该研究使用了多种工具和方法来收集定量和定性数据,确保能对干预效果进行全面评估。首先,研究者使用结构化的家庭互动任务,对父母与孩子及其朋友的互动过程进行录像。之后由独立的研究者对视频资料进行编码,评估父母在任务中表现出的情绪策略、表扬、批评和温暖等行为。此外,父母和教师填写了儿童行为核查表(child behavior checklist,CBCL),对儿童的问题行为进行了报告。研究结果表明,PFC 干预不仅改善了父母的情绪社会化行为,还对 ADHD 儿童的社会情感功能产生了积极影响。这些改进包括父母支持行为的增加、家庭情绪氛围的改善,以及孩子在人际交往过程中情绪稳定性和社交技能的提升。具体而言,一方面,相对于 CARE 组,PFC 组的父母在干预后为子女提供了更多的情绪调节策略,并在孩子与朋友互动后提供了更多正面反馈和支持。这些变化反映了父母在理解和应对 ADHD 儿童的情感需求方面的进步,有助于建立更积极和支持性的家庭环境。另一方面,PFC 组的儿童在随访期表现出了较少的退缩和抑郁行为,这表明 PFC 干预有助于减轻孩子的社交焦虑,提升他们的社交积极性。此外,儿童在社交互动中的正面情绪表达也有所增加,这可能与父母提供的情绪支持和积极反馈有关。

然而,一项研究表明父母的 ADHD 症状会影响 PFC 项目的干预效果。[1] 研究对象包括 62 名年龄在 6~10 岁时被确诊为 ADHD 的儿童及其父母。研究周期持续 3 个月,包括 2 个月的治疗期和 1 个月的治疗后随访。结果显示,父母注

---

[1] GRIGGS M S, MIKAMI A Y. Parental attention – deficit/hyperactivity disorder predicts child and parent outcomes of parental friendship coaching treatment[J]. Journal of the American academy of child & adolescent psychiatry,2011,50(12):1236 – 1246.

意力不足的增加与儿童同伴接受度的下降存在显著相关。在接受干预的家庭中,父母的冲动性与儿童的同伴拒绝呈显著正相关,但这一关系在对照组家庭中并不存在。总体来说,研究结果表明,父母较高的 ADHD 症状可能降低了父母友谊指导的效果。

"父母的友谊指导"项目鼓励父母采取积极的教养方式,并与子女讨论与情绪相关的友谊策略,这能够使父母更多地使用这些行为,并减少子女的孤僻或抑郁问题。在之后的实践中,将父母与子女的情绪双向影响与家庭临床工作结合,减少父母与子女的行为问题,可能是最全面和有效的方法。该干预项目被证明对先前接受过心理治疗和合并有外化障碍的儿童的友谊质量改善更为有效。未来继续相关研究将有助于多动症儿童社会情绪能力的提升。

4.1.4 "让我们联系"干预项目

"让我们联系(Let's Connect)"是一项旨在增强父母支持性情绪社会化行为的育儿干预项目。该项目依托于发展理论,通过教授父母具体的情绪交流技巧和建立积极关系的技能,帮助父母学会如何更好地理解和回应孩子的情绪需求,从而提高家庭成员间的情感沟通和亲密关系。不同于以往强调亲子情绪沟通重要性的干预方式,该项目强调对父母的情绪沟通技能进行具体指导,因而干预措施具有更强的实践性。

"让我们联系"项目的开发和实施由乔治亚大学的 Shaffer 和科罗拉多大学博尔德分校的 Fitzgerald、Shipman、Torres 等人组成的研究团队负责。[①] 整个干预项目采取结构化的课程和活动,综合采用家庭作业和角色扮演等方法,确保父母能够在实际情境中应用所学的情绪交流技巧。项目中的教育内容不仅包括面对面的训练,还包括视频演示和小组讨论,以增强学习效果。通过这些综合性的教育和训练活动,"让我们联系"干预项目有效地提高了父母的情绪交流能力,改善了父母与孩子之间的情感联系,使父母能够在家庭中营造更加健康、更具支持性的情感交流氛围。

---

① SHAFFER A, FITZGERALD M M, SHIPMAN K, et al. Let's Connect: a developmentally-driven emotion-focused parenting intervention[J]. Journal of applied developmental psychology, 2019, 63: 33-41.

干预项目包含三个核心内容:情绪表达训练、情绪理解和共情技巧以及情绪调节策略。首先,情绪表达训练项目旨在指导父母在日常亲子互动中实践积极的情绪表达技巧,包括积极倾听、情绪标签(给孩子的情绪状态命名)以及有效的情绪支持(积极关注和赞赏孩子的行为和特质、为孩子提供及时的正面反馈)。通过这些练习,父母学会如何在孩子表达情绪时给予恰当的回应,以增强孩子的情绪安全感和自我调节能力。其次,情绪理解和共情技巧项目教授父母如何理解并共情孩子的情绪,这是通过具体的行为和交流技巧来实现的。例如,教授父母如何识别孩子的情绪需求,通过提供情感支持(如同理心和情感共鸣)来回应这些需求。同时,父母还将学习如何帮助孩子理解和表达自己的情绪,从而培养孩子的情绪识别和表达能力。最后,情绪调节策略项目还包括情绪调节方法的培训,旨在帮助父母和孩子学习如何管理和调节情绪,包括教授父母如何引导孩子认识到情绪的起因和后果,以及如何应对情绪上的挑战。例如,父母会学习如何指导孩子使用深呼吸、寻求帮助或其他应对策略来处理情绪,从而增强孩子的情绪调节能力。

"让我们联系"项目包括一系列结构化的会议和工作坊,由接受过培训的专业人员负责实施,指导父母如何识别和回应孩子的情感需求。干预课程以支持父母提高自身的情绪觉察和情绪调节能力为起点,进而引导他们学习具体的情绪沟通技巧。这些培训通过一系列小组活动进行,每个小组由3~6名父母组成,由两名训练有素的团队领导者(通常是拥有高级心理学背景的临床专家)负责引导。每次课程持续约90分钟,整个干预周期通常包括6~8周。该项目的核心活动包括教育讲座、视频演示、自我反思、书面练习以及家庭作业。通过这些活动,参与者能够在安全和支持性的环境中练习并改进他们的情绪沟通技能。例如,活动中会使用视频示例来展示高效的情绪交流,之后通过角色扮演来模拟家庭情境,参与者可以在模拟中练习所学技巧。除了小组活动,父母还被鼓励在家中与孩子一起练习这些技巧,并记录亲子互动,以便在小组会议中回放和讨论。这种家庭作业的设计旨在帮助父母将课堂上学到的技能转化为日常生活中的实际应用,从而增强学习效果。此外,研究者也给出了亲子沟通中常会出现的一些误区,指导父母尽量避免此类错误(表4-1)。

第4章 父母情绪社会化行为的干预及改进

表4-1 "让我们联系"情绪沟通技巧和误区[1]

情绪沟通技能	技能使用举例	技能使用误区举例
沟通技巧： 关注和赞赏 主动倾听 标记儿童的情绪	• 表现出积极的肢体语言、专注、温暖的语调 • 讨论儿童的亲社会行为、兴趣，对他们进行赞赏 • 反思或重复儿童说的话 • 在交流过程中表现出耐心 • 提出有益的问题（例如开放式的、关注儿童经验的问题）	• 封闭、分心、不感兴趣的姿势 • 无用的问题（例如，过度追问、专注于事实调查、传达"对或错"的反应、表达分歧或批评、命令） • 关注破坏性的行为，而不关注情绪体验 • 关注成人而非儿童的需要和反应
情绪支持： 肯定儿童的情绪	• 换位思考 • 共情儿童的感受 • 使情绪回应正常化 • 对儿童的情绪表现出关爱和善意	• 否定儿童的情绪体验 • 最小化或怀疑儿童的情绪体验 • 只关注积极情绪，不解决儿童的其他情绪 • 批评或责怪儿童的感受 • 使用评判性的问题或语气 • 对儿童说教，试图表明观点 • 在听到儿童的感受前解决问题 • 对儿童分享的重要感受不作回应
情绪指导： 标记儿童的情绪	• 识别和命名次要情绪和混合情绪 • 识别和标记情绪的强度 • 理解情绪的原因和结果 • 支持儿童，例如换位思考、健康应对和解决问题	（无）

---

[1] SHAFFER A, FITZGERALD M M, SHIPMAN K, et al. Let's Connect: a developmentally-driven emotion-focused parenting intervention[J]. Journal of applied developmental psychology, 2019, 63: 33-41.

研究者进行了干预前和干预后的评估以及随访评估,以确定父母情绪交流技能改进的持续性和干预的长期效果。为了更准确地评估干预效果,研究团队采用了多种工具和策略。其中包括亲子情绪互动任务(parent-child emotion interaction task,PCEIT),这是一种特别设计的任务,要求儿童描述他们在家庭成员在场时经历的关于生气或悲伤的事件,而父母则需要像平常一样回应孩子。父母与儿童的互动过程被录像,并由经过训练的评分者进行编码,以量化父母的情绪支持技能和误区使用。评估工具还包括自陈问卷,用于收集父母对干预效果的主观评价,以及他们对孩子情绪和行为变化的观察。这些父母报告数据与观察资料相结合,为全面评估项目效果奠定了基础。

分析结果显示,参与"让我们联系"项目的父母在沟通技巧、情绪支持技能、情绪指导技能等方面有显著提高,非支持性的情绪交流行为也有所减少,并且这种变化在三个月的随访期内始终持续。具体来说,在干预实施后,父母能更频繁地使用积极的身体语言,更有效地标记和讨论孩子的情绪,并为孩子提供适当的支持和引导。此外,父母表示他们感到更能够理解和回应孩子的情绪需求,这增强了家庭内的情绪安全感和情感联系。同时,他们还能够更加自信地在日常生活中运用所学技能,这不仅改善了家庭成员间的情绪互动,也提升了整个家庭的情绪氛围。儿童也表示,他们感觉在家中被更好地理解和支持,这直接影响了他们的情绪安全感和社会适应能力。

该研究在干预效果验证上的创新之处在于,它强调父母的情绪指导和支持青少年的情绪管理策略。以往针对青少年父母的干预研究将父母情绪的自我调节和认知作为干预目标,侧重于提高父母参与情绪沟通的意识,改变父母的教养理念,没有涉及父母对青少年的情绪指导策略以及如何支持青少年的情绪管理。该项目在干预方案上提供结构化、顺序化的技能培训,为父母与子女的互动提供支架和指导,不仅教授父母积极的情绪交流技巧,还教授父母情绪支持技能,让父母能够接纳儿童情绪,并减少无效行为,这有利于亲子之间的情绪交流和练习。此外,该研究还使用主动学习策略来促进父母情绪行为的改变,侧重于促进父母自身情绪相关技能的指导。

关注儿童和青少年的情绪健康发展,理解并优先考虑以情绪为中心的父母干预措施是有效且关键的。目前,以情绪为中心的教养干预项目已获得了大量实证支持,被证明能有效应用于儿童和青少年心理健康的促进,为儿童和青少年的情绪能力发展提供了必要的支持。

4.2 改进父母情绪社会化行为的建议

情绪调节对青少年的人际关系、学业成绩、心理健康等有着较强的预测作用。在当今社会,随着内卷化现象的蔓延以及社会竞争的加剧,青少年面临越来越多的来自学业、家庭和社交方面的压力,导致青少年焦虑和抑郁现象频发。由此可见,关注青少年的情绪健康问题、培养青少年的情绪调节能力,是当前青少年心理健康教育的重点。

随着青少年情绪问题的增多,越来越多的家长认识到情绪调节的重要性,开始通过多种途径了解情绪调节的知识,并关注预防和应对子女情绪问题的方法。父母在青少年情绪发展的过程中起着关键的指导作用,对青少年情绪调节能力的发展有着重要的影响。父母的积极情绪回应对子女的情绪发展起到促进作用,消极情绪回应则对子女的情绪发展起到阻碍作用。此外,促进青少年情绪调节能力的发展不仅需要家庭成员的共同努力,还需要学校和社会的支持。本节结合前文研究结果与分析,为父母如何对子女进行积极的情绪社会化实践、促进青少年情绪调节能力的发展提供以下建议。

4.2.1 转变观念:重视情绪调节能力,科学看待消极情绪

一方面,家长应充分认识到情绪调节能力对青少年成长和发展的重要作用。情绪调节是个体在意识到自身消极情绪时做出的应对和解决措施。在青少年时期,个体的情绪调节能力还未完全发育成熟,会受到各种外在因素的影响。其中,家庭因素是影响青少年情绪发展的一个重要方面。青少年对于情绪的反应方式会受到父母情绪社会化行为的影响。因此,如果父母能够建立关于情绪调节的正确认知,并对子女的情绪调节做出有效指导,将有利于青少年的情绪健康。家长应换位思考,站在子女的角度考虑他们在成长过程中可能遇到的困难和问题,在此基础上改变应对子女消极情绪的态度,正视子女出现的情绪问题,从而改善自身教育行为。过去一些家长只重视孩子的学业状况,忽视孩子心理上的需求。随着社会的快速发展,青少年要适应社会的变化,家长也应转变自身的观念,既要关注孩子的学业成绩,又要重视培养他们的情绪调节能力。尽管在青少年阶段,学校教育和同伴因素对中学生的影响日益增大,但家庭始终是青少年社会化的首要场所。因此,转变家长对子女的教养态度和方

式是促进子女情绪健康必不可少的一环。只有父母对青少年的情绪问题树立正确的认识,才能促进子女情绪的健康发展。另外,青春期是个体身心发展变化巨大的一个阶段。青少年大多存在情绪波动较大、情绪明显不稳定的现象。正确掌握情绪调节策略,有利于缓解青少年情绪过激的现象,促进青少年情绪平稳、健康发展。当孩子自身不能很好地解决和消化这些情绪时,就需要家长为子女提供支持性的情绪回应和科学指导。因此,家长应本着为子女发展负责的原则,提高对孩子情绪体验的关注度,敏锐觉察孩子的低落情绪,了解子女青春期身心发展的规律和特点,结合子女独特的发展状况和家庭实际情况,实施相应的情绪教养行为。家长从观念上重视子女的情绪问题是发挥家庭对儿童情绪发展的积极作用的第一步。只有家长正视并理解子女的情绪,才能提供积极科学的指导。

另一方面,家长应对子女的消极情绪有正确的认识。家长应从科学的角度重新认识消极情绪,意识到孩子作为发展中的个体,在日常生活中遇到压力、人际冲突等情境时,自然会出现消极情绪。孩子体验和表达负性情绪,实际上是非常正常的现象。与积极情绪一样,消极情绪也是孩子生活体验中不可或缺的一部分。虽然过多的消极情绪体验和表达有可能导致青少年产生身体或心理上的其他问题,对青少年的身心健康构成威胁,但不能忽视适当的消极情绪在青少年发展中的积极作用。当孩子经历并表达消极情绪时,他们实际上是在提高自身的抗压能力,学习自我反思,并在一定程度上将消极情绪转化为成长的动力。例如,因考试成绩不理想而产生的悲伤情绪能激励孩子更加努力地学习;在面对重要事情时的焦虑情绪也可以转变成推动他们积极行动的力量。McNeil 和 Zeman 指出,如果父母以惩罚、批判的方式对子女的消极情绪做出反馈,那么子女更可能放大自身的消极情绪;如果父母对子女的消极情绪采取忽视或抑制表达的态度,他们可能会错失了解孩子情绪波动的机会,不知道孩子何时感到生气或低落。[①] 这些非支持性的情绪教养行为或多或少地都不利于青少年情绪的健康发展。例如,当家长经常性地忽视子女的消极情绪,孩子在未来出现消极情绪时可能会选择对家长保持沉默,不愿再分享内心的感受,这种沟通的断裂将导致亲子关系逐渐疏远。当父母以惩罚的方式对待子女的消极

---

① MCNEIL D, ZEMAN J. Adolescents' reluctance to express emotions: relations to parent emotion socialization[J]. Journal of child and family studies, 2021, 30(1), 107 – 120.

情绪,孩子会感觉更加委屈和痛苦,进而选择一些不恰当的发泄方式,严重时可能会出现抑郁、焦虑等心理问题。因此,家长应纠正以往对消极情绪的不合理认知,以更为包容、开放、接纳的态度看待青少年的负性情绪,避免过分抑制子女的消极情绪表达,采取更加积极和支持性的情绪教养方式对待孩子。

4.2.2 付出行动:理性调节自我情绪,积极指导子女情绪

父母情绪社会化的支持性不仅应体现在观念层面,更应落实到行动层面。父母准确适时的情绪表达、及时合理的情绪反馈既能为子女起到良好的情绪示范作用,也能让子女在亲子互动过程中学习如何表达和调节情绪。

首先,家长要学会妥善管理和控制自己的消极情绪,采取适当的方式应对消极情绪。在日常生活中,父母应保持稳定的情绪状态,表现出耐心、鼓励、安慰等积极态度,避免暴躁、否定、忽视等消极态度的出现。家长的理性态度和行为是孩子学习情绪调节和管理的良好榜样,孩子能够在耳濡目染中通过模仿和学习掌握情绪管理的有效策略,从而提高情绪调节能力。Wang指出,当父母自身情绪调节出现困难时,容易将子女的负面情绪事件错误地归因于孩子故意而为之。[1] 这表明,父母能否良好地管理和调节自身情绪是引导子女调节情绪的基础和前提。

其次,当发现子女产生消极情绪时,家长不应急于否定或忽视,而应先了解其产生的原因,给予孩子充分的共情与安慰。家长可以将这一时刻视为与子女建立良好亲子关系的契机,主动发起亲子间的情绪对话,以朋友的身份倾听孩子的心声,与孩子共同讨论当前发生的情绪事件,了解孩子内心的想法,并分享自己的感受,从而与孩子建立起信任关系,让孩子能够敞开心扉、表达自己的情绪。随后再与孩子一起探讨合理的问题解决方案,或教授孩子管理情绪的有效方法。同时,家长应敏锐地观察孩子的情绪变化,尤其是在孩子情绪低落时,通过安慰、开导的方式帮助孩子缓解压力。此外,家长也应将自己对待消极情绪的态度传递给孩子,必要时分享自己应对消极情绪的案例,让孩子意识到表达消极情绪是健康且被允许的,过分压抑反而不利于身心健康。这些支持性的情绪社会化行为将有助于缓解青少年在面对负性情绪事件时的压力和负担,提高

---

[1] WANG X. Intergenerational effects of childhood maltreatment: the roles of parents' emotion regulation and mentalization[J]. Child abuse & neglect, 2022, 128:104940.

他们应对和处理负面情绪的能力。在一项有关父母情绪社会化的干预项目"关注青少年(Tuning in to Teens)"中,研究者提供了一种教授父母如何对子女进行情绪指导的方法,包括以下五个步骤,分别是:(1)觉察子女情绪,特别是在子女情绪低落的情况下;(2)重视对子女进行情绪指导的机会;(3)向子女传递自身对情绪的感受和理解;(4)帮助子女用语言描述情绪;(5)必要时协助孩子解决问题。[1] 该干预方法同样可以应用于日常家庭教育实践中。另外,父母双方应齐心协力,尽可能多地为孩子提供行为和情感上的支持,避免出现否定、责备、惩罚、心理控制等消极行为,共同营造青少年情绪调节发展的良好环境。在一项以家庭为中心的沟通培训研究"让我们联系"干预项目中,研究者提供了一个"手对心"三步走的核心策略,包括倾听、主动帮助和建立联系三个步骤。倾听指父母对儿童的情绪状态应具备恰当的识别能力,并且要对自己的情绪进行合理调节。父母要关注到自己的情绪体验,并做好回应子女的准备。主动帮助指父母要考虑子女的情绪和他们此刻的需求,并做出伸手手势,表示重视他们的情绪体验,愿意接受他们的情绪。建立联系指父母要加强和儿童之间的情绪互动和沟通,将子女的手和自己的手放在一起。[2] 通过这一沟通过程,亲子关系会得到加强,亲子情感联系得以建立。这一解决策略在现实生活中同样具有广泛的应用价值。当子女遇到负面情绪事件需要排解时,父母应该主动和孩子进行沟通,倾听孩子的感受,做好回应孩子的准备。在此过程中,父母的角色更多的是引导者,鼓励孩子充分地表达自己的想法、感受以及所面临的困境。在讨论过程中,父母要运用同理心、宽容心和包容心,深入孩子的内心世界,避免对孩子的感受做出简单的对错或道德评判,而是尽可能地对孩子的负面情绪表现出认可和感同身受,展现出愿意倾听并协助他们解决问题的态度。最终,通过深入、细致、充满爱意的沟通、交流与讨论,父母与孩子共同找到解决情绪问题的途径,帮助孩子走出消极情绪的阴影。

第三,家长应在日常生活中有意识地培养子女的情绪调节能力。这并非仅

---

[1] KEHOE C E, HAVIGHURST S S, HARLEY A E. Tuning in to Teens: improving parent emotion socialization to reduce youth internalizing difficulties[J]. Social development, 2014, 23(2): 413–431.

[2] SHAFFER A, FITZGERALD M M, SHIPMAN K, et al. Let's Connect: a developmentally-driven emotion-focused parenting intervention[J]. Journal of applied developmental psychology, 2019, 63: 33–41.

限于在子女出现负面情绪时才加以关注,而是应提前预防,尽量避免孩子出现严重的负性情绪问题。在日常生活中,父母可以和孩子一起阅读有关情绪调节的书籍,谈论情绪话题,将情绪教育自然地融入亲子互动和家庭教育的各个环节。另外,父母还需要深入了解青少年情绪能力的影响因素,从而更清楚地了解青少年情绪发展的作用机制。这有助于父母追溯子女情绪问题的根源,并采取更具针对性和有效性的应对措施。同时,家长也应以身作则,为孩子树立良好的榜样。当父母产生消极情绪,特别是担忧和焦虑时,孩子往往能敏锐地察觉到。如果父母选择以愤怒、发泄或忽视的方式处理这些情绪,那么孩子很可能会模仿这种不当的应对方式。因此,父母要以社会认可的方式合理表达情绪,并运用建设性的情绪调节策略来有效调节情绪。不仅如此,父母还可以与孩子分享自己的情绪体验和处理过程,共同探讨合理的解决途径。通过这种方式,孩子能够模仿并学习情绪调节的方法,更深入地理解自己的情绪。此外,与孩子分享自己的情绪体验,不仅有助于促进孩子的模仿和学习,还能以积极的情绪状态感染孩子。当孩子未来面临情绪问题时,他们将能够形成自己的应对策略,并主动向父母分享和寻求帮助。

最后,家长应根据子女负面情绪的不同类型采取针对性的应对措施。随着青春期的到来,青少年身体的一系列变化会导致情绪波动加剧,情绪的不稳定性增强。同时,他们可能遭遇的情绪类型也变得更加复杂多样,如叛逆、愤怒、焦虑、自卑、嫉妒等。这要求家长在面对子女负面情绪时,不仅要以积极、正面的态度应对,还需根据情绪的具体类型采取定制化的策略。例如,若子女的消极情绪源于自卑或焦虑,父母应着重引导子女树立自信,鼓励他们发现自己的优点和潜能。而当消极情绪是由叛逆行为引起时,家长则应调整沟通方式,改善对话策略,以促进更好地理解和交流。总之,面对青少年情绪的多样化和多变性,父母应保持敏锐的察觉和辨析能力,以包容和接纳的态度帮助和引导子女调节自身情绪,让孩子健康快乐地成长。

4.2.3 父母协同:建立协同育儿观念,营造和谐家庭氛围

在家庭系统中,父母扮演的角色不同,子女对父母角色的认知也不同。尽管在多数家庭中,母亲是子女的主要照顾者,但父亲的角色同样重要。有研究发现,与父子依恋和母子依恋的单独效应相比,父母之间的联合效应更能预测

儿童的情绪调节能力。[1] 另外，Kaya-Bican 等人的研究表明，当一方家长对子女消极情绪的支持性回应水平较低时，如果另一方家长能够提供高水平的支持性情绪社会化反应，那儿童的情绪调节仍然能够获得较好的发展。[2] 这些研究结果说明了父母共同参与情绪教养的必要性，父母双方的作用能够互为补充，共同促进子女情绪调节的最佳发展。因此，父亲也有必要参与到子女的情绪教养过程中，父母双方需要共同努力，以发挥父亲和母亲的协同效应。具体而言，父亲应转变"孩子身上的小事情应该由母亲管"的陈旧观念，纠正认为消极情绪无足轻重的错误认识，主动参与到子女的情绪社会化过程中，在日常生活中密切关注子女的情绪变化，积极关心、理解孩子的情感需求，尝试用沟通、交流和询问的方式回应子女的消极情绪，而不是一味地批评或否定孩子，把帮助子女疏导情绪视为提升父子关系质量、增进父子互动的渠道。同时，父亲要学会恰当地处理自身情绪，在家庭中积极表达并管理自己的消极情绪，充分发挥良好的榜样示范作用。对母亲来说，尽管她们通常能够敏感觉察并积极回应子女的消极情绪，但母亲应当警惕过度参与的问题，因为过度的帮助和指导可能妨碍青少年子女自主需求的满足，使孩子感到不安和压抑，反而不利于消极情绪的舒缓和排解。母亲对子女消极情绪的过度关注也可能反映出母亲自身的育儿焦虑。因此，母亲应该合理控制自身的情绪反应，在正确管理自身情绪的基础上，有效参与孩子消极情绪的管理。

在协同育儿的过程中，父母应重点关注共同养育的质量。Yan 等人发现，当父母协同教养的质量较高时，即使父母一方的教养行为不够积极，子女的消极情绪反应水平也较低。[3] 这表明高质量的共同养育能够缓冲父母一方消极教养行为对儿童情绪调节的负面作用。为了提高协同教养的质量，父母双方应该建立正确且一致的育儿价值观，以减少在养育子女过程中的分歧和冲突。在子

---

[1] FERNANDES C, FERNANDES M, SANTOS A J, et al. Early attachment to mothers and fathers: contributions to preschoolers' emotional regulation[J]. Frontiers in psychology, 2021, 12:660866.

[2] KAYA - BICAN E, ALTAN - ATALAY A, SARITAS - ATALAR D. The link between maternal emotion socialization practices and Turkish preschoolers' emotion regulation: moderating roles of paternal emotional support[J]. Current psychology, 2023, 42(33):29539 - 29548.

[3] YAN J J, SCHOPPE - SULLIVAN S, WU Q, et al. Associations from parental mindfulness and emotion regulation to child emotion regulation through parenting: the moderating role of coparenting in Chinese families[J]. Mindfulness, 2021, 12(6):1513 - 1523.

女的情绪教育问题上,父母应当合理分工、有效沟通、互帮互助、相互监督。在面对子女突发的消极情绪时,父母双方可以相互协商,讨论问题解决策略,共同为促进子女情绪调节能力的发展营造良好的家庭环境。

父母还应重视和谐家庭氛围的营造,因为积极的家庭情感氛围对青少年的心理健康具有深远影响。当家庭氛围紧张、家庭成员关系不和谐时,青少年可能面临心理健康问题的风险。根据 Morris 等人提出的家庭对儿童情绪调节与适应影响的三因素模型,家庭情感氛围是影响子女情绪调节发展的重要因素。[①]具体而言,当家庭情感氛围是压抑、消极的,子女在预测父母的情绪回应上缺乏安全感,这可能会导致他们抑制情绪或采取不恰当的宣泄方式。相反,在温馨、一致且父母能够及时回应的家庭环境中,儿童就会有情感表达的安全感,更愿意积极地表达自身情绪。为了构建良好的家庭情感氛围,父母应建立和维持家庭成员之间的和谐关系。首先,父母应该与子女建立起高质量的依恋关系。根据依恋的内部工作模型,健康的亲子依恋关系是良好同伴关系和师生关系的前提。第三章的研究结果也显示,父母的情绪社会化行为能够通过亲子依恋的中介作用间接影响青少年的情绪调节。这表明良好的亲子依恋能够为个体探索情绪、解决消极情绪事件提供支持。因此,父母应和子女建立起相互信任、相互尊重的关系,形成良好的情感联结。具体来说,父母应换位思考,站在子女的角度设身处地地思考和分析子女的情绪问题,了解其情绪问题背后的真正原因,再选择恰当的策略进行疏导。在对青少年进行情绪指导时,父母还应注意与子女的界限感。青春期是个体发展自我同一性的关键时期,发展自我同一性即青少年更好地认识自己和自己在社会中的角色的过程。在自我同一性发展的过程中,青少年们可能会面临同一性危机,他们会尝试摆脱父母监督,拒绝父母的建议,转而寻求独立。因此,父母应注意和子女沟通的边界,避免侵犯子女隐私或者试图控制子女。父母应当转换已有的思维模式和互动方式,探寻更加适合青少年的亲子沟通方式。其次,父母之间应当建立健康的婚姻关系。有研究发现,亲子依恋会受到父母抚养冲突的影响。[②] 这表明,如果父母之间产生冲突或

---

① MORRIS A S, SILK J S, STEINBERG L, et al. The role of the family context in the development of emotion regulation[J]. Social development, 2007, 16(2): 361-388.

② ZOU S, WU X. Coparenting conflict behavior, parent–adolescent attachment, and social competence with peers: an investigation of developmental differences[J]. Journal of youth and adolescence, 2020, 49(1): 267-282.

争论,由此造成的紧张氛围很可能传递到亲子互动中,从而阻碍孩子与父母之间建立安全稳定的依恋关系,增加孩子出现情绪问题的风险。另外,夫妻冲突还可能导致父母对子女的教养敏感性下降,难以觉察子女的情绪状态,或难以投入足够的精力参与子女的情绪教导,进而减少父母积极的情绪社会化行为,使青少年难以正确纾解负面情绪。为了减少不良婚姻关系对亲子关系的负面影响,父母双方也应当相互尊重和理解,在发生矛盾时进行有效的沟通,并采取建设性的冲突解决策略,为子女做好示范。除此之外,父母应在家庭中主动采取各种形式,积极地表达自己的情绪感受,以个人的情绪表达带动整个家庭积极主动的情绪表达,从而营造良好的家庭情绪氛围。

总而言之,创设温暖的家庭情感氛围能够加强亲子间的沟通交流,增加亲子共同活动的机会,促进亲密、信任的亲子关系的建立。在这样的环境中,家长能够更敏锐地捕捉到孩子的情绪状态,对子女潜在的情绪问题进行及时处理。同时,父母之间的和谐关系也为孩子营造了一个安全的家庭氛围,让孩子深切感受到家庭的温暖和包容,这也有利于他们情感调节能力的发展。

4.2.4 学校参与:加强家庭教育指导,推动学生情绪问题纾解

学校应该加强对父母情绪社会化行为的关注和支持。学校作为教书育人的正式场所,具有先进的教育理念和丰富的资源,对于支持家长情绪社会化行为、帮助青少年掌握情绪调节策略具有重要作用。教育部印发的《关于加强学生心理健康管理工作的通知》中指出,要提高学生心理健康教育的针对性和有效性,增强学校、家庭和社会教育合力。这就要求学校等专业机构要加强对父母情绪社会化的专业指导。首先,学校教师要与家长共同学习应对青少年情绪问题的方法,充分认识培养青少年情绪调节能力的重要意义,从而在青少年心理健康教育方面形成共识。其次,学校可以创新家校合作形式,对家长进行家庭教育指导,如通过家校协同共育主题活动、家庭情绪教育公开课、家长沙龙等,回应家长在家庭情绪教育中遇到的困惑,引导学生家长以科学的方式对子女进行情绪指导。对家长而言,在家庭情绪教育方面遇到难题时,可以主动寻求教师或专家的支持,参考他们的建议,选择最适合孩子个性特点和家庭情况的解决方式。除此之外,家长应该保持定期与学校联系的习惯,关注子女在学校的情绪状况,按时参加学校开展的家庭教育指导活动。总之,学校和家庭应相互合作,共同构建青少年心理健康教育的工作体系,将青少年的情绪健康发

展视为学校和家庭的共同责任。

在家校合作之外,学校还应发挥自身优势,不断加强学校心理健康教育工作。首先,学校在日常教学过程中应向学生渗透正确看待消极情绪的理念,传递有效的情绪调节技巧。例如,当学生因课堂问题回答错误而产生自责心理时,教师应帮助学生认识到这种情绪的合理性,及时对学生进行鼓励,并提供有效的情绪调节建议。其次,学校还应关注学生的综合素质发展,特别是积极的心理品质。例如,学校可以通过系统的心理健康教育,提高学生的心理韧性,培养他们良好的情绪调节能力。《中国国民心理健康发展报告(2021—2022)》一书中以专题形式报告了《以"心理韧性"课程提升中小学生抗挫折能力》。结果显示,在开设"心理韧性"课程之后,青少年心理韧性的各项指标有了明显提升,包括情绪控制、家庭支持、积极认知等。[1] 这表明在中小学阶段开展心理健康相关课程,不仅能够有效提升青少年的情绪调节能力,还有助于他们获得更多来自家庭的支持。因此,学校可以将心理健康教育纳入校本课程,根据学校和学生情况开设心理健康教育、生命教育、挫折教育等课程,切实培养学生良好的心理品质,对青少年的情绪问题进行分类疏导,及时预防,避免学生因不正确的情绪调节方式或缺乏疏解渠道而产生心理健康问题。

4.2.5 社会支持:充分发挥多方优势,共促青少年心理健康成长

《健康中国行(2019—2022)》指出,学校、社区、家庭、媒体和医疗机构要形成教育合力,积极宣传心理健康教育,营造良好的心理健康教育环境。从生态系统理论出发,青少年的心理健康成长也需要良好的外部环境支持。深入探究父母在处理子女消极情绪时采取不合理方式的原因,可以发现这可能源于家庭压力因素。一方面,家庭发生重大变故可能使父母自身的情绪负担加重,导致他们难以疏解自身的压力,也无暇处理子女的消极情绪。另一方面,随着子女进入青春期,亲子关系可能变得紧张。若父母缺乏有效处理子女消极情绪的方法,同样会导致家庭消极情绪事件增多。当家庭面临压力性事件时,外部支持有助于缓冲其负面影响。因此,社会应协同努力,针对有需要的家庭及时地提供帮助和支持。

具体来说,社区、村(居)委会等机构和组织要密切关注青少年及其父母的

---

[1] 傅小兰,张侃.中国国民心理健康发展报告[M].北京:社会科学文献出版社,2023.

情绪健康问题。一方面,社区可以在家长课堂中纳入情绪教育相关知识,并通过多种形式传播相关知识,营造良好的社区环境。另一方面,社会应完善青少年心理健康服务和家庭教育指导的工作体系,为存在情绪困扰、有家庭教育指导需求的家长提供援助的渠道。当发现相关问题或可疑情况时,应及时采取措施。再次,媒体机构和平台要充分利用网络优势,传播青少年心理健康教育的相关知识,促进社会各界树立起关注青少年心理健康问题的共同意识,向青少年、家长和教师传递科学的情绪调节知识,为家长应对青少年的消极情绪、对青少年进行情绪指导提供支撑。另外,当前社会部分成员对于消极情绪还缺乏正确的认知,媒体应履行社会责任,加强对科学情绪理念的宣传,避免父母或青少年因对消极情绪的逃避、否定或过分压抑而导致情绪问题恶化。最后,社会机构应发挥联动作用,充分整合资源,最大程度地为父母开展家庭情绪教育提供支持和保障,共同促进青少年心理健康发展。

附录

青少年父母情绪社会化行为问卷

下面各题列出了青少年在日常生活与学习中经常会体验到的一些情绪的典型情境,每个情境后面列出了父亲和母亲面对子女情绪时常见的6种行为反应。请针对每个情境,评估你父亲和母亲表现出每一种行为的可能性,"1"表示完全不可能,"5"表示非常可能。你父亲和母亲的反应可能是相同的,也可能是不同的,请分别作答(如果你生活在单亲家庭,只需要回答父亲或母亲一栏)。

	题目		完全不可能	不太可能	有些可能	比较可能	非常可能
RE01	如果我因为考试成绩不理想而表现得非常沮丧和难过,我的父亲/母亲会:						
(1)	批评我说成绩不好都是我不努力或粗心的结果	父亲	1	2	3	4	5
		母亲	1	2	3	4	5
(2)	帮助我分析成绩不好的原因,和我一起讨论有利于提高成绩的方法	父亲	1	2	3	4	5
		母亲	1	2	3	4	5
(3)	说我的情绪反应过度了,至于难过成这样吗	父亲	1	2	3	4	5
		母亲	1	2	3	4	5
(4)	让我把难过的情绪表达出来,别在心里憋坏了	父亲	1	2	3	4	5
		母亲	1	2	3	4	5
(5)	看我成绩不好却只会难过,因此变得生气	父亲	1	2	3	4	5
		母亲	1	2	3	4	5

续表

题目		完全不可能	不太可能	有些可能	比较可能	非常可能
(6) 安慰和开导我,让我心情好一些	父亲	1	2	3	4	5
	母亲	1	2	3	4	5
RE02 如果我在一次重要考试前因为担心考不好而表现出明显的焦虑,我的父亲/母亲会:						
(1) 告诉我如何备考,或者帮我找考试重点	父亲	1	2	3	4	5
	母亲	1	2	3	4	5
(2) 批评我平时不努力或没复习好	父亲	1	2	3	4	5
	母亲	1	2	3	4	5
(3) 让我把这种情绪说出来,不要闷在心里	父亲	1	2	3	4	5
	母亲	1	2	3	4	5
(4) 对我说这有什么大不了的,值得你担心成这样吗	父亲	1	2	3	4	5
	母亲	1	2	3	4	5
(5) 安抚我(例如告诉我尽力就好),减轻我的心理负担	父亲	1	2	3	4	5
	母亲	1	2	3	4	5
(6) 看我这么焦虑却不去认真复习,因此变得烦躁或生气	父亲	1	2	3	4	5
	母亲	1	2	3	4	5
RE03 如果我因为同学说我坏话或者议论我、笑话我而表现得很生气,我的父亲/母亲会:						
(1) 责备我过分敏感,或者严厉地制止我继续生气	父亲	1	2	3	4	5
	母亲	1	2	3	4	5
(2) 安抚我(比如说同学并没有恶意),使我心情好些	父亲	1	2	3	4	5
	母亲	1	2	3	4	5

续表

题目		完全不可能	不太可能	有些可能	比较可能	非常可能
(3) 对我说就这么大点儿事情,至于生气成这样吗	父亲	1	2	3	4	5
	母亲	1	2	3	4	5
(4) 帮我分析自己是否有做得不好的地方,告诉我碰到这类事情应如何处理同学关系或如何调节自身情绪	父亲	1	2	3	4	5
	母亲	1	2	3	4	5
(5) 觉得我不会处理同学关系只会生气,因此感到烦躁和生气	父亲	1	2	3	4	5
	母亲	1	2	3	4	5
(6) 告诉我不要生闷气,可以把这种情绪表达出来	父亲	1	2	3	4	5
	母亲	1	2	3	4	5
RE04 如果我因为和好朋友闹别扭或被对方冷落而表现出明显的伤心和难过,我的父亲/母亲会:						
(1) 让我把这种情绪说出来,不要压抑在心里	父亲	1	2	3	4	5
	母亲	1	2	3	4	5
(2) 对我说这算什么严重的事情啊,能让你这么难过	父亲	1	2	3	4	5
	母亲	1	2	3	4	5
(3) 帮我分析情况,告诉我处理问题的方法(例如主动找对方沟通)	父亲	1	2	3	4	5
	母亲	1	2	3	4	5
(4) 责备我处理不好同学关系	父亲	1	2	3	4	5
	母亲	1	2	3	4	5
(5) 通过一些方法安抚我(如告诉我只是好朋友闹闹而已,会和好的),让我心情好些	父亲	1	2	3	4	5
	母亲	1	2	3	4	5
(6) 看我遇事只会伤心难过,因此感到失望或生气	父亲	1	2	3	4	5
	母亲	1	2	3	4	5

续表

题目		完全不可能	不太可能	有些可能	比较可能	非常可能
RE05	如果我做错事情被老师批评,看起来很难过,我的父亲/母亲会:					
(1)	觉得我一点都不让人省心而变得生气	父亲	1	2	3	4	5
		母亲	1	2	3	4	5
(2)	安慰我说没关系,知错能改就好	父亲	1	2	3	4	5
		母亲	1	2	3	4	5
(3)	责备我在学校表现不好或者说我没出息	父亲	1	2	3	4	5
		母亲	1	2	3	4	5
(4)	帮助我分析问题,或者理性地指导我改正错误	父亲	1	2	3	4	5
		母亲	1	2	3	4	5
(5)	说我的情绪反应过度了,至于这么难过吗	父亲	1	2	3	4	5
		母亲	1	2	3	4	5
(6)	让我把这种情绪说出来,憋在心里反而不好	父亲	1	2	3	4	5
		母亲	1	2	3	4	5
RE06	如果我被别人误会却又解释不清,因此表现出明显的伤心和委屈,我的父亲/母亲会:						
(1)	安慰我不用放在心上,让我心情好些	父亲	1	2	3	4	5
		母亲	1	2	3	4	5
(2)	觉得我遇到这种事情只会伤心,因而感到无奈和生气	父亲	1	2	3	4	5
		母亲	1	2	3	4	5
(3)	为我出谋划策,帮我想澄清误会的方法	父亲	1	2	3	4	5
		母亲	1	2	3	4	5
(4)	批评我处理不好这件事情	父亲	1	2	3	4	5
		母亲	1	2	3	4	5

续表

题目		完全不可能	不太可能	有些可能	比较可能	非常可能
(5)	告诉我如果实在感到委屈就表达出来,别忍着不说	父亲	1	2	3	4	5
		母亲	1	2	3	4	5
(6)	对我说就这么大点事儿,值得你伤心和委屈成这样吗	父亲	1	2	3	4	5
		母亲	1	2	3	4	5
RE07	如果我因为输掉比赛或选拔落选而表现得十分沮丧、伤心,我的父亲/母亲会:						
(1)	责备我能力不足或事前不好好准备	父亲	1	2	3	4	5
		母亲	1	2	3	4	5
(2)	帮我分析失败原因,告诉我如何在下次发挥得更好	父亲	1	2	3	4	5
		母亲	1	2	3	4	5
(3)	因为我过分伤心而变得不耐烦或生气	父亲	1	2	3	4	5
		母亲	1	2	3	4	5
(4)	安慰我说没关系,下次努力就好	父亲	1	2	3	4	5
		母亲	1	2	3	4	5
(5)	对我说这件事没有什么大不了的,值得你难过成这样吗	父亲	1	2	3	4	5
		母亲	1	2	3	4	5
(6)	告诉我如果不开心就说出来,不要搁在心里	父亲	1	2	3	4	5
		母亲	1	2	3	4	5
RE08	如果我放学后要做很多事情,手忙脚乱的,看起来很焦虑,我的父亲/母亲会:						
(1)	为我提供帮助,教我如何有条理地安排好事情,或者让我先停下来,冷静之后再做事情效率更高	父亲	1	2	3	4	5
		母亲	1	2	3	4	5

续表

题目		完全不可能	不太可能	有些可能	比较可能	非常可能
(2) 批评我安排不好时间,连这点事情都做不好	父亲	1	2	3	4	5
	母亲	1	2	3	4	5
(3) 通过一些方法安抚我(如告诉我别慌,慢慢来),使我不至于那么焦虑	父亲	1	2	3	4	5
	母亲	1	2	3	4	5
(4) 看不惯我焦躁不安的样子,因而变得烦躁或生气	父亲	1	2	3	4	5
	母亲	1	2	3	4	5
(5) 让我谈谈这种情绪,闷在心里反而不好	父亲	1	2	3	4	5
	母亲	1	2	3	4	5
(6) 对我说这点事情算什么,至于担心成这样吗	父亲	1	2	3	4	5
	母亲	1	2	3	4	5
RE09 如果我和同学发生矛盾或口角,事后看起来仍然非常生气,我的父亲/母亲会:						
(1) 对我说这事情有那么严重吗,至于你气成这样	父亲	1	2	3	4	5
	母亲	1	2	3	4	5
(2) 告诉我有情绪就说出来,别在心里憋坏了	父亲	1	2	3	4	5
	母亲	1	2	3	4	5
(3) 觉得我处理不好同学关系、控制不好自己的情绪而变得生气	父亲	1	2	3	4	5
	母亲	1	2	3	4	5
(4) 通过一些方法安抚我(如告诉我只是同学间闹脾气而已,别放在心上),使我感觉好些	父亲	1	2	3	4	5
	母亲	1	2	3	4	5
(5) 斥责我不和同学搞好关系	父亲	1	2	3	4	5
	母亲	1	2	3	4	5
(6) 帮我分析这件事情,告诉我如何处理矛盾(如教我学会换位思考)	父亲	1	2	3	4	5
	母亲	1	2	3	4	5

续表

题目		完全不可能	不太可能	有些可能	比较可能	非常可能
RE10	如果别人答应我的事情没有做到,我因此表现得十分生气,我的父亲/母亲会:					
(1)	让我谈谈这种情绪,不要忍着不说	父亲	1	2	3	4	5
		母亲	1	2	3	4	5
(2)	对我说这事儿有什么大不了的,至于生这么大的气吗	父亲	1	2	3	4	5
		母亲	1	2	3	4	5
(3)	想办法安慰我(如告诉我对方可能临时遇到了其他紧急的事情),以平复我的心情	父亲	1	2	3	4	5
		母亲	1	2	3	4	5
(4)	看我为这种事情生气,因而变得烦躁甚至生气	父亲	1	2	3	4	5
		母亲	1	2	3	4	5
(5)	帮我想解决这件事情的其他方法,告诉我如何处理与别人的关系,引导我自己在生活中信守承诺	父亲	1	2	3	4	5
		母亲	1	2	3	4	5
(6)	严厉地让我好好冷静一下,或者粗暴地让我停止生气	父亲	1	2	3	4	5
		母亲	1	2	3	4	5

计分方式:

行为指导:RE01-(2),RE02-(1),RE03-(4),RE04-(3),RE05-(4),RE06-(3),RE07-(2),RE08-(1),RE09-(6),RE10-(5);

情感支持:RE01-(6),RE02-(5),RE03-(2),RE04-(5),RE05-(2),RE06-(1),RE07-(4),RE08-(3),RE09-(4),RE10-(3);

鼓励表达:RE01-(4),RE02-(3),RE03-(6),RE04-(1),RE05-(6),RE06-(5),RE07-(5),RE08-(5),RE09-(2),RE10-(1);

责罚/训诫:RE01-(1),RE02-(2),RE03-(1),RE04-(4),RE05-(3),RE06-(4),RE07-(1),RE08-(2),RE09-(5),RE10-(6);

轻视/否定:RE01-(3),RE02-(4),RE03-(3),RE04-(2),RE05-

(5),RE06 - (6),RE07 - (5),RE08 - (6),RE09 - (1),RE10 - (2);

情绪烦扰:RE01 - (5),RE02 - (6),RE03 - (5),RE04 - (6),RE05 - (1),RE06 - (2),RE07 - (3),RE08 - (4),RE09 - (3),RE10 - (4)。